März 2006

Lieber Opa,

Zum runden Geburtstag alles Gute, viel Glück und Gesundheit, und das Du uns noch viele Geschichten vom "alten Leben auf dem Land" aus Deiner Kindheit erzählst!

Alles Liebe wünscht Dir
Deine Nikola

Böhlau

Bauernleben

Vom alten Leben auf dem Land

herausgegeben von
Kurt Bauer

2. Auflage

Böhlau Verlag Wien Köln Weimar

Bibliografische Information der Deutschen Bibliothek.
Die Deutsche Bibliothek verzeichnet diese Publikation
in der Deutschen Nationalbibliografie; detaillierte
bibliografische Daten sind im Internet über
http://dnb.ddb.de abrufbar.

Coverabbildung: © Landesmuseum Joanneum, Bild- und Tonarchiv, Graz

2. Auflage
ISBN 3-205-77493-0

Das Werk ist urheberrechtlich geschützt. Die dadurch begründeten Rechte,
insbesondere die der Übersetzung, des Nachdruckes, der Entnahme von
Abbildungen, der Funksendung, der Wiedergabe auf fotomechanischem oder
ähnlichem Wege und der Speicherung in Datenverarbeitungsanlagen, bleiben,
auch bei nur auszugsweiser Verwertung, vorbehalten.

© 2005 by Böhlau Verlag Ges. m. b. H. und Co. KG, Wien · Köln · Weimar
   http://www.boehlau.at
   http://www.boehlau.de

Gedruckt auf umweltfreundlichem, chlor- und säurefreiem Papier.

Druck: Manz Crossmedia, Wien

Inhalt

Kurt Bauer	*Vorbemerkungen*	9

Leben und Arbeiten auf dem Bauernhof

Andreas Holzer	*Ein Bauernjahr im Lungau*	13
Alois Reinthaler	*Leben auf einem Innviertler Vierseithof*	18
Alois Gatterer	*Ein Bauernhaus im Waldviertel*	22
Anna Starzer	*Kuchl und Stube*	26
Anna Starzer	*Die Dienstboten*	29
Flora Gappmaier	*Dienstbotenschicksal*	34
Hans Sinabell	*Die Arbeit von Kindern*	36
Alois Poxleitner-Blasl	*Das Vieh*	40
Alois Poxleitner-Blasl	*Die Mühle*	49
Alois Reinthaler	*Brot backen*	50
Alois Poxleitner-Blasl	*Butter rühren*	53
Flora Gappmaier	*Butterschmalz leitern*	55
Alois Reinthaler	*Sauerkraut machen*	56
Alois Haidvogl	*Sau abstechen*	58
Matthäus Prügger, Franz Huber und Alois Gatterer	*Tägliches Essen*	61
Anna Siebenhandl	*Der Waschtag*	64
Alois Poxleitner-Blasl	*Heuernte in den Voralpen*	66
Johann Sack	*Heuernte am Einserkanal*	73
Josef Lassnig	*Heuernte im Gebirge*	75
Heinrich Paar	*Brand- und Schlagkorn*	82
Johann Sack	*Getreideernte im Seewinkel*	88
Alois Haidvogl	*Dreschen im Waldviertel*	91
Alois Reinthaler	*Flachs*	94
Andreas Holzer	*Almauftrieb*	98
Johann Kaufmann	*Ein Sommer auf der Alm*	102
Johann Sack	*Die Viehhirten*	105

Bauernleben

Hans Sinabell	*Der Halterbub*	106
Alois Gatterer	*Im Winter*	110

Rund um den Hof

Alois Haidvogl	*Der Schmied*	113
Alois Haidvogl	*Der Binder*	115
Alois Reinthaler	*Der Strohdecker*	116
Franz Huber	*Störhandwerker*	118
Hans Sinabell	*Reitermacher, Rastelbinder und Hausierer*	120
Christian Horngacher	*Holzarbeit*	121
Heinrich Innthaler	*Die Holzriese*	126
Johann Hochstöger	*Die Fuhrleute*	129
Josef Gamsjäger	*Aus einem Wildererleben*	133

Jahreskreis

Alois Reinthaler	*Das Jahr*	137
Andreas Holzer	*Lohnauszahlung zu Lichtmess*	140
Josef Lassnig	*Palmsonntag, Karwoche, Ostern*	141
Johann Hochstöger	*Wallfahrten*	143
Alois Haidvogl	*Bitt-Tage*	145
Alois Haidvogl	*Fensterln*	147
Alois Gatterer	*Kirtag*	150
Hedwig Duscher	*Die sterbenden Menschen*	152
Hans Sinabell	*Advent*	154
Franz Huber	*Weihnachten*	157

Lebenslauf, Weltenlauf

Matthäus Prügger	*Ein Bauernleben*	161
Hedwig Duscher	*Die Mutter*	166
Anna Siebenhandl	*Ankunft in der Fremde*	168

Inhalt

Heinrich Paar	*In den Dreißigerjahren*	172
Franz Huber	*Ein Schüler*	176
Hans Sinabell	*Schulzeit*	178
Andreas Holzer	*Als Hitler kam*	180
Alois Poxleitner-Blasl	*Im Krieg*	183
Anna Siebenhandl	*Fliegerangriff*	185
Julie Peterseil	*Kriegsende*	187
Anton Pillgruber	*Abschied vom Hof*	188

Anhang

Glossar	195
Wichtige Tage im bäuerlichen Jahreskreis	217
Autorinnen und Autoren	225
Foto- und Quellennachweis	234
„Damit es nicht verlorengeht …"	235

Vorbemerkungen

Dieses Buch ist aus Neugier entstanden. „Bei den Bauern hat man das früher so gemacht." Wie oft habe ich das gehört und höre es noch heute. Aber *wie* war das, *wie* hat man es damals gemacht, auf dem Land, im Dorf, am Hof?

Als mein Vater, ein Bauernsohn, 1933 auf die Welt kam, waren in meiner obersteirischen Heimatgemeinde 75 Prozent der Bevölkerung in der Land- und Forstwirtschaft tätig. Die Bevölkerungszahl ist seitdem praktisch gleich geblieben, der agrarische Bevölkerungsanteil aber auf knapp 12 Prozent geschrumpft – von 1616 auf 258 Personen. So die nackten Zahlen. Dahinter stehen soziale Veränderungen, wie sie keine Generation vorher auch nur annähernd in diesem Ausmaß erfahren hat.

Aber was weiß ich selbst noch von der alten bäuerlichen Welt? Ein wenig aus den Erzählungen meines Vaters. Ein wenig aus eigener Anschauung, gab es doch in meiner Kindheit noch eine große Zahl von Bauern im Dorf. Immerhin habe ich als Kind beim Bachbauer noch „g'heigt", habe geholfen, das Heu zusammenzurechen, aufzuladen, den Wiesbaum, der bei uns „Bimbam" hieß, festzubinden, um dann – gemeinsam mit den Bachbauerbuben auf der hohen, wankenden Fuhre thronend – von Max, dem uralten, zähen, geduldigen Ross gezogen, heimwärts zu fahren, unnennbar langsam in der stechenden Sommerhitze, gemächlich wie der glorreiche Sommertag selbst. Beim Bäckermichl fällt der Weg ein wenig ab, da hatte einer von uns abzuspringen, um an der Bremse zu kurbeln, damit Max mit der schweren Heufuhre nicht „hui" ging, sie halten konnte. Aber es kann wohl nicht immer so gemächlich zugegangen sein, keineswegs, drohten doch im schwülen Sommer häufig Gewitter. Dann musste es schnell gehen, damit die Fuhre Heu noch in den rettenden Stadel kam. Und war die Arbeit nicht beschwerlicher, anstrengender als alles, was wir Schreibtischmenschen uns heute vorstellen können? Waren die Arbeitstage im Sommer doch unendlich lang, so lang, wie es eben hell war, mit all der Mühsal und Plage.

Bauernleben

Eine Welt, ein ganzes soziales Universum ist verschwunden. Nicht von heute auf morgen mit Donner und Rauch untergegangen, sondern langsam, Schritt für Schritt für Schritt, abgetreten. Was bleibt, sind die Erinnerungen daran, die Erzählungen – oft Bruchstücken gleich –, wie es war: vor dem Krieg, im Krieg, im 45er Jahr. Mehrmals hält die 1914 geborene oberösterreichische Bauerntochter Anna Starzer in ihren Lebenserinnerungen gleichsam verdutzt inne und schreibt Sätze hin wie: „Man glaubt selbst beim Schreiben, dass dies nicht wahr gewesen sein kann, und doch war es so." Oder der 1923 im Waldviertel geborene Bauernsohn Alois Gatterer: „Wenn ich manchmal an diese Zeit zurückdenke, kann ich einiges nicht verstehen." Johann Sack, 1928 geboren und auf dem elterlichen Bauernhof im Seewinkel aufgewachsen, meint, dass seine Erlebnisse in der Kindheit und Jugend „der Menschheit von heute unglaublich erscheinen", aber so sei es damals eben gewesen. – Davon handelt dieses Buch.

Es ist das Buch seiner Autorinnen und Autoren, nicht meines. Ich habe dazu nichts getan, als die schönen, berührenden und bedrückenden, mitreißenden, spannenden, traurig stimmenden, fröhlich und zuversichtlich machenden Lebensgeschichten und Erinnerungen von Frauen und Männern an ihr Leben, an ihre Kindheit und Jugend auf dem Land, im Dorf, auf dem Bauernhof zu lesen und für dieses Buch auszuwählen. Ich habe mit vielen Menschen gesprochen und so manches Fotoalbum durchgeblättert. Es war die schönste, interessanteste Arbeit, die man sich wünschen kann. Daher gilt mein erster und größter Dank all jenen, die mit Texten und Fotografien zu diesem Buch beigetragen haben sowie den Angehörigen von verstorbenen Autorinnen und Autoren, die die Erlaubnis zum Abdruck der Texte erteilten. Weiters danke ich Franz Wolfsberger und Hubert Borger, die mir jeweils viele Stunden lang für Fragen zur Verfügung standen und Fotos aus ihrer Sammlung überließen; ebenso hat sich Helene Schreivogl selbstlos bereit gefunden, von ihr gesammelte alte Fotografien für das Buch zur Verfügung zu stellen.

Sämtliche Texte und ein großer Teil der Fotos dieses Buches stammen aus den Beständen der „Dokumentation lebensgeschichtlicher Aufzeichnungen" des Instituts für Wirtschafts- und Sozialgeschichte der Universität Wien. Mein Dank geht daher an den Gründer und Leiter

Vorbemerkungen

Heu aufladen; Obersteiermark, um 1960.

dieser einzigartigen Sammlung, Michael Mitterauer, und an die vielen Mitarbeiterinnen und Mitarbeiter, ohne deren engagierte Arbeit die „Doku" nicht das geworden wäre, was sie heute ist. Ein spezielles Dankeschön an Günter Müller, der den nahezu unermesslichen Fundus der „Doku" kennt wie kein Zweiter. Er hat die Vorauswahl getroffen und das Projekt in jeder nur erdenklichen Weise unterstützt.

Eva Reinhold-Weisz, Peter Rauch und Roland Tomrle vom Böhlau Verlag danke ich dafür, dass sie dem Buchprojekt von Anfang an aufgeschlossen und mit unternehmerischem Mut gegenüberstanden, Bettina Waringer für ihr schönes, einfühlsames Layout – und ebenso allen anderen im Verlag, die das Projekt mitgetragen haben.

Beate hat mir bei der Auswahl der Texte geholfen, hat mühsam und kenntnisreich alte Fotografien bearbeitet und ist mir auch sonst in jeder Hinsicht beigestanden. Danke.

Kurt Bauer

Leben und Arbeiten auf dem Bauernhof

Ein Bauernjahr im Lungau

Der 1924 geborene Andreas Holzer beschreibt den Jahreslauf auf einem Bergbauernhof im Thomatal in seiner Kindheit und Jugend.

Ein mittlerer Bauer mit zwanzig bis dreißig Stück Vieh und zwei bis drei Pferden hatte damals mehrere Dienstboten: einen „Moarknecht", das war der erste, einen „Oblara" (Fuder leer machen), der zweite Knecht, einen „Rosser" (verantwortlich für die Pferde) und bei Bauern mit einer Alm auch einen oder zwei Halterbuben. Bei den Mägden waren da die „Moardirn", für die schwere Arbeit im Haus und auf dem Feld verpflichtet, die Viehdirn und die Sennerin, die im Sommer auf der Alm in einer oft primitiven, alten Almhütte mit dem Halterbuben auf sich alleine gestellt war. Die Hausdirn war vorwiegend für die Sauberkeit im Haus zuständig. Bei größeren Bauern gab es noch eine Lock, die die Betreuung der Kleinkinder in der Bauernfamilie übertragen bekam und oft als Ersatzmutter von den Kindern geachtet wurde. Wenn man sich heute so eine Großfamilie vorstellt, kann man verstehen, dass die Bäuerin sparsam umgehen musste, um die vielen hungrigen Mäuler zu sättigen.

Der Lichtmesstag war der Abschluss des Arbeitsjahres für die Dienstboten am Bauernhof. Wer blieb, für den gab's am Blasitag (3. Februar) ein Weiterarbeiten in gewohnter Umgebung. Wer nicht mehr gebraucht wurde oder wandern wollte, für den begann die Wanderschaft zum neuen Brotgeber. Wenn die neuen Dienstboten kamen, war die Neugier groß: Wie sehen sie aus? Wie sind sie? Großmutter lehrte uns, Achtung vor ihnen zu haben und ja nicht frech und vorlaut zu sein.

Um diese Zeit war der Holztransport mit dem Schlitten – Pferde und Ochsen vorgespannt – zu erledigen. Wenn die Knechte abends müde in die Stuben kamen, mussten wir Kinder mäuschenstill sein. Diese idyllische Bergbauernstube verdient es, beschrieben zu werden. Sie war für viele Bewohner geschaffen und somit groß (zirka sieben mal sieben Meter). In der Südostecke war der Herrgottswinkel, umspannt mit einem gestickten Tüchlein, auf dem folgender Vers stand: „Herr, bleibe bei uns, denn es wird Abend." Dann war da die lange Eckbank mit Platz für viele, der große runde Tisch mit der Tischtruhe für Löffel, Messer und Gabeln. Außenrum standen zwei gebogene, dem Tisch angepasste Stühle, beansprucht von den Frauen. In der Mitte der Südseite befand sich ein kleines Klapptischerl für ältere Leute, genannt das Anlegertischerl. Zu dieser Zeit gab es für Behinderte und alte Dienstboten keine Rente. Sie mussten – je nach der Größe des Bauern – einige Tage dort verbringen und wurden dann weitergereicht.

In dieser Großstube war in der Südwestecke ein Bügeltisch, an der Westseite eine Tür ins Vorhaus. In der Nordwestecke stand der große, gemauerte Backofen, obenauf einen Meter hoch bis zur Holzdecke ein Wärmespeicher. Geheizt wurde der Backofen wie auch der schöne Kachelofen von der offenen Küche nordostseitig. Zwischen Back- und Kachelofen war eine breite Ofenbank – Platz für die Kinderschar zum Tummeln und auch zum Stillsein, wenn die Knechte kamen. Da lauschten wir ihren Erzählungen von Wilderern und ihren Geistergeschichten. So hatten wir manches Mal eine „Ganslhaut".

Um den Kachelofen war die geschätzte Ofenbank. In Manneshöhe befand sich der Kaminabzug zum Aufhängen und Trocknen all der nassen Sachen von den Außenarbeiten. An der nordöstlichen Ecke der Stube ging die Tür in die Rauchkuchl, ein Gewölbe mit Kaminabzug und Eisenstangen zum Speck- und Fleischselchen. Das Hauptinventar darin war ein gemauerter, offener Herd mit großen und kleinen Eisenhäfen. Beim Selchen musste Rauch gemacht werden. Bei Wetterwechsel entstand er von selbst. Manchmal ergriff die Bäuerin die Flucht. Mit tränenden Augen kam sie in die Stube. Doch ihre Koch- und Arbeitsstätte war der offene Herd, sie musste wieder zurück, damit das Essen nicht verbrannte.

Die Küche war die Arbeitsstätte für die Bäuerin und die Moardirn, die in diesem Raum einen Kessel zum Wassererhitzen hatte, um das Schweinefutter zu richten. Die Viehdirn brühte das Gsod (Heublumen oder gehäckseltes Heu) ab und gab Kleie und Salz darauf, um von den Kühen mehr Milch zu bekommen. Von der Rauchkuchl ging eine Tür

Leben und Arbeiten auf dem Bauernhof

Bauernfamilie vor ihrem Hof: Pusterwald, Obersteiermark, um 1910.

westlich ins Vorhaus. Gegenüber war an der Nordseite die Speisekammer, ein Raum, in dem wir Kinder selten – und wenn, dann mit großen Augen – neugierig Umschau halten durften. In der Mitte der Kammer befand sich ein großes Drehgestell mit drei bis vier runden Stellagen, voll gefüllt mit Köstlichkeiten. Die Bäuerin brauchte sich nur zu drehen, hatte über alles einen Überblick und fand sofort das Benötigte. An der Wand waren noch befestigte Stellagen voll mit Marmeladegläsern und Flaschen mit selbst gemachten Säften und allerhand anderen köstlichen Dingen. Denn das Jahr war lang und der hungrigen Mäuler viele …

Vom Vorhaus an der Nordseite gingen sechs bis sieben breite Stufen hinauf zum Haupteingang. In einer Hanglage ging es nicht anders. Man kam zum Hauptweg, der zum zirka zwei Kilometer entfernten Bernhard-Bauern weiterführte. Am oberen Wegrand war der Kasten:

Vorratskammer für Speck und geselchtes Rindfleisch, auch Getreide war in großen Holztruhen gespeichert. Bei Bedarf wurde gemahlen. Die Mühle wurde vom Bacherl angetrieben, das in einem größeren Bassin unterhalb des Gartens schon im Grazn-Feld gespeichert wurde. Oberhalb stand das Wirtschaftsgebäude. Die Kühe hatten den schönsten Platz, und auch die Pferde standen an der hellen Südseite. Das Jungvieh, die Schafe und die Schweine waren in Rundställen an der Hangseite mit wenig Lichteinfall einquartiert. Wir Kinder haben uns im Stall bei den Tieren, besonders den jungen, gerne aufgehalten. Morgens und abends wurden die Tiere zum Wassern getrieben. Außerhalb des Stalls war ein großer, überdachter Brunnentrog, der vom Bacherl gefüllt wurde. Für die Tiere war es ein willkommener Spaziergang. Die Freude darüber zeigten besonders die Jungen mit hohen Sprüngen.

Im Frühjahr begannen der Ackerbau, das Pflügen und das Eggen. Angebaut wurden Roggen, Weizen, Gerste, Hafer, Bohnen, Kartoffeln und Hanf. Alles brauchte man notwendig, um überleben zu können. Man sah die Saat wachsen, die geweihten Palmbesen steckte man in die Äcker, um gegen Unheil abzuschirmen. Am Karfreitag wurden in der Kirche die Fackeln im geweihten Feuer angebrannt und als Schutz auf die Felder gegeben. Bei der Ernte, dem Abmähen, Garbenbinden und Dockenaufstellen mussten wir Kinder die am Boden liegenden Ähren aufsammeln. Großmutter sagte zu uns, eine Handvoll Ähren sei schon ein Stück Brot. So waren wir mit Begeisterung bei unserer Arbeit und wetteiferten, wer mehr Brotstücke einsammeln konnte.

Im Sommer durfte ich mit Großmutter in die Ötz gehen, um mit einer Sichel das Farnkraut abzumähen. Es wurde getrocknet und dann in den Strohsack für unsere Betten gefüllt, um Gicht und andere Krankheiten abzuhalten. Beim Gang in die Ötz kamen wir beim Grazn-Krautland vorbei – ein ebenes Fleckerl am Waldrand. Hirschenscheuchen – Imitationen von Menschen – waren aufgestellt, um das Wild abzuschrecken. Hirsche und Rehe suchten sich auch das Beste zum Fressen. Der Weg lag zirka eineinhalb Meter tiefer als der Acker, sodass eine Steinmauer, trocken und ohne Mörtel gemauert, gezogen wurde, um das Abrutschen des Krautlandes zu verhindern. Diese Steinmauer mit vielen Schlupflöchern war ein Paradies für brütende Vögel. In jedem dritten oder vierten Loch war ein Vogelnesterl, welches un-

Leben und Arbeiten auf dem Bauernhof

sere Neugier weckte: Wie viele Eier oder Junge sind drinnen? Welche Farbe haben die Eier? Welches Vogerl fliegt weg vom Nest, wenn wir uns ihm nähern? Großmutter hatte auch hier die richtige Warnung parat. Sie predigte uns immer wieder, wenn wir den Vogerln etwas tun würden, bekämen die Kühe eine blutige Milch, die nicht mehr zu trinken wäre, und wir Kinder müssten elendig zugrunde gehen.

Im Hausgarten standen etliche Apfelbäume, doch vorwiegend viele große Kirschbäume, von denen jeder einen Namen hatte. Da war der „Zwiesel", vom Boden aus ein großer Stamm, der in zirka zwei Meter Höhe zweigeteilt war. Alle Bäume hatten eine majestätische Höhe und eine Fülle von Früchten. Die Kirschen von jedem Baum hatten einen anderen Geschmack. Der „Eckbaum", ein „großer Roter", ein „Schutzengelbaum" hatte süße, schwarze Kirschen, und so viele, dass es für uns Kinder, für geladene Gäste und auch für die Vögel nie zu wenig war.

Der 15. August, Maria Himmelfahrt, war ein hoher Feiertag. Schon am Abend zuvor wurden die Gassen gekehrt und Weihkräuter gesammelt, um diese am Festtag zur Weihe in die Kirche zu tragen. Daheim wurden sie bei Unwetter in das Herdfeuer gegeben, um von Blitzschlag und Feuersbrunst verschont zu bleiben. Der Rest wurde an den drei heiligen Abenden (24. Dezember, 31. Dezember und 5. Jänner – Perchtlabend) in eine Eisenpfanne mit Glut gegeben. Mit dieser Pfanne und mit einem Weihbrunn gingen der Bauer und der älteste Bub durchs Haus und den Stall, um so mit geweihtem Rauch und Wasser das Gesinde, das Haus und den Hof vor Krankheit und Unheil zu schützen. An diesem hohen Feiertag durften wir Kinder auf keinen Kirschbaum klettern. Auch durfte nur das Allernotwendigste verrichtet werden, denn alle übrige Arbeit (so lehrte es uns die Großmutter) bringt Unglück.

Bauernleben

Leben auf einem Innviertler Vierseithof

Die Vorfahren des 1904 geborenen Alois Reinthaler sind in den Pfarrmatrikeln bis ins frühe 18. Jahrhundert nachweisbar. Seine Erinnerungen vermitteln einen plastischen Eindruck vom bäuerlichen Leben auf einem großen, wohlhabenden Bauernhof.

Ein Vierseithof im typischen Innviertler Baustil besteht aus dem Wohnhaus, den beiden Ställen und einer Scheune. Diese vier Gebäude sind durch große, hohe Tore (Hofhoamad) miteinander verbunden. Im Hof lag die Dungstätte und die Jauchengrube, der Stolz eines jeden Bauern, denn je größer der Misthaufen, desto stattlicher war auch das Gehöft. Die Holztore wurden von innen verriegelt, und nur ein kleines Schlupftürl gab Einlass, das ebenfalls durch ein Fallschloss mit verborgenem Schubriegel abgesperrt werden konnte. Diese raffinierte Sperre kannten meist nur die Hausleut'.

Ein großer Hund bewachte bei Tag an einer langen Kette alle Vorgänge, bei Nacht meldete er durch wütendes Gebell, wenn ihm in seiner Umgebung etwas nicht geheuer vorkam. Beim Fensterln war ein solcher Aufpasser recht hinderlich und lästig. Manches Liebespärchen wurde durch diesen Satan gestört, und heißer Liebesdrang konnte oft nicht in Erfüllung gehen, weil diese mächtigen Hofhunde manchmal „auf den Mann" abgerichtet waren und es nicht ratsam war, ihnen in die Quere zu kommen.

Der Bachschallerhof hatte die gleiche Bauweise und bestand auch aus den vier Objekten, hinzu kam noch eine große Remise für Wägen und Ackergeräte und eine Werkstatt. Auf der Schmalseite des Wohnhauses lagen das Presshaus, der zweigeschoßige Troadkasten und der Fässerboden mit dem Bretterlager, darunter war der Mostkeller mit einer Obstbühne und Platz für die Hackfrüchte.

Im großen Stallgebäude lagen die Stände der Pferde und Zugochsen, nebenan der Umlaufstall für Fohlen und Mutterstuten. Durch eine Mauer getrennt war die Fletz für ein Dutzend Milchkühe, auf der anderen Seite des Futterplatzes standen die Jungrinder, extra abgegrenzt war der Stand für den Sprungstier, durch doppelte Kette und mit einem Nasenring abgesichert. Im zweiten Stall hatten die Schweine, Ferkel und Zuchtkälber ihre Boxen, nebenan standen noch etliche Mastrinder, Eine Unzahl Federvieh (Hühner, Enten und Gänse) waren in einem separaten Raum untergebracht, damit nicht durch eine Pest auch die anderen Ställe verseucht wurden. Außerdem verbreitet der Geflügelmist einen recht unangenehmen Geruch. Nur zum Füttern oder zum Eierholen betrat das „Hennermensch" ungern diesen Raum.

Oberhalb lagen die Futterböden mit dem Häckselplatz und das Hafermagazin, zu diesen hatten nur der Bauer oder die Bäuerin einen Schlüssel. Ein Knecht aber, der auf schöne Rösser hielt, verschaffte sich hintenherum einen Nachschlüssel und stahl manchen Sack dieser Körner, die er dann aus einem besonderen Versteck kleinweise seinen Rössern zur normalen Ration dazugab. Es galt der Spruch: „Ein Bammerl, der nicht Hafer stiehlt, ist kein guter Fuhrmann."

In der Scheune wurden das Getreide bis zum Drusch und dann auch das Stroh gelagert. An einer der beiden Tennen befand sich ein kleiner, gezimmerter Troadkasten zur Lagerung von Körnern, hier waren auch Reitern, Siebe und die Putzmühle deponiert. Über den Stadeltoren hatten bei den meistern Bauern die Hauskinder Taubenkobel. An anderer, geschützter Stelle im Hof hingen Sensen, Gabeln und Rechen sowie die Geschirre der Pferde und Ochsen, weiters Böcke zum Aufhängen der Ketten und Seile sowie Stellagen fürs Handwerkzeug. In der Rosskammer wurden die Paradegeschirre mit den schönen Windriemen, den glänzenden Schnallen und Quasten zum Gespann schwerer Leiterwägen und die Brustgeschirre für die Laufwagln, die für Fahrten in die Stadt, zu Hochzeiten und Kirchtagen hergenommen wurden, aufbewahrt.

Das alte Wohnhaus war vollständig aus Holz gebaut, das Dach mit Legschindeln, die Außenwände mit Zierschindeln aus Holz wetterfest gedeckt. Im Erdgeschoss befand sich die große Stube mit dem Esstisch im Herrgottswinkel, ein großer Kachelofen stand an der Seite, dahinter war der Wasserganter und neben der umlaufenden Bank ein alter Lehnsessel. Dort saß gerne die Mutter und beobachtete das junge Volk oder belehrte es, wenn dies einmal Not tat. Nebenan in der Küche stand der mächtige Herd mit Anrichte und Leutetisch, an der Ecke befand sich der Einstieg zum schliefbaren Rauchfang, wo oben im Dachboden die Selch eingebaut war. In der anschließenden Speisekammer standen der Surkübel für den täglichen Gebrauch, auch der Butter-

Bauernleben

kübel und die Milchzentrifuge. Neben der Küche lag das Schlafstüberl der Mutter, in eine ihrer Schubladen spreizten wir Buben mit Holzspänen unsere leeren Geldtaschen, bis sie in ihrer Herzensgüte wieder einiges Kleingeld hineinlegte. Von der Küche führte eine steile Leiterstiege hinauf zur „Menscherkammer" im oberen Stock.

Auf der anderen Seite des Vorhauses waren die Auszugwohnung und die Trankküche mit dem Erdäpfeldünster, die Schrotmühle, ein Rübenschnitzler, eine Schneidbank für den Sauklee und die Backstube mit dem Backofen. Eine steile Stiege aus gemauerten Ziegelstufen führte in den Hauskeller hinunter, wo die Renken in einem großen Fleischkübel gesurt wurden.

Unsere Bettgestelle für den Strohsack waren aus einfachen Brettern zusammengesetzt. Ein grobes Leintuch und ein Kopfpolster aus Stroh, dazu noch ein solcher mit Rosshaar gefüllt und als Zudeckerl eine warme Tuchent aus buntem oder geblümeltem Bauernleinen neben einem einfachen Kleiderkasten – das war unsere ganze Ausstattung. Auf dieser Diele hatten die Knechte und wir Buben unsere Liegstatt. Die Wände bestanden aus behauenem Holz, deren Fugen mit grobem Werch abgedichtet waren. An der Hofseite war ein hölzerner Schrottumgang (Balkon), der von der Diele aus und auch vom Hof her einen Zugang hatte.

Im gleichen Obergeschoss befand sich über der großen Stube die so genannte „bessere Stube" („Omachdö Stum"), wo Betten und Kästen sowie das sonstige Mobiliar, auch noch von unseren Vorfahren, standen. Dieser Raum war von der Menscherkammer aus zugänglich und wurde als Schatz von jeder Bäuerin mit größter Sorgfalt gepflegt und behütet.

Natürlich war die Brandgefahr bei diesen Holzobjekten enorm groß, was durch die damals primitive Beleuchtung (Kienspan, Ölfunzel, Kerzen etc.) noch verstärkt wurde. Besonders gefährdet waren Bauern in der Einschicht oder solche, welche auf Hügeln lagen, wo Löschwasser vielfach rar war. Bei einer Feuersbrunst waren solche Gehöfte aus Holz und Stroh unrettbar verloren und brannten total nieder. Mit Nachbarschaftshilfe, durch Zug- und Handdienste und Beistellung von Baumaterial (Schotter und Bauholz) wurde die Notlage der Abbrändlern etwas gemildert. Auch finanziell konnte durch Pfarrsammlungen geholfen werden, die freiwillige Vorschusskasse gab ohne viel Formalismus Geld mit niederen Zinsen zum Zahlen der Taglöhner. Erst Anfang der Jahrhundertwende kamen überall Feuerwehren in Mode, eine Erleichterung brachten auch die Blitzableiter, welche da und dort auf den Dachfirsten installiert wurden. Feuerversicherungen begünstigten die finanzielle Absicherung, führten aber auch in vermehrter Zahl zu Brandlegungen, um schnell und wohlfeil zu einer modernen Hofstatt zu kommen. Die Gerichte mussten mit harten Strafen durchgreifen.

In meiner Jugendzeit wurden auf unserem Bachschallerhof ungefähr ein Dutzend tüchtige Knechte und Dirnen gebraucht, weil die ganze schwere Arbeit noch mit der Hand getan werden musste, zur Ernte und zum Heuen kamen noch etliche Roboter dazu. Maschinen gab es zu dieser Zeit kaum, und wenn bei einem Bauern ein Göpel zum Antrieb eines Gsoddreschers oder ein Futterhäcksler stand, handelte es sich schon um einen fortschrittlichen Landwirt. Nur zögernd wurden nach dem Ersten Weltkrieg Mäher, Heuwender und ähnliche Geräte mit Pferdegespann angeschafft, als dann aber das „Elektrische" eingeleitet wurde, konnte manch altes Gerät beiseite gestellt werden.

Da kamen noch Schuster, Schneider, Binder, Sattler, Strohdecker, Rechenmacher, Besenbinder, Schernfänger (Maulwurffänger), Ofensetzer, Glaser, Tischler, Maurer und Zimmerleute auf die Stör, die selbstverständlich neben dem üblichen Tageslohn volle Kost bekamen. Auch Viehhändler, Sauschneider, Bader, Krämersleut, Siebmacher, Pfannenflicker und Rastelbinder zogen übers Land, die – wenn's gerade Essenszeit war – zu Tisch geladen wurden. Auf diese Weise sind oftmals zwei Dutzend und mehr Esser da gewesen, die tüchtig zugriffen. Unsere Mutter führte ein gastliches Haus und war verschrien, dass es nirgends eine bessere Kost gäbe als bei ihr. Auch die Speckjäger (Landstreicher) kamen bei unserer Mutter nicht zu kurz. Besonders an Sonntagen reichte der große Tisch oft nicht aus. In der Regel wurden jeden Monat eine Sau und etliche Dutzend Brotlaibe und jedes Jahr ungefähr 500 Eimer Most vertilgt.

Bauernleben

Ein Bauernhaus im Waldviertel

Alois Gatterer, 1923 geborener Bauernsohn, beschreibt den heimatlichen Hof in einem Dorf nahe Zwettl im Waldviertel.

Das südseitig zur Straße gelegene Haus hatte rechts neben dem Kaufhaus Weichselbaum eine Toreinfahrt, von der man den anschließenden Hof und die Wirtschaftsgebäude erreichen konnte. Der Rinderstall, der auch ein Pferd, einige Schweine, manchmal sogar eine Ziege und die Hühner beherbergte, war links durch einen Lichtgang – einen Dachvorsprung – mit dem Wohngebäude verbunden. Am Ende des Gebäudes befand sich der so genannte „Ausnehmerstall", dahinter ein Streulagerschuppen, von dem aus man zur Scheune, zu einem grünen Wiesenstück und zu den Feldern gelangte. Es gab damals keine geeignete Jauchegrube, sodass das „Mistbrod" (die Jauche) über einen kleinen Graben ins Freie in den offenen Straßengraben floss. Links vom Hauseingang befand sich die Ausnehmerwohnung, bestehend aus einem einzigen großen Raum, der zugleich Küche, Aufenthalts- und Schlafraum war. Vor diesen beiden Wohnungen war je ein eingezäunter Garten für Gemüse und Kräuter angelegt. Gelegentlich war sogar Platz für eine herrliche Blumenpracht. Beim Eingang entlang des Ausnehmergartens stand den Sommer über ein Bankerl, für das über Bogen wachsender wilder Hopfen Schatten spendete, weshalb diese Bank immer großen Zulauf hatte.

Im Haus hatten meine Eltern nur begrenzten Wohnraum. Ganz hinten, von einem langen Gang aus gab es rechts eine niedrige Tür, über die man direkt in die Küche gelangte. Die Tür war nur 1,65 Meter hoch, sodass sich viele den Schädel anstießen. Die Küche stammte ihrem Ziegelgewölbe nach noch aus der Zeit der Schwarzen Kucheln mit offener Feuerstelle. Als der gesamte Ort bis auf vier Häuser am 18. März 1921 abbrannte, blieb vom ganzen Haus nur dieses Gewölbe stehen. Es diente während der Wiederaufbauzeit als einziger brauchbarer Unterschlupf. Weil wegen der damaligen Inflation das gesamte von der Versicherung erhaltene Geld dem Wert nach nur mehr dem Geld für die Nägel der zu errichtenden Scheune entsprach, hat man dieses Gewölbe einfach stehen lassen. Es wurde nur Richtung Einfahrt ein Stück dazu gebaut, und das war dann die Küche.

Leben und Arbeiten auf dem Bauernhof

Die Dorfstraße von Grafenschlag im Waldviertel auf einer Postkarte aus dem Jahr 1938. Das höchste Haus auf der rechten Seite ist das Elternhaus von Alois Gatterer.

Gleich nach dem Kücheneingang links war die Einheiz- und Einschuböffnung für den Brotbackofen. Entlang des Gewölbes zum Hof hinaus befanden sich zwei kleine Fenster in einer dicken Mauer. Die tiefen Fensterbretter dienten zum Abstellen von Milch und Geschirr. Im Raum stand ein großer, aus einem speziellen Hartholz angefertigter Küchentisch mit Tischlade. In einer Mauernische befand sich ein so genanntes Blindfenster mit zwei Etagen. Es diente als Brief- und Buchablage und in späterer Zeit dem Radio als Platz. Rechts von der Küchentür war ein in eine runde Nische eingebauter Waschkessel, darüber ein eisernes Einstiegstürl in den großen Rauchfang, der auch zum Selchen von Fleisch diente. Dann folgte ein vertiefter großer Holzlagerplatz für den anschließenden Kachelofen mit Backrohraufbau aus blauen Kacheln. Der Ofen hatte eine ziemlich lange „Heiz" und verschlang sehr viel Holz. Im Neuzubau links neben einem dritten, größeren Hoffenster stand ein Geschirrkastl, und darüber war ein sogenannter „Schüsselchor", auf dem Teller und Schüsseln, Sprudel und Siebe ihren Platz fanden. An der Rückseite des Kachelofens stand eine Bank zum Aufwärmen.

An der Bank vorbei gelangte man ins große Schlafzimmer der Eltern mit Blick auf den Dorfplatz. In diesem Zimmer waren auch wir Buben untergebracht. Eine weitere Tür führte in die Kammer, in der der Knecht wohnte, sofern wir einen hatten. In beiden Zimmern gab es einige Kleiderkästen. Im Winter stand ungefähr in der Mitte des großen Zimmers ein kleiner eiserner Holzofen mit einem langen Ofenrohr, der schnell große Hitze abgab, aber – sobald das Feuer ausging – selbst „fror". Eine weitere, meist abgesperrte Tür führte aus dem Schlafzimmer in den Eingangsflur, wo neben dem Hauseingang zwei Kästen standen. Der auf der Ausnehmerseite gehörte den Großeltern. Es befanden sich noch mehrere Kästen im Gang, darunter, da es keine eigene Speis gab, für Alt und Jung je ein „Speiskasten", welche oben und unten zwecks guter Belüftung des Innenraums mit runden Sieben versehen waren.

In der „Allzweckausnehmerwohnung" fanden vier Betten Platz. Eines stand gleich links beim Eingang, es gehörte dem Karlonkel. Dann kam ein Fenster, anschließend ein großer Tisch. An der Wand war zwischen zwei Fenstern ein schön eingerahmter Wandspiegel angebracht. Neben dem Fenster im Fensterwinkel stand das Bett der Hannitante. Vis-a-vis zur Fensterseite befanden sich die Ehebetten der Großeltern. Gleich daneben stand ein kleinerer Tisch, auf dem die Mahlzeiten eingenommen wurden. Dann gab es – unweit von diesem Esstisch an die rückwärtige Mauer des Raumes angebaut – einen Kachelofen mit blauen Kacheln und einem Backrohraufbau. Daneben befand sich ein kleiner Holzplatz und rechts von der Eingangstür ein Schüsselchor für die Aufbewahrung des Essgeschirrs.

Der Großvater war ein Pfeifenraucher und fast den ganzen Tag mit seiner langen Stielpfeife beschäftigt. Er war recht kinderfreundlich, weshalb sein Ausnahmstüberl oftmals zu klein wurde. Seine Hauptbeschäftigungen waren das Herstellen von Riadlbesen aus Birkenreisig und vor dem Grummetheuschnitt das Sammeln von wildem Kümmel.

Beides bot er zum Verkauf an. Die Großmutter war eine kleine, sehr rührige Frau – aber auch jähzornig. Wenn sie gerade dazu in Stimmung war und man nicht rechtzeitig auswich, konnte man schnell einen „Reisigknittel" am Buckel oder Schädel haben. Dafür war sie nicht neidig, sie gab bei guter Laune vom Wenigen noch das Letzte her.

Die Großeltern hatten sich nach der Heirat meiner Eltern noch für vier Jahre den Ertrag der Landwirtschaft ausgehandelt und danach – wie es zur damaligen Zeit üblich war – einen so genannten „Ausnahm". Man musste ja schließlich auch im Alter von etwas leben. Für meinen Vater bedeutete dies, sich anderswo ein geeignetes Einkommen zu besorgen. Er lernte daher bei meinem Großvater das Maurerhandwerk.

Zur Vollständigkeit der Beschreibung des Elternhauses möchte ich Folgendes hinzufügen. Zu späterer Zeit stand rechts vor dem Kücheneingang ein mit Holz beheizbarer Kartoffelfutterdämpfer. Früher mussten die Kartoffeln für die Schweine auf dem Küchenherd im so genannten großen verzinkten „Sauhäfen" gekocht werden. Der links von der Küchentür sichtbare Brotbackofen ragte einige Meter in das Vorhaus bis zur Hoftür. Kurz vor der Hoftür war ein Platzl, von wo aus man in einen ebenerdigen Kartoffel- und Rübenkeller gelangte. Eine hölzerne Stiege links davon führte auf den Dachboden.

Am Dachboden, der direkt über der Hauseinfahrt war, befand sich ein kleiner, aus Holz gezimmerter Lagerplatz für das Brotgetreide, den Hafer und das Saatgut. Außerdem wurden alle Geräte – vom Spinnrad bis zur Prechel, den Haspeln und Zausgeräten sowie allem, was sonst noch zum Spinnen von Wolle und Flachs notwendig war – dort oben aufbewahrt. Die bereits erwähnte Streulagerstätte wurde früher „Göpelplatz" genannt, weil sich hier ein Göpel, ein von Zugtieren gezogenes Antriebsgerät zum Futterschneiden und für kleine Dreschmaschinen, befunden hat. Zudem waren an dieser Stelle noch das Brennholz und die „Reisigbiadln" gelagert, gelegentlich wurde ein Mist- oder Leiterwagen untergestellt. Darüber war ein mittels einer Holzleiter erreichbarer Heu- bzw. Kleelagerplatz.

Rückwärts an die Scheune angrenzend war ein ziemlich großer Schuppen, der am hinteren Teil mehrere bogenartige Schweineställe beherbergte. Im vorderen Teil war Holz gelagert, manchmal fand auch ein Wagen drinnen Platz. Unterm Dach wurde Stroh aufbewahrt. An der Stirnseite waren einige Taubenkobel angebracht, denn Tauben gab es damals fast in jedem Haus.

Kuchl und Stube

Die 1914 als Bauerntochter im oberösterreichischen Machland geborene Anna Starzer beschreibt die wichtigsten Räume und den Tagesablauf in einem Bauernhaus.

Es fängt beim Licht an. Für das ganze Haus gab es nur Öllampe und Kerze, aber keinen Elektroherd, keine Abwasch, keine Wasserleitung und nicht einmal ein Kuchlkastl. Statt eines Kuchlkastls gab es eine Mauernische mit einem Vorhang und daneben der gemauerte Kochherd. In der Nische standen die täglich gebrauchten Kochgeschirre, darunter war das Holz für den Herd verstaut. Kochlöffel und Schöpflöffel hingen an einem Eisenstangl an der Mauer über dem Herd. Ein steinerner Wassergrander war noch in der Kuchl. Auf dem Grander stand auf einem Holzbrett ein Holzschaff als Ersatz für die Abwasch. Darüber war an der Mauer der Schüsselkorb angebracht. Eine lange Tafel für das Nudelbrett war die Arbeitsfläche der Bäuerin, darunter befanden sich das Kochgeschirr, das Sterzschaffl und die Saubutte.

Ab 1920 stand auch der Erdäpfeldämpfer in der Küche. Das Saufutterdämpfen in der Küche war für die Bäuerin ein großer Vorteil, denn bei mittleren Bauern war sie neben dem Kochen noch für die Schweine zuständig. (Die großen Bauern hatten meistens eine eigene Saukuchl und eine Saudirn.) Bei uns gab es drei Dienstboten: einen Knecht und zwei Mägde. Da bis zu zehn Hausleute anwesend waren – bei großen Bauern noch mehr –, war allein das Kochen schon viel Arbeit.

Die Kuchl war meistens so klein, dass es außer dem Kuchlstuhl keine Sitzgelegenheit gab. Die Bauernstube war somit der gemütlichste Platz im Bauernhaus. In der Freizeit, besonders im Winter, versammelten sich alle Hausleut hier. Der erste Platz aber gehörte dem Herrgott im Herrgottswinkel. Das Kruzifix war meist noch von mehreren Heiligenbildern umgeben.

Leben und Arbeiten auf dem Bauernhof

Bauernfamilie beim gemeinsamen Essen; Filzmoos, Salzburger Pongau, um 1930.

Alle Mahlzeiten wurden gemeinsam am großen Bauerntisch eingenommen, wo jeder seinen Platz und seinen Löffel hatte. Vor jeder Mahlzeit gab es ein Tischgebet. Sowohl mit dem Beten als auch mit dem Essen fingen immer der Hausknecht oder der Bauer an. An den zwei Seiten um den Tischwinkel befanden sich je eine lange Bank. Auf der Mauerbank saßen die Bauersleut und der Knecht; die Menscha (Mägde) hatten ihre eigene Menschabank. Auch die Jause wurde von allen am Bauerntisch eingenommen. Um den Kachelofen waren die Ofenbank und das Ofentischerl, wo im Winter nach dem Abendessen die Hausleut gemütlich beisammensaßen.

Mittags wurde die Kuchl jeden Tag aufgewaschen und samstags mit Aschenlauge geputzt. Über ein Schaff wurde ein Tuch gespannt, Asche darauf gegeben und heißes Wasser darüber geschüttet. Von diesem Aschenwasser kamen einige Liter in das Putzwasser. Jeden Samstag reinigte man die Stube gründlich. Der Stubenboden wurde auf dem Reibbrett kniend mit Reibbürste und Aschenlauge aufgerieben. Viele Sünden waren dabei abgebüßt worden. Wenn dann der Boden trocken war, streute man weißen Sand auf. Alle Tage wurde dieser Sand zusammengekehrt, gesiebt und wieder aufgestreut. Einmal im Jahr besorgte man neuen Sand. Man konnte ruhig mit den Arbeitsschuhen in die Stube gehen, und trotzdem blieb der Boden sauber.

Die Bäuerin war meistens als Erste aus den Federn. Sie musste den „Menschern" zum Aufstehen schreien: „Menscher, kemmts in Gott's Nam'!" Ihre erste Arbeit war das Anheizen des Ofens. Der gemauerte Küchenherd heizte auch den Kachelofen in der Bauernstube und wärmte das Wasser im Kuchlschiff. Im Sommer konnte man den Kachelofen der Stube absperren, und die Wärme entwich gleich durch den Rauchfang.

Es wurde ganz anders gekocht und gegessen als heute. Im Sommer aß man schon um sechs Uhr gemeinsam aus der großen Schüssel. Da gab es Rahm- oder Brotsuppe und Kaffee. Und so wurde damals gekocht: In einen Topf mit vier Liter Wasser wurden drei Würfel Feigenkaffee und drei Löffel Malzkaffee gegeben und aufs Feuer gestellt. Der Malzkaffee musste alle Tage in der Kaffeemühle gemahlen werden. Wenn der Kaffee aufkochte, wurde er mit kaltem Wasser abgeschreckt und zugedeckt eine kurze Weile stehen gelassen, anschließend gesiebt und mit Milch und Zucker zubereitet. Die Brotsuppe, so glaube ich, ist heute schon vergessen. Schwarzbrotschnitten wurden mit kochendem Salzwasser überbrüht, abgeseiht, mit gerösteten Zwiebeln abgeschmalzen und mit erhitzten Grammeln überstreut.

Um halb neun Uhr war Jausenzeit und um halb zwölf Uhr Mittag. Fast jeden Tag gab es Sauerkraut mit Erdäpfeln als Vorgericht und als Hauptgericht Montag Knödel, Dienstag Geselchtes, Mittwoch Strudel oder Nudeln, Donnerstag Geselchtes, Freitag Mehlspeise, Samstag Verschiedenes, Sonntag bis auf wenige Ausnahmen wieder Geselchtes und als Abschluss Kaffee oder Milch. Um drei Uhr war Jausenzeit, bei der es außer Freitag immer Fleisch gab. Wenn es zu Mittag Fleisch gab, war das Jausenfleisch schon dabei. Das Abendessen war um halb sieben oder sieben Uhr, da gab es Suppe und Kaffee.

Die Dienstboten

Anna Starzer erinnert sich an einige wichtige Aspekte der ländlichen Sozialordnung, wie sie bis zur Mitte des 20. Jahrhunderts gültig waren.

Früher gab es kein Bauernhaus ohne Dienstboten. Oft waren es die eigenen Kinder, meistens aber die Kinder der „Häuslleut", deren Eltern nur ein paar Joch Grund besaßen oder nur ein kleines Fleckerl ihr Eigen nannten. Der Mann war meistens ein Handwerker oder Taglöhner. Diese Leute hatten häufig viele Kinder, die zumeist sogleich nach Beendigung der Schulpflicht als Dienstboten zu Bauern gingen. Schon in den letzten Schuljahren halfen sie in den Ferien zur Erntezeit den Bauern als „Bandlmacher" für die Getreidegarben und beim Zusammentragen. Im September, in der zweiten Hälfte der Schulferien, hüteten diese Kinder dann das Vieh der Bauern. So waren sie daheim aus der Kost und bekamen noch ein Taschengeld. Die Kinder wuchsen auf diese Art in die Arbeit eines Dienstboten hinein.

Meist fingen die Mädel als „Kindsdirn" an und wurden dann „Saudirn", „Zweite Dirn" und zum Schluss „Erste Dirn". Bei den Buben war es ähnlich: „Stallbub", „Zweiter Knecht", „Mitgeher", „Erster Knecht" und als Abschluss „Hausknecht" oder auch „Wirtschafter". So sah der Werdegang eines Dienstboten bis zur Hochzeit oder bis ins hohe Alter aus, wo er dann beim Bauern das Gnadenbrot erhielt.

Je weniger Dienstplätze ein Dienstbote hatte, desto höher stieg sein Ansehen in der Gemeinde. Der große Dienstbotenwechsel fand zu Lichtmess statt, der Tag, an dem das neue Arbeitsjahr begann. Wenn der Dienstbote wechselte, sah er sich den neuen Platz zuerst genau an.

Bauernleben

Bauernmagd mit ihrem ledigen Kind; Abtenau, Salzburger Tennengau, um 1930.

Leben und Arbeiten auf dem Bauernhof

Dazu gab es auch einen guten Rat: Schau, wo Hund und Katze ihren Platz haben. Geht es den Tieren gut, so wird es dem Dienstboten auch nicht schlecht gehen. Beim „Platzschauen" bekamen die Dienstboten eine gute Jause und ein „Drangeld", einen halben Monatslohn. Nahm der Dienstbote den Platz nicht an, musste er das Drangeld wieder zurückgeben.

Wenn ein junger Mensch seinen ersten Dienstplatz erhielt, kam er nie allein, sondern meistens mit der Mutter. Größtenteils waren es Bekannte, denn die Häuslleut hatten bei den Bauern die so genannten Erdäpfeläcker. Solch ein Acker brachte im Durchschnitt zirka zwanzig Säcke Erdäpfel. Der Bauer leistete dazu die gesamte Pferdearbeit, und dafür mussten die Häuslleut dem Bauern bei der Ernte und beim Maschindreschen helfen. Mancher Bauer vergab bis zu neun Joch Grund, und so kamen meist die Kinder der Häuslleut als Dienstboten auf den Hof.

Beim Einstand gab es eine bestimmte Jause, die als Kraftspeise galt. Es wurden drei Eier mit etwas Mehl versprudelt und in heißem Fett herausgebacken. Der Neue sollte sich auf die lange Bank setzen, damit er recht lange bleibe. Anschließend wurde mit dem Pferd der Kasten mit den Habseligkeiten geholt. Da auf jedem Bauernhof der Hausbrauch etwas anders war, musste der neue Dienstbote sich wieder neu eingewöhnen.

Die bleibenden Dienstboten wurden zu Jakobi schon wegen des weiteren Verbleibes angeredet und erhielten auch das Drangeld. Wurde einer vom Bauern nicht angesprochen, so wusste er, dass er sich um einen neuen Posten umsehen muss. Der Bauer bekam dies dann meist bei der Arbeit zu spüren, denn die Kündigungszeit dauerte vier Wochen. Ein schlechtes Zeichen für Bauer und Dienstboten war ein Wechsel des Dienstboten unter dem Jahr. Im Durchschnitt blieb ein Dienstbote zwei bis sechs Jahre oder bis zur Heirat.

Die Knechte schliefen größtenteils im Pferdestall, manchmal gab es auch ein „Buamakammerl". Die Mägde hatten schon immer ihre „Menschakammer", die meist neben der Gartentür lag. Die Kammer war oft so klein, dass zwei Mägde in einem Bett schlafen mussten. Im Winter war es außer in der Küche und in der Bauernstube in allen Kammern kalt. Man wickelte einen gewärmten Mauerziegel in eine alte Schürze und legte diesen nach dem Abendessen ins Bett. Ging man dann zu Bett, so wärmte man sich am warmen Ziegel die Zehen. Die Knechte hatten es da im warmen Pferdestall etwas besser.

Je besser sich der Dienstbote in die Familie einfügen konnte, umso mehr wurde ihm geholfen und wurde er in die Familie aufgenommen. Es war ja damals besonders die gegenseitige Hilfsbereitschaft wichtig. Das fing schon beim Mähen der Wiesen an, denn das Wetzen der Sense musste gekonnt sein. So manche Träne wurde anfangs vergossen, wenn man wegen schlechter Schneid nicht mehr nachkam. Auch beim Fassen der Heu- und Getreidefuhren war es so. Man brauchte schon Übung dazu.

Was erhielt der Dienstbote außer seinem Lohn noch? Das Erste war einmal der „Leutkauf". Der Dienstbote bekam pro Kalb einen und pro Großvieh fünf Schilling. Zur Fastenzeit gab es das Beichtgeld für eine Jause. Ein paar Wochen vor der Beichtzeit kam der Messner in jedes Haus, um die Beichtpflichtigen aufzuschreiben. Nach der Beichte ging man dann in die Sakristei, zeigte das Beichtbildchen her und wurde wieder ausgestrichen. So wusste man genau, wer bei der Beichte gewesen war. Es gab auch das „Kirtaggeld", zu Ostern und zu Weihnachten das „Bachtkörberl" mit einem Laib Weißbrot, einem Laib Kletzenbrot, Kuchen, Torten und Butterkrapfen. Zu Ostern kamen noch die roten Eier dazu. Außerdem durften am Ostersonntag die Knechte und am Ostermontag die Mägde die von den Hühnern gelegten Eier abtragen und verkaufen. Im Winter kam meist der Schuster auf die Stör, da gab es dann ein Paar Schuhe. Die Schneiderin, ebenfalls eine Störhandwerkerin, fertigte für den Knecht zwei Hemden und für die Magd ein Arbeitskleid. Zu Weihnachten gab es ein „Christkindl". Außerdem durfte der Pferdeknecht noch den Ross-Schwanz, die Erste Magd den Kuhschweif und die Zweite Magd die Sauborsten vom Schweineschlachten und im Jahr zwei Katzen verkaufen. Wenn es gute Dienstboten waren, so fiel auch dazwischen so manche Kleinigkeit ab. Die Knechte durften den Häuslleuten oft mit den Pferden Fuhrwerke machen und bekamen für ihre Arbeit ein Trinkgeld. Für Pferd und Wagen mussten die Häuslleut dem Bauern Arbeit leisten.

Welche Arbeiten verrichteten die Dienstboten auf dem Bauernhof? Einer der Ersten in der Frühe war der Pferdeknecht. Er fütterte die

Leben und Arbeiten auf dem Bauernhof

Dienstboten-Ehrung; Edlitz, Bucklige Welt, Niederösterreich, 1936.

Pferde und putzte sie mit Striegel und Bürste. War kein Stallbub auf dem Hof, so musste er auch noch ausmisten. Im Sommer holte er das Grünfutter, das der Bauer oder der Hausknecht gemäht hatte, mit den Pferden. Meistens gab es dann schon das Frühstück, denn der Pferdeknecht verbrachte die meiste Zeit auf den Feldern. Im Winter war die Holzarbeit zu erledigen. Es folgte nun der Frühjahrsanbau, das Ausfahren des Mistes auf den Erdäpfelacker, das Freihalten der Felder von Unkraut, das Beschottern der Straßen, die Heuernte und die Getreideernte. Viel Arbeit gab auch die Klee-Ernte, die Erdäpfelernte und der Herbstanbau von Korn und Weizen. Dazwischen musste immer wieder umgeackert und geeggt werden, wobei die Knechte viele, viele Kilometer hinter Pflug und Egge marschierten. So wurde es Winter, und mit der Holzarbeit schloss sich der Kreis wieder.

Bei den Mägden machte der Stall viel Arbeit, dazu kam noch die Aufzucht der Kälber. Bei mittleren Bauern benötigten zwei Mägde dazu eine Stunde. Die eine Magd fütterte, tränkte und melkte die Tiere. Die andere Magd mistete den Stall aus. Futter und die Streu wurden vom finsteren Stadl geholt, wobei es so manchen Schreckensschrei gab, wenn ein Mäuslein oder eine Ratte über den Weg lief. Die zweite Magd hatte auch noch den steinernen Grander mit Wasser vollzupumpen, das Kuchlschiff zu füllen und die Tiere zu tränken. Tagsüber wusch die Bäuerin das Geschirr ab, abends war dies die Arbeit der Magd. Nach dem Frühstück ging es zur Tagesarbeit. Die Mägde mussten neben der Arbeit auf dem Feld noch die Wäsche waschen und im Haus putzen. Auf Reinlichkeit wurde großer Wert gelegt.

Dienstbotenschicksal

Die 1924 geborene Lungauer Bauerntochter Flora Gappmaier über das Schicksal von Bauernkindern.

Unsere Mutter erzählte, dass ihr Vater (mein Großvater) weder lesen noch schreiben konnte. Er hat es nie gelernt, weil damals die Bauern für den Schulbesuch ihrer Kinder bezahlen mussten – so ging meistens nur der Älteste, der dann den Hof übernahm, in die Schule. Das war auch bei meinen Urgroßeltern nicht anders. Aber der vorgesehene Hoferbe lernte eine Bauerntochter kennen, die selbst ein Haus hatte. Natürlich waren die Eltern mit dieser Hochzeit sofort einverstanden und sagten: Heirate nur ja zu diesem Bauern hin, dann können wir den Hof einem anderen geben. So hat ein anderer auch einen Platz. Und deshalb wurde mein Großvater Bauer.

Damals gab es für die Kinder keine andere Möglichkeit, als zu einem Bauern hinzuheiraten. Sonst mussten sie Knecht oder Magd bleiben. Ohne Haus durfte niemand heiraten, denn die Gemeinde hatte Angst, es würde einmal alles ihr zur Last fallen. In meinem Heimathaus hatten wir eine Sennerin, so 30 bis 35 Jahre alt – eine fesche Frau. Ich kannte auch ihren Freund, von dem sie ein Kind hatte – ein

Leben und Arbeiten auf dem Bauernhof

Flora Gappmaier (rechts) mit ihrer Mutter und ihrem Bruder vor dem heimatlichen Hof; nahe Tamsweg im Salzburger Lungau, ca. 1935.

flotter Mann. Aber die durften nie heiraten, weil sie nichts besaßen. Oft hat sie es meiner Mutter geklagt, aber es nützte nichts, der Bürgermeister ließ es nicht zu.

So mussten alle, die keinen Mann oder keine Frau mit Haus erwischten, ein Leben lang bei den Bauern als Knecht oder Magd herumbüffeln. Waren sie dann alt und konnten nicht mehr, kamen sie in die „Anläg", das heißt, sie mussten von Haus zu Haus ziehen. Das wurde dann ebenfalls vom Bürgermeister eingeteilt und bestimmt. Bei größeren Bauern durfte der „Anläger" drei Wochen, bei kleineren zehn Tage lang bleiben. Das gab es bei uns sogar noch, als ich jung war. Ich kannte noch mehrere in der Gemeinde. Ein Altersheim oder Armenhaus gab es damals nicht – nun, wohin mit den alten Leuten? Bei den Bauern gab es für den Anläger ein eigenes Schüsserl und Löffel zum Essen und eine eigene Decke. Zum Schlafen mussten sie in den Stall aufs Stroh.

So schrecklich war es damals, alt zu werden. Die Älteren unter den Dienstboten sahen dieses Schicksal schon auf sich zukommen und fürchteten sich davor. Drum darf es einen nicht wundern, dass jeder danach trachtete, irgendwo einzuheiraten. Ob besser oder schlechter, Hauptsache, sie hatten einen Platz. Schulbildung war nicht so wichtig. Viel wichtiger war, ein gutes Talent zu haben, um sich einen Bauern zu angeln. Da waren sie dann gar nicht so wählerisch. Wenn sie keinen schönen Mann bekommen konnten, tat es ein schiacher oder alter auch. Hauptsache, ein Dach über dem Kopf, hieß es damals.

Die Arbeit von Kindern

Der 1928 als zweites von sieben Kindern eines mittelgroßen Bauern in der Bucklingen Welt geborene Hans Sinabell erinnert sich, dass es auf dem Hof an Beschäftigung für die Kinder nicht mangelte.

Den Kindern oblag beispielsweise die Mithilfe bei der Stallarbeit. Damit die Melkerinnen von Belästigungen verschont blieben, hielten die Kinder die meist schmutzigen Schweife der Kühe. Gut zu gebrauchen waren die Kleinen beim Tränken der Kälber, indem sie die Milchsaichta (Eimer aus Holz) vor dem Umfallen bewahrten. Am Abend leuchteten sie mit Windlaternen beim Füttern der Schweine, tagsüber nahmen sie die Hühnereier ab. Die Nester waren ihnen bestens bekannt. Mit besonderer Vorliebe suchten sie neue Hühnernester. Entdeckten sie eines, gab es zur Belohnung eine Eierspeise.

Im Hause half der Nachwuchs durch Handreichungen beim Kochen, Backen oder Waschen. Im Dämpferkammerl sorgten die Mädchen dafür, dass im Kessel, in dem die Futtererdäpfel oder Futterrüben gedämpft wurden, das Feuer nicht ausging.

Kalbte eine Kuh, erwartete die beiden älteren Buben eine besondere Aufgabe. Sie stellten sich an den Kopf des Tieres und krauten es zwischen den Hörnern. Dabei sprachen sie beruhigende Worte: „Muasst

Leben und Arbeiten auf dem Bauernhof

Knecht und Bauernbub bei der Holzarbeit; Präbichl bei Semriach, Steiermark, 1929.

Bauernleben

ausholtn, Oima, es is glei vorbei. Dann hast a kloans Kinderl." Wir Buben und auch die Mädchen bezeichneten jedes kleine Lebewesen, das eine Mutter neben sich hatte, als Kind.

Nach der Geburt schrubbten die Männer das Kälbchen, das sie mit eigenen Gebärstricken behutsam aus dem Mutterleib gezogen hatten, mit Stroh trocken und legten es dann zum Kopf der Kuh. Diese liebkoste das Kleine mit dem Maul. Es war ein berührender Augenblick für alle, die dem neuen Lebewesen zum Dasein verholfen hatten, wenn es dann die ersten wackeligen Gehversuche unternahm. Wir bemühten uns, ihm dabei zu helfen. Mutter kontrollierte regelmäßig den Stall, um die Nachgeburt nicht zu versäumen. Auch wir Kinder schlichen dorthin, weil wir bei der Oima sein wollten.

Als Belohnung für die überstandenen Mühen, die für uns ein völlig natürliches Ereignis darstellten, erhielt die Mutterkuh eine große, mit Eierspeise belegte Brotschnitte. Warum, weiß ich nicht. Die Eierspeise zählte auf unserem Bauernhof zu den Delikatessen. Nur besondere Anlässe oder Gäste bescherten einen derartigen Genuss. Es gab zwar genügend Eier, diese waren jedoch, sofern sie nicht zum Kochen verwendet wurden, für den Verkauf bestimmt.

Eine lustige Aufgabe kam auf uns Kinder zu, wenn wir der Mutter oder der Lieslmoam dabei helfen mussten, ein Zuchtschweindl zum Bären zu treiben. Eigentlich handelte es sich um ein Hinlocken. Gewalt wurde bei uns im Umgang mit Tieren nur ganz selten angewendet. Die Mutter oder die Lieslmoam ging mit einem Hafersimperl, das war ein mit Hafer halb gefülltes Strohkörbchen, voran und rief: „Nutsch, nutsch, nutsch …!" Der vertrauten Stimme folgend, lief das Schweindl hinter ihr her. Der Eber befand sich auf einem Bauernhof im Nachbardorf Beistein.

Auf halber Strecke führte der Weg über eine Furt des Aubaches. Nun traten wir Begleiter in Aktion, denn das Nutscherl, also das Schweindl, wollte partout nicht durch das seichte Wasser. So nahmen wir es in die Mitte und schubsten es einfach hinüber. Nach Hause ging es dann problemlos, denn Mensch und Tier streben, wo immer sie sich auch befinden, gerne heimzu. So ähnlich verhielt es sich, wenn man eine Kuh zum Stier zur Deckung brachte. Wir Kinder mussten hinten nachlaufen, um sie, wenn notwendig, mit einer Gerte anzutreiben.

Eine ganz wichtige Tätigkeit erwartete meinen Bruder oder mich, wenn der Vater im Herbst oder Frühjahr zu säen begann. Da musste entweder er oder ich „vürgehn". Das spielte sich so ab: Der Acker war bereits aufbereitet, geeggt und von Steinen befreit. Der Vater hatte das aus Leinen angefertigte Sätuch derart umgehängt, dass sich vorne ein Beutel bildete, in welchen das Korn gefüllt wurde. In bestimmten Abständen waren Kornsäcke zum Nachfüllen aufgestellt. Der Vater schritt nun in einem Seitenabstand von etwa zwei Meter zum Feldrand dahin und säte mit einer weit ausholenden Handbewegung das Korn gleichmäßig auf den Acker. Am Ende wartete der Vürgeher. Dieser ging nun in den Fußstapfen des Vaters den Weg zurück und markierte damit dem Bauern jenen Abschnitt des Feldes, der bereits ausgesät war. Das Säen zählte seit Jahrtausenden zu den Arbeiten mit den Händen, die mit viel Gefühl und Liebe betrieben werden mussten. Eine gut bemessene, gleichmäßige Aussaat war mitentscheidend für den Erfolg oder Misserfolg der Ernte.

Noch einer Voraussetzung bedurfte es, sollte die Fechsung den Vorstellungen des Landwirtes entsprechen. Gemeint ist die sachgemäße Düngung. Kunstdünger oder Handelsdünger in der heutigen Vielfalt gab es nicht. „Heit tuan ma Mistführn", ordnete der Vater an, wenn es so weit war. Das bedeutete für einen von uns zwei älteren Buben Arbeitseinsatz, das heißt, wir mussten entgegenfohrn (entgegenfahren).

Für das Mistführen waren drei Goarn (Karren mit zwei Rädern) und zwei Ochsengespanne erforderlich. Ein Karren wurde von zwei Personen beladen, ein Gespann befand sich auf dem Acker, wo der Vater den Mist mit einer Mistkraln (Kralle) in bestimmten Abständen zu kleinen Häufchen ablud. Nach Beendigung des Abladens fuhr er Richtung Hof. Auf halbem Wege traf er auf das dritte Gefährt, den Entgegenfahrer. Die Gespanne wurden gewechselt. War ein Karren mit Mist beladen, musste dieser von einem Auflader geprackt werden. Dies deshalb, damit nichts auf dem Anfahrtsweg vom Karren rutschte und den Weg beschmutze. Der Mistpracker bestand aus einem breiteren Holzteil mit einem Stiel. An das Mistführen schloss sich als weiterer Arbeitsvorgang das „Mistbroatn", eine Tätigkeit, die von den Weiberleuten auf dem Bauernhof besorgt wurde. Sie streuten die Misthäufchen gleichmäßig auf dem Felde aus. Nun konnte der Dung eingeackert werden.

Bauernleben

Das Vieh

Der in den 1930er und 1940er Jahren im oberösterreichischen Voralpengebiet aufgewachsene Bauernsohn Alois Poxleitner-Blasl erinnert sich an die wichtigsten Tiere auf dem Hof seiner Eltern.

Die Kühe. In der Regel waren fünf Kühe im Stall, der vom Ross-Stall durch eine Mauer getrennt war. Die Kühe hatten Namen wie Weißkopf, Scheck, Lori oder Blässl. Sie wurden dreimal täglich gefüttert. Man hörte erst damals auf, das Heu zu schneiden und stellte dann auch die Mittagsfütterung ein. Getränkt wurden sie aus flachen, runden Holzschaffeln, die man von hinten zum Barn tragen musste, dabei gab es öfter Zusammenstöße, weil die Kühe nicht mehr warten wollten oder sonst unruhig waren und die Trägerin rempelten oder einfach mit ihrer Körpermasse behinderten.

Gemolken wurde mit der Hand. Natürlich habe ich dabei zugeschaut, später habe ich es auch selbst versucht. Das Euter und die Strichen werden gereinigt, dann das ganze Euter ein bisschen geschupft (so ähnlich, wie es das Kälbchen beim Trinken tut), mit der Hand eine Striche so genommen, dass Daumen und Zeigefinger einen Ring bilden. Dieser „Ring" schließt sich am oberen Teil der Strichen. Zeigefinger, Mittel-, Ring- und kleiner Finger wiederholen diese Bewegung, rasch aufeinander folgend. Gleichzeitig werden die Strichen in die Länge gezogen. Der oder die Melkende sitzt auf einem Holzstockerl und hält den Melkeimer zwischen den Knien. Er hat ein eigenes Melkgewand, bei dem ein Hut nicht fehlen darf, denn die Kühe wehren mit den langen Schwanzhaaren die Fliegen ab – und da kann man schon manchmal einen Schwanzhieb um die Ohren bekommen. Beim guten Melker sausen zwei Milchstrahle ins Gefäß, sodass anfangs, wenn dieser Strahl aufs Blech trifft, ein singender Ton entsteht, der mit Höherwerden des Milchstandes im Eimer in ein Zischen übergeht. Der gute Melker hat daher auch viel Schaum auf der Milch.

Tiere sind für den, der täglich Umgang mit ihnen hat, nicht fremde, unpersönliche oder gar gefährliche Wesen, sondern sehr gut unterscheidbare Charaktere. Es gibt störrische und gutmütige, streitlustige und friedliche Kühe. Der Mensch, der täglich mit ihnen zu tun hat,

Leben und Arbeiten auf dem Bauernhof

Pflügen mit Rindern; Gaschurn, Hochmontafon, Vorarlberg, um 1935.

kennt sie so gut auseinander wie eine Mutter ihre Kinder. Mit ihren großen Leibern heizen die Kühe im Winter den Stall. An sehr kalten Tagen wurde ein Bund Stroh auf die Türschwelle gelegt.

Kalbte eine Kuh, so mussten im richtigen Augenblick Leute zum „Kaiblziagn" da sein. Der Kaiblstrick hatte seinen fixen Platz auf einem Haken im Türstock der Schreibzimmertür. Das neugeborene Kalb wird von seiner Mutter mit der rauen Zunge abgeschleckt, was einer wärmenden Massage gleichkommt. Es dauert nicht lange und das Kälbchen erhebt sich ungeschickt, zuerst mit den Hinterbeinen, auf die eigenen Füße und strebt mit der Schnauze dem Quell des Lebens, dem Euter, zu. Während des Trinkens stößt es immer wieder recht kräftig ins Euter und steht dabei an den Leib der Mutter geschmiegt so, dass sein Hinterteil zu den Vorderbeinen der Kuh reicht.

Kommt hinten beim Kälbchen ein kleines „unschuldiges Süppchen" heraus, so leckt es die Kuh ab, was durch den hochgehobenen Schweif des Kälbchens erleichtert wird. Je nachdem, ob es ein Stier- oder ein Kuhkaiberl ist, wird entschieden, ob es gespent oder dem Fleischhauer verkauft wird. Im letzteren Falle gibt es ein kurzes Mutterglück für die Kuh. Nach etwa drei Wochen kommt der Fleischhauer und holt das Kalb, das mit seinem Liebreiz und seiner Anmut alle entzückt hatte. Die Kuh, in ihrer ohnmächtigen Verzweiflung über das Verschwinden des Kalbes, brüllt ihren Schmerz ein, zwei Tage hinaus. Die Menschen bedrückt das zwar, aber man kann's nicht ändern.

Die Pferde. Unsere Pferde, zwei Rappen, Veteranen aus dem Ersten Weltkrieg, waren schon gut über zwanzig Jahre alt und hießen Fritz und Bubi. Fritz wurde rechts, Bubi links eingespannt. Auch im Stall standen sie so, getrennt durch eine Holzwand. Über der Heuraufe befand sich eine Öffnung in der Decke, durch die das Heu vom Heuboden heruntergestopft wurde. Links vom Eingang in den Ross-Stall stand die Hafertruhe. In der Fensternische darüber lagen Striegel und Bürste. Vor dem Stall ragten aus der Mauer links und rechts vom Eingang Holzzapfen, auf die das jeweils verwendete Zeug – Kummet oder Brustgeschirr – gehängt wurde. Das Wasser wurde in Kübeln in den Stall getragen. Die Rösser tranken eben wie Rösser, das heißt: einige Züge, und der Kübel – zirka zehn Liter – war leer.

Pferde machen viel Arbeit: füttern, tränken, striegeln, ein- und ausspannen. Vor allem das Füttern brauchte seine Zeit. Wollte man zeitig in der Früh wegfahren, so musste der Knecht noch eine oder zwei Stunden vorher den Pferden das Heu „fürgeben". Vor einer Ausfahrt nach Molln am Sonntag wurden sie ordentlich gestriegelt und gebürstet, bis das Fell glänzte. Die Hufe wurden mit Schuhcreme gefärbt. Die Messingschnallen am Zeug mit Sidol geputzt und das Lederzeug, Halfter, Brustgeschirr, Leitseil auf Hochglanz gebracht. Natürlich war am Samstag der Wagen gewaschen worden. In der Sonntagfrüh nach der Stallarbeit, nach dem Frühstück und den üblichen Aufregungen, bis alles fertig war, stiegen wir in den inzwischen vorgefahrenen Wagen. Vater und Mutter saßen im Fond des Wagens, wo sich noch ein Kind dazwischenzwängen konnte. Gegenüber, also gegen die Fahrtrichtung

Leben und Arbeiten auf dem Bauernhof

Pferdefuhrwerk mit einer Fuhre Baumrinde; Präbichl bei Semriach, Steiermark, 1931. Die Rinde wurde als Rohstoff für die Ledergerberei verwendet.

schauend, saßen auf einem kleinen, aufklappbaren Bankerl meine Wenigkeit und mein älterer Bruder Hubert. Auf dem Kutschbock, neben dem Kutscher, war noch ein schöner Platz, auf dem ich in meiner Sonntagsausstattung (dazu gehörte ein spitzes Hütchen mit einer Pfauenfeder) manchmal saß. Der Knecht schnalzte leicht mit der Peitsche, hob die Zügel – und los ging's!

Beim Förster Sterneder (später Wagner) vorbei zum Pörr, Paltner, Wieser, Kreuzhuber – aber da hieß es „Halt". Die Pferde waren stehen geblieben. Sie bekamen dort jeden Sonntag ein Stück Zucker, und das vergaßen sie nie. Weiter durch den Hohlweg vor dem Schmidbauer, vorbei an den großen Birnbäumen und weiter. Bühler, Kikerdorfer, Tal bis zum Grießnerkreuz, die erste kleine Steigung seit dem Paltnerkreuz, dann Altermühle, Schneider Hartl und schon waren wir bei der Kerbl Reit, wo für mich Molln – die große Welt – anfing. Man sah schon den Kirchturm und eine Ansammlung von Häusern, die wir in der Ramsau nicht zu bieten hatten. Mit Spannung warteten wir jedes Mal, bis das Schmiedbergerbergl kam, wo es einen förmlich in die Luft hob, wenn der Wagen rasch darüber fuhr. Beim Thaller (Zrenner) lenkte der Kutscher Ross und Wagen durchs Tor in den Hof, dort wurde ausgespannt. Die Pferde kamen in den Stall, und wir gingen in die Kirche.

Die Hühner. Der Hühnerstall befand sich im Saustall über der rechten Seite des Kobels. Gitterstäbe, wie bei einem Gartenzaun, trennten ihn von den Schweinen. Er war kaum einen Meter hoch, aber sehr lang. Vom Hof führte die schmale Hühnerstiege unter dem Ross-Stallfenster schräg zum Hühnerstallfenster, in dem die untere, linke Scheibe als Türl fungierte, das man in der Nacht sorgfältig verschloss, denn der Fuchs lag immer auf der Lauer. Am hinteren Ende des Stalles ging eine gleiche Treppe hinauf in den Heuboden, wo sich der Scharraum befand, ein Holzverschlag mit Abteilungen für die Nester, in denen etwas Heu lag.

Die Hühner legten immer brav in diese Nester, in die man zum Anreiz ein Gipsei gab, da man wusste, dass sie gerne „dazulegen". Hie und da kam es vor, dass ein Huhn ein „Neidoa" legte, ein besonders kleines Ei, das man laut Mutter „übers Dach werfen konnte", ohne dass es zerbrach. Das Eierholen vom Nest („Oa abnehma") war eine der Lieblingsbeschäftigungen der Mutter, die den Hühnern sehr gewogen war. Hatten die Hühner gut gelegt und waren in der Schürze viel Eier, dann war die Freude groß.

Wir hatten an die zwanzig Hühner, so genau wusste man das nicht immer. Sie konnten den ganzen Tag im Freien sein. Weiter als zweihundert bis dreihundert Meter vom Haus entfernten sie sich kaum. Zweimal am Tag bekamen sie im Hof Futter gestreut, Mais oder Weizen. Auf die Rufe „Biibibibibiiii" kamen sie ganz aufgeregt von allen

Leben und Arbeiten auf dem Bauernhof

Frau beim Hühnerfüttern; am Demmerkogel, Sausal, Südsteiermark.

Seiten herbeigeflattert und gelaufen. Zwischendurch versuchten einige Goldammern oder Spatzen, zu einigen Körnern zu gelangen. Rasch aber wurden die Körner von den Hühnern aufgepickt, und danach ging es wieder auf die Wiese oder auf den Misthaufen, um ihre natürliche Nahrung zu suchen – und vor allem, um zu scharren, denn „das Scharren ist des Huhnes Lust".

Wie glücklich war ich doch, dass damals niemand gesagt hat, „die Hühner sind unrentabel, sie müssen weg". Zugegeben, auch für mich gab es unangenehme Momente, wenn ich barfuß über den Hof lief und plötzlich etwas Kaltes, Weiches zwischen die Zehen drang, denn die Hühner legten nicht nur Eier! Aber man stelle sich einmal das freudige, erregte Gegacker einer Henne vor, nachdem sie ein Ei gelegt hat. Diese Erleichterung, dieses überströmende Glücksgefühl, das muss man doch der ganzen Welt mitteilen, und zwar, wie sich's gehört, mit lautem Gegacker. Manchmal fällt eine zweite und dritte ein und nicht selten der Hahn. Ein richtiges Konzert schallt über den Hof.

Überhaupt die Hühner! Sie plaudern miteinander! Am Nachmittag stehen sie auf einem Bein im Hof in der Sonne und geben langsame, ziehende und glucksende Laute von sich, richtig beruhigend. Diese Tiere waren einfach zufrieden und glücklich. Wir hatten damals weiße und bunte Hühner (Rhodeländer) und immer einen Prachthahn. Wenn er einen Leckerbissen entdeckt hatte, lockte er, bis die Hühner gelaufen kamen, er konnte dabei ganz aufgeregt werden. Dann sah er mit Stolz zu, wie es sich die Hennen schmecken ließen. Er selbst verschmähte es meistens, am Mahl teilzunehmen.

Der siebente Himmel eines Huhnes muss aber sein, in einem ausgescharrten, staubigen Erdloch zu sitzen und die Sonne auf dem Gefieder zu spüren. Unsere Hühner genossen das Leben! An der Stallmauer, wo die Nachmittagssonne hinscheint, hatten sie mehrere solcher Mulden ausgescharrt und benützten diese auch immer.

Hühner spüren auch den Frühling. Nicht nur, dass sie immer fleißiger Eier legen – manche jeden Tag eines –, sie hatten auch die seltsamsten Gelüste, ihre Eier so in Verstecke zu legen, dass sie ja niemand finden sollte. Eigentlich hatten wir ja nichts dagegen, denn wenn es eine Gluckhenne gab, dann kamen bald Küken. Andrerseits kam es vor, dass eine Henne zehn oder zwanzig Eier irgendwo im Heu in ein Nest gelegt hatte und dieses aufgab. Man musste um diese Zeit also immer ein wachsames Auge auf das Hühnervolk werfen. Schlich sich eine etwa durch ein Loch im Tor in die Scheune? Hörte man auf dem Heuboden ein Gackern? Da hieß es dann eben gelegentlich nachsehen.

Kam aber eines Tages eine Gluckhenne mit gesträubtem Gefieder und eben glucksend zum gestreuten Futter, so wusste man, es sind schon Küken ausgebrütet. Und nach einigen Tagen großer Aufregung – da spaziert sie über den Hof mit zehn oder zwölf Biberln, die um sie herumwurln. Freude und Entzücken kennen keine Grenzen: wie lieb (und wie nützlich). „Hoffentlich werden es nicht lauter Hähne", sagte

Mutter. Wagte man es, ein Biberl anzufassen – aber so weit kam man ja gar nicht –, dann fuhr die Gluckhenne mit geplusterten Federn und scharfem Schnabel auf einen los, dass man schnell das Weite suchte. Nicht selten saß die Henne dann im Hof, die Flügel leicht angehoben, und darunter alle ihre Biberln, die kaum Platz hatten und immer wieder dort und da aus dem mütterlichen Schutzmantel hervorschauten – wie die Menschen der Schutzmantelmadonna in Frauenstein. Es war immer eine gewisse Bewegung, eine Unruhe, und man hörte ein leises Piepsen, hauchdünn, und dazwischen das beruhigende oder warnende Glucksen der Alten.

In der Wagenhütte, auf der Fluderseite, waren durch die Dachtraufe einige Bretter nahe dem Boden abgefault, sodass eine Katze oder ein Huhn hineinspazieren konnte. Besonders die Hühner hatten dort ein Plätzchen, das sie liebten, denn es gab trockene Erde, die man aufscharren und für ein Staubbad benützen konnte. Außerdem war ein rascher Übergang von der ungeschützten Wiese möglich. Das wussten sie zu schätzen. Hie und da fanden wir ohnedies einen Haufen Federn auf der Wiese – alles, was uns der Bussard von einer Henne zurückgelassen hatte.

Die Schweine. Die Nachbarn der Hühner waren die Schweine. Die Kobel bestanden aus dicken Betonmauern mit einer Holztür und einem Ursch, über dem eine bewegliche Holzklappe wohl das Füttern, nicht aber das Herausschlüpfen der Tiere ermöglichte. Beim Saustallräumen wurden die Schweine herausgelassen. Sie sausten dann im Galopp heraus, laut grunzend und einige Runden im Hof drehend, der vorsorglich nach allen Seiten abgeschlossen worden war (zwischen Knechtkammer und Haus befand sich ein Holzzaun mit breitem Tor). Ihr Ziel war immer der Misthaufen, in dem sie nach Herzenslust herumwühlten, sich suhlten und wälzten, und zwar so lange, bis sie über und über mistfarben waren. Diese Viertelstunde Freiheit auf dem Misthaufen musste unseren Schweinen viel bedeutet haben, denn nur ungern ließen sie sich in den Stall zurücktreiben, der inzwischen gereinigt und frisch gestreut worden war.

Wenn ihnen das Fressen gebracht wurde (der Sautrank), dann stimmten sie jedes Mal ein lautes Gequietsche an, das einfach ohren-

Muttersau mit Fadeln; Rauris, Salzburg, 1950er Jahre.

betäubend war. Sie stürzten sich zum Ursch, bevor man den Trank hineingeleert hatte, und blockierten ihn dadurch. Mit Kraft musste man sie zurückdrängen und dann den Trank hineinschütten. Sofort waren sie mit den Vorderfüßen und mit der Schnauze (Rüssel) im Ursch und schmatzten, dass es eine Freude war.

Auch unseren Schweinderln ging es gut, wollten wir doch ein gutes Fleisch haben. Sie bekamen Erdäpfel, Magermilch, Mais, das gekochte Saufutter aus den Küchenabfällen mit Verwendung von Kleie, verschiedene Rückstände aus der Müllerei und im Sommer täglich einen Korb mit feinem Kleegras vom Sagplatz.

Leben und Arbeiten auf dem Bauernhof

Die Mühle

Alois Poxleitner-Blasls Eltern betrieben in den 1930er Jahren neben der Landwirtschaft auch noch eine Mühle. „Josef Poxleitner-Blasl, Kunstmühle, Schwarzbrotbäckerei und Landesproduktenhandel" stand über dem Hauseingang geschrieben.

Die Bauern brachten das Getreide auf ihren Leiterwägen – im Winter auf Schlitten – zu uns in die Mühle. Wagen und Pferde blieben vor dem Haus stehen, und da es oft Stunden dauerte, bis sie abgefertigt waren, bekamen die Pferde – manchmal war das Zugtier auch ein Ochse – Futter, das auf einen großen Steinblock neben der Planke zum Turbinenabfluss gestellt wurde. Der Wagen oder Schlitten stand somit genau vor der Haustür.

Das Abtragen der Getreidesäcke war sozusagen die Ouvertüre zur folgenden Müller- und Mahlersymphonie. Der Bauer stand auf dem Wagen und zog die Säcke zur Abladestelle, der Müller ließ den Sack sachte auf die Schulter – meistens die rechte – gleiten und schritt in die Mühle, manchmal zur ebenerdigen Schütte, manchmal die halbe Treppe hinauf, bis die Schulter mit dem Boden des Walzenbodens in einer Höhe war. Das Wichtigste war das genaue Wiegen des Getreides, danach wurde nach einem Schlüssel die Mehlmenge festgesetzt, die der Bauer im Umtausch zu bekommen hatte. Die andere Möglichkeit war die, dass der Bauer in einigen Wochen wieder kam und eben alles, was aus seinem Getreide herausgemahlen worden war, abholte – Mehl, Kleie usw. Das, so glaube ich, nannte man Lohnmüllerei, zum Unterschied von der Handelsmüllerei.

Vater hatte beim Tragen von Mehl- oder Getreidesäcken seine Schirmkappe immer über das rechte Ohr herabgezogen, womit er einen gewissen Schutz des Halses erzielte. Man konnte nämlich am Genick ein Oaß bekommen, das sehr schmerzhaft war. Beim Tragen der Säcke fasste die eine Hand den Bund, ihn gleichzeitig kontrollierend, dass er sich nicht öffnete. Hie und da geschah es, dass ein Sack aufging, während er getragen wurde – eine schöne Bescherung!

Grundsätzlich erinnere ich mich an zwei Sackarten: die aus feinerem Gewebe (Leinen oder Ähnliches), weiß oder in hellen Farben, und die aus Hanf oder Jute, die viel gröber und braun oder graubraun waren. Viele Säcke waren geflickt. Bei einem zugebundenen Getreidesack erkannte Vater durch Greifen, welches Getreide er enthielt: Weizen, Roggen oder Hafer.

Während die Müller ihre Mahl- und Rechenkunststücke vollführten, saß der Bauer meistens in der Stube und bekam ein Glas Most, zu welchem er mitgebrachten Speck und Brot aß. Manche hatten ihr eigenes Taschenmesser, mit dem sie mundgerechte Stücke vom Brot und Fleisch schnitten und diese, ohne das Messer auszulassen, mit Daumen und Zeigefinger haltend, in den Mund schoben. Im Winter wurde den Mahlbauern Tee oder Schnaps angeboten und nach Weihnachten Kletzenbrot, was immer mit der Bemerkung geschah, dass sie „viel Loa zsammbringan" (viele Arten Kletzenbrot). Zwischen dem Bauern und Mutter, die oft vom Herd herübersprach in die Stube, entwickelte sich ein Gespräch, meistens über Alltagsprobleme, über die Ernte, über das Obst, über Verwandte oder gemeinsame Bekannte. Lauter handfeste und vernünftige Dinge wurden da besprochen, keine Schwätzerei und kein Leuteausrichten. Die karge, bündige und alles Unnötige vermeidende Sprechweise dieser Bauern ist mir in guter Erinnerung. Für manche war das Mühlfahren eine Erholung von ihrer harten täglichen Arbeit.

Brot backen

Bis zur Mitte des vorigen Jahrhunderts war das Backen des Bauernbrotes auf den meisten Bauernhöfen eine ganz zentrale Arbeit, wie den Erinnerungen des 1904 geborenen Alois Reinthaler zu entnehmen ist. Eine „Bachd" musste ungefähr für einen Monat langen.

Am Abend schüttete man das Mehl in große, hölzerne Tröge, die auf einem Gestell lagen, und machte das „Dampfl" an. Dieses Dampfl bestand aus „Ura", das ist ein Teigrückstand von der vorigen „Bachd", der in einem irdenen Topf aufbewahrt wurde und mit etwas Germ angereichert, langsam zur Gärung kam. Mit lauwarmem Wasser und Milch verrührt, wurde es dann dem Mehl zugesetzt. Zu meiner Zeit, vor dem

Brotsimperln; Oberhaus bei Schladming, Steiermark.

Ersten Weltkrieg, gab es meistens nur Schwarzbrot, welches in der Früh zur sauren Suppe gern gegessen wurde. Speckiges Brot kam vom schlechten Getreide, das bei der Ernte durch Regen auswuchs, oder auch, wenn die Zubereitung zur Bachd nicht vollauf gelang, da gab es dann beim Essen lange Gesichter und nur knappen Zuspruch.

In der warmen Stube neben dem Kachelofen blieb das Ganze über Nacht stehen, nachdem der Backtrog mit einem Leintuch zugedeckt und mit Weihwasser besprengt worden war. In aller Herrgottsfrühe begann dann die schwerste Arbeit für die Bauersfrau, das Kneten, wozu sie ungefähr eine Stunde brauchte. Sie gab Salz und verschiedene Gewürze bei, wodurch der gute und würzige Brotgeschmack entstand. Der ausgereifte Teig wurde nun in Portionen geteilt, nochmals gewalkt, auf mit Mehl gestaubte Leintücher in Strohschüsseln ausgebreitet und in der warmen Stube backfertig gestellt.

Bauernleben

Inzwischen wurde der Backofen mit langen Fichtenscheitern im Kreuzstoß angefüllt und als Unterzünd' eine trockene „Burd" Wied unter den Holzstoß geschoben. Diese Arbeit musste das Kuchlmensch tun, weil durch das kleine Ofenloch nur ein spindeldürres Mädchen schlüpfen konnte und im gewölbten, niederen Backofen wenig Platz war. In eine Ecke wurde zur Beleuchtung eine Kerze gestellt. Der Scheiterstoß brannte nach einiger Zeit langsam zur vollen Glut nieder, mit einer eisernen Krücke breitete man diese auf dem Ziegelboden aus, damit alle Bodenflächen gleichmäßig erhitzt wurden. Zum Schluss blieb nur mehr Holzkohle übrig, die aus dem Ofen genommen und mit Wasser abgekühlt, später für die Bügeleisen verwendet wurde. Heutzutage findet man „Kohleneisen" nur noch in Museen.

Mit dem so genannten „Bachwisch" – Tannenreis an eine lange Stange gebunden und angenetzt – wurde das Ziegelpflaster im Backofen sauber gemacht. Nun konnte man mit dem Einschießen des Teiges beginnen. In Eile wurden die Strohschüsseln mit dem Teig von der Stube über den Hof zum Backofen gebracht, wobei die Kinder mithelfen mussten. Die Strohschüsseln wurden auf das runde Einschussbrett gestürzt, der Teig mit Flederwisch (Entenflügel) befeuchtet und mit Span an der Oberfläche geritzt in den Ofen geschoben, dadurch entstand eine knusprige, wohlschmeckende Rinde. War der Ofen voll, wurde das Einschussloch mit einem Eichendeckel geschlossen und die Ränder mit einem nassen Tuch abgedichtet, damit ja keine Hitz' verloren ging. Die Zuglöcher an der Ofenbrust regulierte man durch Ziegelsteine auf einfachste Weise.

Nach etwa eineinhalb Stunden war das Brot fertig gebacken und konnte aus dem Ofen genommen werden. Die Oberfläche wischte man mit fettem Wasser ab, wodurch ein schöner Glanz entstand. Ungefähr zwei Dutzend Brotlaibe, zirka 35 Zentimeter im Durchmesser, wurden im Backhaus abgekühlt und dann in einer großen Brotwiege trocken aufbewahrt. Eine solche Bachd aß man ungefähr in einem Monat auf. Bevor der Laib zum Essen angeschnitten wurde, machte man an der Unterseite drei Kreuze, damit das Brot ergiebig und schmackhaft blieb, nicht zuletzt aber als Danksagung und zur größeren Ehre Gottes.

Leben und Arbeiten auf dem Bauernhof

Butter rühren

Auch die Buttererzeugung war eine sehr ernst genommene, zentrale bäuerliche Tätigkeit, wie Alois Poxleitner-Blasl zu berichten weiß.

Das erste Butterfass, an das ich mich erinnere, war ein halbrunder Holzbehälter, nicht sehr groß, mit flachem Deckel und länglichen, miteinander verbundenen Holzstücken (wie eine Haspel), die von außen mit einer Kurbel gedreht wurden und so nach einiger Zeit die Trennung von Rahm in Buttermilch und Butter bewirkten.

War grad Not am Mann, dann konnte es vorkommen, dass auch ich mit dem Butterrühren betraut wurde. Mir erschien es immer viel zu lange, bis sich die ersten Butterklümpchen zeigten. Mochte ich noch so oft nachsehen, es wollte nicht schneller gehen. Manchmal war auch die Temperatur des Rahmes schuld. Großvater wusste das, und er erwärmte den Rahm vorher auf die günstigste Temperatur. Bei Mutter war es aber manchmal trotz des Messens nicht ganz genau die gewünschte Temperatur.

Irgendwann einmal lag dann doch der Butterstriezel in Mutters linker Hand, während sie mit der rechten fest klopfte, um das Wasser zu entfernen, denn die zurückbleibenden Wassertröpfchen bewirken das Ranzigwerden der Butter. Nun wurde ein schöner zylindrischer Striezel geformt und von Mutter auf folgende Weise verziert: Großvaters großer silberner Löffel wurde in heißes Wasser getaucht und mit Spitze oder Breitseite in flinken Bewegungen in die Butter gedrückt. Das Ergebnis waren stilisierte Blumen, die sich sehr hübsch ausnahmen. Es war dies eine eigene Technik der Mutter, die sie wiederum von ihrer Mutter gelernt hatte. Üblicherweise wurden in der Gegend die Butterstriezel von den Bäuerinnen mit Hilfe eines Rollmodels verziert, bevor man sie dem Krämer verkaufte.

Nach dem Butterrühren gab es frische Buttermilch und Butterbrot – eine kaum zu beschreibende Köstlichkeit! Erwähnt sei noch, dass zur Zeit des Grünfutters die Buttermilch viel besser schmeckte als im Winter.

Auch die Vorstufe der Butterbereitung, das Trennen der Milch in Magermilch und Rahm, erfolgte in der Küche. Der Milchseparator

Marke Alfa – von uns Milchschleuder genannt – war immer nach dem Melken in der Früh und abends in Betrieb. Durch häufigen Umgang mit diesem Gerät ist mir jeder Teil genauestens in Erinnerung. Von außen sah man die große Trommel, die die Milch aufnahm, die Abflussbleche für Rahm und Magermilch und die Kurbel sowie das Gestell. Der Separator mit seinen vielen Teilen in der Trommel musste jedes Mal nach Benutzung auseinander genommen und alle Teile abgewaschen und getrocknet werden, bevor man sie fürs nächste Mal zusammenstellte. Die Kurbel drehte man zuerst ganz langsam, und erst wenn eine gewisse Geschwindigkeit erreicht war, durfte man den Milchzufluss öffnen. Auf der Fensterseite stand das kleine Rahmhäfen und auf der Backofenseite die große Milchpitschen. Das summende, monotone Geräusch des Separators zeigte die richtige Geschwindigkeit an, die man auch nach der Menge des abfließenden Rahms bestimmen konnte.

Ein Teil der Magermilch wurde zur Topfenbereitung verwendet. Man schüttete sie in einen irdenen Topf, der auf den Herdrand, wo es nicht zu heiß war, gestellt wurde. Hier entstand der schneeweiße, puddingartige Topfen. Übrig blieb ein gelbliches Wasser. Mit einem Schöpflöffelsieb wurde der Topfen in glasierte Tongefäße gegeben, die aussahen wie Blumentöpfe mit Henkel, jedoch seitlich und am Boden zahlreiche kleine Löcher aufwiesen. Durch diese Löcher konnte das restliche, überflüssige Wasser entweichen, und übrig blieb der gesetzte, fertige Topfen, der auf ein Teller gestürzt wurde und mit seinen vielen Zitzen und seiner blendenden Weiße einen prächtigen Anblick bot. Topfen gab es immer, neben Fleisch auch zur Jause. Mein Vater liebte ihn sehr.

Leben und Arbeiten auf dem Bauernhof

Butterschmalz leitern

Die 1924 geborene Flora Gappmaier wuchs auf einem Bauernhof im Lungau auf. Als sie selbst Bäuerin wurde, hatte sie regelmäßig für 16 Leute und mehr zu kochen. Eine ihrer vielen Aufgaben war das Herstellen von Schmalz.

Im Sommer auf den Almen wurde viel Butter erzeugt. Da die Almen meistens von daheim drei bis vier oder mehr Stunden entfernt waren, wurde die Butter in einem großen Holzkübel geknetet, obenauf kam immer frisches Wasser. Die Butter wurde nur einmal im Monat von der Alm heruntergeholt. Das war die Arbeit des Bauern, der mit Pferd und Wagen auf die Alm fuhr. Natürlich hatte er für die Sennerin ein bissl was Gutes mit, meistens Kaffee und Kuchen, Speck und Schnaps. Bevor der große Butterkübel auf den Wagen kam, schmückte die Sennerin den Deckel noch mit Alpenblumen, noch ein Jauchzer drauf – und ab ging es!

Zu Hause angekommen, wurde die obere Schicht abgenommen als Jausenbutter, weil die noch ganz frisch war. Das andere kam alles in einen großen Kessel auf den Herd mit offenem Feuer, und es wurde „geleitert", das heißt geschmolzen. Das musste ganz vorsichtig vor sich gehen, die Hitze durfte nicht zu groß sein, weil der Butterschaum leicht überging. Dadurch ist schon manches Haus abgebrannt, denn mit Wasser kann man nicht löschen. Mutter hat zur Sicherheit immer Asche bereitgestellt. So brutzelte es nun einige Stunden schön langsam dahin. Es musste gut umgerührt werden, bis alles ganz klar war und obenauf „Schmalzplatten" entstanden, dann war es fertig. Das war für die Bäuerin ein aufregender Tag, waren doch in so einem Kessel 70 bis 80 Liter Schmalz drinnen.

Bevor es ganz fertig war, nahm die Bäuerin einen Laib Brot, schnitt große Schnitten herunter und legte sie in den Kessel. In zehn Minuten war alles schön weich und mit Schmalz angesogen. Nun kamen sie in eine große Schüssel, noch ein paar Schöpfer Schmalz drüber – und auf den großen Stubentisch damit. Knechte und Mägde setzten sich dazu und ließen sich's schmecken. Das war eine festliche Jause.

Der Kessel kam nun vom Feuer. Der Schaum, der sich beim Leitern bildete, musste ganz vorsichtig abgeschöpft werden, es durfte kein Flinserl drinnen bleiben, sonst wurde es ranzig, und dabei sollte das Schmalz doch das ganze Jahr über frisch bleiben. Im Winter, wenn die Kühe weniger Milch gaben, benötigte man den Vorrat vom Sommer. Wenn nun alles fertig war, wurde das Schmalz in große Kübel geschüttet. Das Schmalz muss so klar sein, dass man sich drinnen sehen kann, dann ist es richtig. Die Kübel wurden in den Speckkasten oder Speicher gestellt, wo es einen speziellen dunklen Platz mit Erdenboden gab. Auf den Deckel kam das Datum, damit die Bäuerin wusste, wie es der Reihe nach verwendet werden sollte. Es standen ja oft sieben bis acht solcher Kübel auf Vorrat.

Das Sommerschmalz wurde sehr geschätzt, es war gelb und edel. Wir Kinder strichen es gerne aufs Brot. Fleisch wurde früher wenig gekocht. Aber bei allen Gerichten, Schmarren oder Nudeln, musste ein bissl Fett am Boden sein, dann war es ein Bauer mit guter Kost, und die Knechte und Mägde waren stark. Sie hatten Kraft zum Arbeiten. „Beim Ross der Hafer und bei den Leuten das Schmalz", hieß ein Bauernspruch.

Sauerkraut machen

Eines der wichtigsten, weil vitaminreichen Nahrungsmittel während des Winters war – nicht nur auf dem Bauernhof – das Sauerkraut. So auch im Innviertel, wo der 1904 geborene Alois Reinthaler aufwuchs.

Ein Essen am Land ohne Sauerkraut konnte man sich in früheren Jahren schier nicht vorstellen, sogar zu gezuckerten Fastenspeisen kam Sauerkraut auf den Tisch, lediglich an Sonn- und Feiertagen wurde davon eine Ausnahme gemacht. Ein altes Sprichwort sagt, dass Sauerkraut gegen neun Krankheiten gut sei, daher gab es mit wenigen Unterschieden in allen Häusern den gleichen Küchenzettel und diese Standardkost.

Nicht jedes Jahr gelang die Frucht, entweder reiften keine harten Köpfe und keine schönen Blätter, oder das Kraut wurde auf dem Feld durch Regen faulig. Den größten Schaden aber richteten immer die

Krautwürmer an. Wir Kinder mussten diese ekelhafte und schmutzige Arbeit tagelang auf den Feldern tun und die Würmer abklauben. Um Allerheiligen herum, nach dem ersten Reif, wurde als letzte Hackfrucht das Kraut eingebracht. Durch den Reif werden die Köpfe kräftig erhärtet, und Nachtfröste führen dazu, dass sich die Blätter noch fester zusammenziehen. In der Remise wurden die Krautköpfe von der Ackererde gereinigt und die losen Blätter als ausgezeichnetes Futter für die Kühe zur besseren Milchleistung in den Stall gebracht. Auch die grünen Blätter am Oberteil der Krautköpfe nahm man sorgfältig ab, damit das Kraut nicht faul und abfärbig wurde.

Zum Advent hin kam dann der Krautschneider auf die Stör. In der großen Stube putzten die Dirnen die Krautköpfe, vierteilten sie und schnitten den Kern heraus, dann wurden diese mit einem Krauthobel geschnitzelt und in einem großen Bottich eingesalzen und verdichtet. Jede Lage Krautschnitzel, die man in großen geflochtenen Körben in den Keller brachte, wurde gleichmäßig ausgebreitet, mit einer Handvoll Kochsalz bestreut und von schweren Männern fest zusammengetreten. Diesen Mannsbildern band man saubere Bretter an die Füße; damit mussten sie stundenlang im großen Bottich treten und treten. Dutzend solcher Lagen machten erst den Bottich bis obenhin voll, und deshalb dauerte diese Arbeit meistens den ganzen Tag. Auf den Boden legte man zuerst, begleitet von Segenssprüchen, eine dichte Lage loser Krautblätter und besprengte diese mit Weihwasser, ganz oben kamen dann passende, mit Steinen beschwerte Holzpfosten hin, und das Ganze wurde mit dichten Hopfenziechen (Kotzen) verschlossen.

Das frische Kraut bekommt durch wochenlange Gärung allmählich einen weißen Film, der öfters abgeschöpft werden muss, damit Geschmack und Farbe nicht leiden. Für den täglichen Gebrauch benützte man einen kleinen Kübel in der Speis', wogegen der große Bottich in einer dunklen Ecke im Keller stand und dort zum Reifen kam.

Bauernleben

Sau abstechen

Schweine zu halten, diese selbst abzustechen und zu verwerten, war früher allgemein üblich. Im Elternhaus des 1920 im Waldviertel geborenen Alois Haidvogl war es nicht anders.

An einem kalten Dezembertag war es so weit. Der „Sautrog" wurde vom Nachbar geholt, die „Fleischrem", ein Gestell aus zwei senkrecht aufgestellten Kanthölzern mit Zapfen am oberen Ende und einem darüber gelegten Querholz mit eingesetzten Holzzacken, wurde aufgestellt und das „Saupech" gemahlen. Am Küchenherd wurde in einigen großen Töpfen Wasser aufgesetzt.

Gleich nach dem Mittagessen kam der Nachbar, ein gelernter Fleischhauer. Die große Sau wurde aus dem Stall gelassen. Sie war bereits sehr unruhig, wahrscheinlich spürte sie, was ihr bevorstand. Nach einigen Mühen wurde sie zu Boden geworfen und an den Hinterbeinen gefesselt. Einige starke Männer hielten das laut schreiende und sich heftig wehrende Schwein am Boden fest. Und nun stach ihr der Nachbar das etwa dreißig Zentimeter lange „Stichmesser" in den Hals bis direkt in das Herz. Ein starker Blutstrahl schoss aus dem Stichloch. Das Blut wurde in einer Schüssel „aufgefangen", in einen Eimer geleert und dauernd umgerührt, damit es nicht stockte. Man brauchte es ja für die „Blunzn". Inzwischen verblutete das Schwein, das Schreien und Röcheln wurde leiser, bis es schließlich erstarb. Mit einem letzten Zucker entwich das Leben.

Das „Abstechen" erfolgte ohne Betäubung und war für die Tiere eine richtige Marter. Diese Art des Schweineschlachtens wurde bis nach dem Zweiten Weltkrieg praktiziert, auch in kleinen Fleischhauereien am Dorf. Tiere wurden als Sache betrachtet.

Die so geschlachtete Sau wurde in den Sautrog, in den vorher zwei Ketten gelegt worden waren, gewälzt. Sodann bestreute man sie mit Saupech, holte aus der Küche das kochende Wasser und goss es darüber. Dann wurden die Ketten hin- und hergezogen und dabei die meisten Borsten mit der obersten Hautschicht entfernt, wobei die Sau einmal umgedreht wurde. Anschließend hob man die Sau auf eine über dem Sautrog gelegte Leiter, entfernte den Rest der Borsten mit Schab-

Leben und Arbeiten auf dem Bauernhof

Beim Schweineschlachten; Mitterretzbach, Niederösterreich, 1950er Jahre.

löffeln und scharfen Messern, zog die Klauen ab und hängte sie dann an den Hinterbeinen auf der Fleischrem auf. Der Bauch wurde aufgeschnitten und die Eingeweide herausgenommen; Herz, Lunge und Leber neben der Sau aufgehängt, die Därme in einen Eimer gegeben, später dann entleert und gereinigt und so für die Blunzen vorbereitet.

Nun teilte man die Sau in zwei Hälften. Das „Hirn" wurde entnommen und später gebraten und als Delikatesse gegessen. Jede Hälfte wurde nochmals geteilt, das Schwein dadurch geviertelt und das Fleisch mit der Stangenwaage gewogen. Schließlich war es wichtig, das Gewicht der Sau zu wissen. Noch im warmen Zustand zog man den

Speck ab und hängte diesen auf. Eine dicke Speckschicht war damals sehr gefragt. Der Nachbar hatte damit seine Arbeit getan. Eine kräftige „Jausn" und ein Stück Fleisch waren sein Arbeitslohn.

Fleisch und Speck kühlten nun aus, was an kalten Wintertagen sehr schnell ging. So konnte schon am Abend mit dem „Speckschneiden" begonnen werden. Erst wurde die „Schwarte" vom Speck abgezogen und dann der Speck in kleine würfelförmige Stücke geschnitten. Am nächsten Morgen, zeitig in der Früh, begann das „Speckausbraten" in einer großen Rein am Küchenherd. Wenn der Speck schön braun geworden war und es im ganzen Haus nach Grammeln duftete, wurde das Fett in Tongefäße abgeseiht und die Grammeln ebenfalls in Tongefäße gefüllt und mit Fett vergossen. So hielten sich beide lange, mussten sie doch für das ganze Jahr reichen. Selbstverständlich gab es am Vormittag zur Jausn frische Grammeln, direkt aus der Rein warm serviert.

Nach dem Speck wurde das Fleisch aufgearbeitet und in gebrauchsfertige Portionen aufgeteilt. Nur ganz wenig Fleisch kam frisch auf den Mittagstisch, das meiste wurde eingesalzen und im „Fleischschaffl" eingelegt. Davon wurde wiederum der größte Teil im Rauchfang geselcht und war die Fleischreserve für das ganze Jahr. Der kleinere Teil blieb im Fleischschaffl und wurde durch die Winterkälte frisch gehalten. Der Sonntagsbraten musste dann oft sogar mit dem Meißel herausgestemmt werden.

Mit dem Blut und anderen Zutaten wurde die Fülle für die „Blunzn" zubereitet, in die gereinigten Därme gefüllt und gekocht. Die Blunzn schmeckten immer sehr gut. Von den Füßen, Schwarten und dem Saurüssel wurde Sülze gemacht. Das Netz wurde in kleine Teile geschnitten und darin die „Moasn" eingewickelt, die ein herrliches Sonntagsessen abgaben. Übrig gebliebene Schwarten wurden getrocknet und später gekocht und gegessen, meist als Beilage zum Fleisch.

So wurde jedes Stück der Sau, die ein ganzes Jahr lang liebevoll versorgt und gefüttert worden war, verwertet und diente als Nahrung für das folgende Jahr.

Leben und Arbeiten auf dem Bauernhof

Tägliches Essen

Matthäus Prügger, Franz Huber und Alois Gatterer erzählen von alten Essensgebräuchen und Tischsitten auf ihren heimatlichen Höfen.

Täglich kamen viele Bettler und Arbeitsuchende, die froh waren, wenn sie um die Verpflegung ein paar Tage arbeiten und sich wieder einmal satt essen konnten. So hatten wir in der arbeitsreichen Zeit mehrere Hilfsarbeiter, auch zum Essen. Außer unserer sechsköpfigen Familie hatten wir oft noch fünf bis sechs weitere Knechte und Mägde. Ich habe oft darüber nachgedacht, wie es meinen Eltern möglich war, so viele Menschen zu verköstigen.

Es wurde nur in der kalten Jahreszeit geschlachtet, und mit dem Fleisch mussten wir bis zum nächsten Schlachten, den ganzen Sommer hindurch, ohne Kühlmöglichkeit auskommen. Der Speck wurde fein geschnitten und in einer großen Eisenpfanne am Herd zerschmolzen, bis nur mehr die braunen Grammeln und das flüssige Fett übrig geblieben waren. Das Fett wurde in Zwanzig-Liter-Emailkannen abgefüllt, und die Grammeln in großen Gläsern verwahrt. Vom Abfallfleisch und den Innereien machte man Würste und trocknete sie an der Luft. Das gebeizte Fleisch wurde nach der entsprechenden Zeit dem Beizwasser entnommen und an einen sehr luftigen Ort zum Trocknen gegeben. Nach ein oder zwei Tagen wurde es in die Selchkammer gehängt, wo man es etwa vier Wochen lang beließ. Jeden zweiten Tag schürte man die Glut an und legte trockenes Buchenholz mit Wacholderstauden auf. So wurde es ganz langsam und kühl geräuchert und nach der Rauchzeit an einem kühlen, luftigen Ort hängend gelagert.

So hatten wir das ganze Jahr hindurch an den hiefür vorgesehenen Tagen Selchfleisch. Mitunter kam es vor, dass ein Schinken von innen her schlecht wurde, dass Fliegen dazu kamen und in der Folge sich innen Maden einnisteten. So war es keine Seltenheit, dass in der heißen Jahreszeit in der Fleischsuppe eine Menge Maden schwammen. Aber der Vater wusste uns auch dazu den Appetit anzuregen, indem er uns einredete, dass die besonders gut gekocht seien. Schließlich schmeckte uns das angefaulte Fleisch genau so gut wie das andere. Es wurde alles mit Schweinefett gekocht und gebraten. *(Matthäus Prügger)*

Hiaz erzähl i enk amoil, wia 's zur damaligen Zeit auf so an Bauernhof zuaganga is. In der Stub'n is a großer runder Marmortisch g'standen. An der Wand war a Eckbank, darüber in der oberen Ecken, der Herrgottswinkel. A großer, g'schnitzer Herrgott, a g'sticktes Deckerl mit heilige Sprüch drauf und a dunkelroter Nagerlstock hot beim Tischgebet ang'schaut werdn müassn.

Zwoa Holzstühl mit einbohrte Haxen, nach der Rundung vom Tisch g'schweift, wor die Sitzgelegenheit. An so an runden Tsch hom weit mehr Leit Plotz. A rupfernes Tischtuch war allweil drauf. Die Knecht und Dirnen hom alle eahnan Sitzplatz zuateilt kriagt. Dös hot da Moaknecht einteilt. Unter jedem sein Platzerl is unter dem Tisch a Lederschlaufen g'wöst. Das Essbesteck hot ma mit dem Tischtuach abg'wischt und in die Schlaufen g'steckt. Wann oans beim Essen mehrer „patzt" hot, war dös am Tischtuach zum Beobachten.

Vorm Essen hot der Bauer das Tischgebet g'sprochen. Zum Nachbeten war fast koa Zeit nit, jeder hot scho auf die bessern Brocken g'spitzt. I hob natürli warten müassen, bis alle ang'fangt ham, sunst hätt ma der Moaknecht mit dem Löffel auf d'Finger klopft. Die Bauersleut mit eahnere Kinder san bei an kleanern Tisch g'sessen. *(Franz Huber)*

Neben der kuhwarmen Milch gab es zum Frühstück und Abendmahl täglich Stosuppe mit gekochten Kartoffeln, an die ich mich nicht gewöhnen konnte. Besonders das Essen gemeinsam aus einer Schüssel, die in der Mitte des Tisches stand, war eine große Anstrengung für mich. Der Löffel musste an der Schüssel abgestreift werden, damit das Tischtuch nicht angepatzt wurde. In der Früh gab es manchmal statt der Kartoffeln auch eingebrocktes Brot. Das in kleine Würfel geschnittene Brot wurde meistens vom Vater zubereitet.

Auch das Mittagessen entsprach selten meinem verwöhnten Geschmack. Zu Mittag gab es fast täglich Kartoffel- oder Einbrennsuppe, danach im Winter eine Schüssel Sauerkraut und Brot dazu, im Sommer Frischkraut oder grünen Salat. Fleisch war selten, höchstens ein bis zwei Mal in der Woche, vor allem am Sonntag. Zu Weihnachten und zu Ostern aßen wir dreimal wöchentlich Fleisch, denn zu diesen Feiertagen wurde abgestochen. Im Sommer gab es fast ausschließlich Selchfleisch, das am Dachboden verwahrt wurde. War es jedoch schon

Leben und Arbeiten auf dem Bauernhof

Oberkärntner Bauernfamilie am Esstisch; 1950er Jahre.

älter, schmeckte es gar nicht mehr gut. Manchmal waren sogar schon Maden drinnen, sodass meine Mutter trotz ihres Hungers kein Fleisch aß. Dem Vater machte das nichts aus. Auch wenn das Brot manchmal schon schimmelte, wurde es gegessen, nur der Schimmel wurde weggeschnitten.

In der übrigen Zeit kamen meist Sterz, Mohnnudeln, Bröselnudeln, Apfelstrudel zur Apfelzeit, Mohntatschen, Grießschmarren, Kaiserschmarren oder Grammelknödel auf den Tisch. Am schlimmsten war der mit Schweineschmalz zubereitete Sterz für mich. Wenn sich mir die kleinste Gelegenheit bot, verschwand ich stillschweigend in das Seitnerhaus, wo ich meistens Glück hatte und meinen Hunger mit einer Spezialität meiner Großmutter stillen konnte. Wenn ich danach nach Hause kam, wurde ich natürlich wieder geschimpft. *(Alois Gatterer)*

Bauernleben

Der Waschtag

Eine der schwersten Frauenarbeiten am Bauernhof war das Wäschewaschen. Anna Siebenhandl, geboren 1926, die mit zehn Jahren auf den Hof eines entfernten Verwandten in Dienst gegeben wurde, erinnert sich daran.

Auf einem Traggestell war an vier Enden ein rupfenes Leintuch angebunden, das in der Mitte durchhing. Dieses Gestell wurde mit den Stangen an beiden Enden irgendwo aufgelegt. Unter das Tuch wurde ein größeres Schaff gestellt. In das Tuch kam fein gesiebte Holzasche. Nachdem man im Kessel heißes Wasser bereit hatte, musste man dieses mit einem Blechkübel auf die vorbereitete Asche gießen. Das Wasser seichte langsam durch, und darunter entstand eine herrlich weiche Lauge. Nicht schmutzig, sondern wunderschön goldgelb.

In der auf diese Weise entstandenen Lauge weichte man die Wäsche ein. Am Nachmittag nahm man die Wäsche aus der Lauge. Nach kräftigem Auswinden wurde sie am Tisch ausgebreitet und eingeseift, zusammengelegt und so vorbereitet bis zum nächsten Morgen liegen lassen.

Der Waschtag war hart, und liebend gern hätte ich darauf verzichtet. Es musste sehr früh aufgestanden werden, meist war man noch müde vom Vortag. Die Wäsche sollte ja, wenn das Wetter mitspielte, rechtzeitig genug auf die Leine gebracht werden. Da konnte ich dem Waschtag wahrlich keine Freude abgewinnen. Schon allein die Unordnung im Haus, die Männer schlechter Laune. Die Altbäuerin stand dabei wie ein Feldwebel, die Großmagd grantig und auch die übrigen missgelaunt.

Meine Aufgabe als Jüngste in der Familie war, die Trommel mit der Wäsche im Kessel zu drehen. Diese verschließbare Trommel war mit einer Kurbel verbunden, die man eine halbe Stunde mit der Wäsche im kochenden Kessel betätigen musste. Wenn eine Maschine gekocht war, wurde die Wäsche in ein Schaff gestürzt und die Trommel mit weiterer Wäsche gefüllt. Die gekochte Wäsche kam in den Waschtrog, wo vier Frauen mit dem Waschen beschäftigt waren – entweder mit der Bürste oder einfach mit den Händen. Wenn dann die ganze Wäsche gewaschen war, wurde sie von den Frauen mit Wannen zur

Leben und Arbeiten auf dem Bauernhof

Wäscherinnen bei der Arbeit; Texing, Bezirk Melk, Niederösterreich, 1930er Jahre.

Schleuse getragen. Dort musste man sich am Steg niederknien, um die Wäsche richtig schwemmen zu können. Stehend war die Gefahr, dass man hineinkippen konnte.

Es war ein schöner Bach, der ziemlich viel Wasser führte, sodass es möglich war, eine Schleuse zu bauen. Ich erinnere mich noch, dass Wiener Sommerfrischler gerne darin badeten. Der Wasserstand an dieser Schleuse war eineinhalb bis zwei Meter. Nichtschwimmer hätten ertrinken können. Der Bach fließt mitten durch den winzigen Ort.

Wenn es schon ziemlich kalt beim Schwemmen war, nahmen sich die Frauen in einem Geschirr heißes Wasser mit, um sich hin und wieder darin die Finger anzuwärmen. Im strengen Winter, wenn es klirrend kalt war, wurde in der Futterkammer der Barren, der über das Jahr zum Milchkühlen oder Erdäpfelwaschen benützt wurde, auch zum Wäscheschwemmen verwendet. Er musste eben dementsprechend schön ausgewaschen werden, es war ja ein ziemlich rauer Betonbarren.

Das Waschen mit der Hand ist äußerst ermüdend, besonders bei schweren Wäschestücken. Für die Arbeitskleidung der Männer brauchte man enorme Kraft. Selbst mit der Bürste war es Schwerarbeit. Auch das Schwemmen war sehr anstrengend, da konnte es manchmal passieren, dass ein Wäschestück davonschwamm, bis es an Strauchwurzeln hängen blieb. Schwere Wäsche musste meistens von zwei Frauen ausgewrungen werden, um das Wasser einigermaßen herauszubringen. Das Wäscheaufhängen im Sommer war schön, das freute mich. Es war das einzig Schöne an dieser Arbeit. Im Winter aber musste am Hausboden aufgehängt werden, und da bekam man klamme Finger.

Heuernte in den Voralpen

Der auf einem Bauernhof in der Gegend von Molln, Oberösterreich, aufgewachsene Alois Poxleitner-Blasl erinnert sich, dass in den Tagen vor Beginn der Heuernte eine gewisse Spannung im Haus zu bemerken war.

Der Grund dafür war nicht nur die Ungewissheit, wann man mit dem Heuen beginnen solle, da das Wetter diese Entscheidung nicht immer leicht machte, und der Zwang, möglichst viele Mäher zusammenzubekommen, Tagwerker und andere Aushilfskräfte. Nein, vermutlich war es auch das Wissen, dass Monate härtester Arbeit bevorstanden und die ganze Tageseinteilung eine andere wurde.

Waren die drei Hauptsachen Gras, Wetter und Menschen auf einen Nenner gebracht, so hieß es: „Am Montag fangen wir an!"

Wenn so um drei oder vier Uhr früh die fünf oder sechs Mahder (meistens war ein Nachzügler) zur Wagenhütte gingen, ihre Sensen schulterten, den Kumpf mit dem Wetzstein in den Hosenbund steckten und hinaufgingen zum ersten „Feld" (es war früher einmal ein Feld gewesen, der Name blieb der Wiese) und dort einer nach dem andern zu mähen begann, so spürte wohl der eine oder andere unter ihnen

Leben und Arbeiten auf dem Bauernhof

Beim Sensendengeln; Filzmoos, Salzburger Pongau.

trotz Unausgeschlafenheit oder Müdigkeit die Stille, Reinheit und Schönheit des taufrischen Morgens.

Polz Hein nahm eine besonders breite Mahd, und wenn man ihm zusah, so hatte man das Gefühl, er spiele sich nur. Wenn fünf oder sechs mähten, dann „legten" sie rasch einen „Fleck nieder", und der

Umstand, dass sie so zeitig früh begannen, hatte auch Eigennutz zum Antrieb, man wich der Hitze aus. Kam dann die Sonne, so wurde einem bald ganz schön heiß, und um sieben oder acht Uhr hörte man gern zu mähen auf.

Stundenlang hatte man nur die rauschenden Schwünge der Sense gehört, unterbrochen vom hellen Klang des Sensenblattes beim Wetzen mit dem Wetzstein. Sah ein Mäher, dass die Schneid nachließ, so stellte er die Sense mit dem Griffende in den Boden, zog den Wetzstein aus dem Kumpf (in dem Wasser und ein Schuss Essig waren) und vollführte mit raschen Bewegungen aus dem Handgelenk das Schleifen des Sensenblattes, das von der linken Hand gehalten wurde.

Das erste Gras heißt das Sonnwendfutter. Es ist viel kräftiger und ausgiebiger als das zweite, das Grummet, das im August gemäht wird. Das Sonnwendfutter braucht mehr Sonne zum Trocknen.

Nach drei oder vier Stunden Mähen kam die Jause. War es ein sonniger Tag, so wurde eine Zeitlang gewartet, bis der Tau von der Sonne aufgetrocknet war, dann begann das Mahden-Zerstreuen. Mit der Heugabel wurden die gemähten Graszeilen gleichmäßig über die ganze Wiese zerstreut und gut durchgeschüttelt. Es sollte nicht nur die Sonne möglichst viele Halme erreichen, die Lockerung bewirkte auch, dass der Wind (ein leichter Luftzug wehte immer von der Hopfing heraus) beim Trocknen mithalf.

Während das Mähen vorwiegend Männersache war, halfen bei den darauf folgenden Arbeiten auch die Mägde und Mutter. Nach dem Essen wurde das Heu (schön langsam verdiente es diesen Namen) mit einem Rechen umgekehrt.

Am späten Nachmittag, wenn die Schatten näher rückten, begann das Zeilenrechen. Das Heu wurde mit einem langen Zug des Rechens bis zu den Füßen herbeigezogen und so eine Heuzeile gebildet. Der nächste setzte seinen Rechen an der vorhergehenden Zeile an und so weiter. Am Ende war die ganze Wiese mit gleichmäßigen, sauber gerechten Zeilen überzogen. Begonnen wurde diese Arbeit mit dem Rücken zur Wiese, während man beim Umkehren (Wenden) so stand, dass die zu bearbeitende Fläche vor einem lag. Die folgende, letzte Arbeit des Tages auf der Wiese war auch die lustigste: das Haufen. Mit einer Gabel, man kann auch einen Rechen nehmen, wurde die Zeile

Leben und Arbeiten auf dem Bauernhof

Heuernte; St. Aegyd am Neuwalde, Niederösterreich.

ein Stück zusammengeschoben, dann von der anderen Seite noch ein Stück dazu und ein Heuhaufen gemacht. Es war nicht mehr so heiß, auf jeden Fall genoss man die Vorfreude des Feierabends und nahm sich manchmal Zeit, einen Blick Richtung Hochsengs oder talaus zu machen. Unten rauschte und glitzerte der Paltenbach, für manche eine baldige Abkühlung verheißend. Das Haufen hatte den Sinn, dass Tau oder Regen nur die Oberfläche des Heues benetzten.

War der darauf folgende Tag wieder schön (selten genug), dann wurden nach Auftrocknen des Taus die Haufen auseinander gestreut. Das Umkehren wie am Vortag, jedoch war jetzt das Heu schon viel leichter, es rauschte schon und duftete. Nach dem Mittagessen wurde mit dem Zusammentun begonnen. Es wurden je nach Gelände eine oder zwei dicke Zeilen zusammengegabelt und der Rest zusammengerecht. Entlang der dicken Zeile oder zwischen zwei Zeilen fuhr der Wagen, gezogen von unseren zwei Rappen Fritz und Bubi, die an heißen Tagen sehr unter der Bremsenplage litten. Diese Bremsen (Feichtauerbremsen nannten wir die besonders großen) mit einem Eschenzweig abzuwedeln, war die Aufgabe eines Kindes.

Während auf den Wagen aufgeladen wurde – die verantwortungsvollste Arbeit war dabei die des „Fastens" (Fassens) –, stand einer auf dem Heufachtl und ergriff mit weit auseinander gespreizten Armen den heraufgegebenen Heuschüppel, erst dann richtig zugreifend, wenn der Geber die Gabel zurückzog. Er musste das große Büschel richtig platzieren, an den Ecken aufsetzen, dann miteinander verbinden, sodass die Fuhre nicht auseinander fallen würde. Das war eine kleine Kunst, und ein schönes Fachtl, das hoch, stattlich und oben nicht zu schmal war, gab Anlass zu berechtigter Zufriedenheit.

Die Pferde waren immer unruhig und schlugen mit ihren langen Schweifen auf Flanken und Rücken, um die Bremsen zu verjagen. Mit jähen Bewegungen des Kopfes versuchten sie, diese Störenfriede zu vertreiben, ja sogar die Hinterhand wurde zu Hilfe genommen. Da hieß es also immer schön aufpassen und fleißig wedeln. Am Hals, zwischen den Vorderbeinen, auf der Nase waren die Bremsen besonders lästig, und die Pferde waren ja durch das Geschirr und durch die Deichsel behindert. Es musste unbedingt verhindert werden, dass sie durchgingen, denn der Heuwagen stand oft auf dem Weg neben dem steilen Abhang beim Wehr. War die Heuzeile bis knapp vor dem Wagen aufgearbeitet, so fuhr man ein Stück weiter. Vor dem Anfahren wurde jedes Mal der „Fastende" durch Zuruf gewarnt; unvorbereitet hätte er durch einen jähen Ruck vielleicht vom Wagen fallen können.

Hinter der Heufuhre waren eine oder zwei Personen mit dem Nachrechen beschäftigt. Von Zeit zu Zeit, wenn ihre Zeile unhandlich geworden war, ging der Aufgeber zu ihnen und holte sich einen Schüppel. War die Zeile aus oder das Fachtl groß genug, so wurde es rundherum geputzt. Mit dem Rechen an der Seite, vorn und hinten und auch unten wurden wegstehende Heubüschel heruntergekämmt. Zum Schluss wurde der Wiesbaum aufgebunden. Ein Seil ging vorne im Dreieck vom Wagen herauf und hielt den Wiesbaum, der dann hinten ebenfalls niedergebunden wurde.

Jetzt begann die Heimfahrt, wobei an manchen Kurven, unebenen oder steilen Stellen das Fachtl von einem oder zwei mit der Gabel oder mit dem Rechen gestützt wurde. Gebremst wurde die Fuhre mit Holzstöckelbremsen, die man gegebenenfalls mittels Kurbel an das Rad drückte. Fuhr so ein richtiges Fachtl durch das Scheunentor in die Scheune hinein, war ein allgemeines Aufatmen. An manchen Tagen waren es sogar mehrere Fuhren, die hereinkamen. Zwei hatten im Tenn Platz, die anderen wurden im Hof unter dem Dachvorsprung des Heuboden- bzw. Stallgebäudes (auf der „Grädn") bis zum Abladen abgestellt.

Sehr oft ging es nicht so glatt. Die vielen Gewitter im Voralpengebiet überraschten uns häufig mitten beim Heuen. Das enge Tal gewährte keinen Ausblick auf den Himmel, außer auf den kleinen Ausschnitt, und ein sich zusammenbrauendes Gewitter konnte nicht beobachtet werden. Schwül war es, ja, und die Bremsen waren lästig. Aber was half's? Vielleicht geht es sich doch noch aus … Plötzlich ein Windstoß, Wolkenfetzen jagen vom Forsterspitz herab und kurz darauf die ersten Tropfen. Da gab es immer eine Hetzerei, doch möglichst viel des schon so schönen Heues ins Trockene zu bringen. Dann die Heimfahrt, schon bei strömendem Regen, und endlich die Einfahrt unters schützende Dach. War es nur ein Gewitter und am nächsten Tag wieder sonnig, so musste man das angeregnete Heu wieder aufbreiten und am übernächsten einführen. Aber es konnte schlimmer kommen. Es konnte eine Woche regnen, oder ein zweites Mal auf das neuerlich getrocknete Heu, womit der Nährwert des Futters nahe dem Nullpunkt war.

Wenn von vornherein feststand, dass es kein schönes Wetter geben würde und ein Aufschub nicht mehr möglich war, dann wurde das gemähte Gras auf Hüfeln aufgehängt. Die Hüfelstangen wurden in den Boden gestoßen, und zwar in vorher mittels schwerer Eisenstange gemachte Löcher, in die man Wasser goss. Durch die Löcher in den Hüfelstangen kamen die Sprossen, und auf diese „Kleiderständer" wurde das Heu mit der Hand Schüppel für Schüppel gehängt. Meistens wurden die Hüfeln in Zeilen aufgestellt. Zum Fangen- und Versteckenspielen für uns Kinder waren sie ideal. Das Heu auf den Hüfeln braucht zum Trocknen nicht unbedingt Sonne, der Luftzug trocknet auch. Nur zum Einführen muss es etwas sonnig sein.

Der Abschluss eines starken Heuerntetages war das schwerste: Das Abladen des Heus im Tenn oder auf dem Heuboden. Im Tenn konnte man es auf einer Seite anfangs hinunterwerfen. Ansonsten hieß es immer: die Heuschüppel hinaufgeben, im Heuboden sogar zwei Stockwerke hoch. Der am Wagen Stehende reichte eine Gabel voll dem im Heuboden Stehenden, der mit seiner Gabel den Schüppel erfasste und ihn ganz hinauf stemmte, wo der Letzte unterm Dach, schwitzend in einer Staubwolke, das Heu verteilte und niedertrat. Am schwersten hatte es der, der auf dem Wagen stand, weil er zuerst die Heuschüppel lockern und bei sinkendem Heustand die Heuschüppel sehr hoch hinaufgeben musste. Kräftige Muskeln, vor allem Bauchmuskeln, musste man haben, aber die waren vorhanden. Oft wurden Scherzworte gewechselt, und häufig war die Frage von ganz oben zu hören, ob denn „die Engerl noch nicht herausschauen". Das ist so zu verstehen, dass die „Kipfern", die den Wagenkasten seitlich stützen, kurz vor dem Ende des Abladens sichtbar werden – man nannte sie „Engerl", weil sie das baldige Ende der schweren Arbeit anzeigten.

An sehr heißen Tagen genossen die Jüngeren noch ein Bad im eiskalten Fluder.

Das Groamat-Heuen im August war etwas leichter. Das Gras stand nicht mehr so dicht und nicht so hoch. Es war leichter, zarter; auch leichter zu mähen und zu bearbeiten; es trocknete schneller, weil nicht so dicke Schwaden wie beim Sonnwendfutter dalagen. Manchmal wurde es Anfang September, bis das letzte Fachtl eingeführt war, da gab es dann aber nicht mehr viel Sonne. Um diese Zeit hörte man oft von Nachbarn die Frage: „Habt's schon abgheigt?" Wenn es wirklich so weit war, wenn also das letzte Heufachtl beladen war und die Rosse anzogen, dann erscholl ein lautes „Juhu!" aus tiefstem Herzen. War doch wieder einmal der anstrengende Sommer vorüber, das Heu unter Dach und Fach, und die weniger anstrengenden Herbst- und Wintermonate standen vor der Tür.

Wenn das letzte Fachtl heimwärts rollte, ging Vater manchmal gemächlich hintendrein. Er hatte einen Rechen geschultert und ließ seinen Blick voll Zufriedenheit und Wohlgefallen über die abgeernteten Wiesen schweifen. Vielleicht dachte er, dass man jetzt Jauche ausführen müsse, oder dass ein Regen gut wäre, oder dass bald die Herbstzeitlosen kommen werden und dass man die Kühe das noch nachwachsende kurze Graserl abweiden lassen würde. Ja, es war schön, nach einem Sommer voll Plage mit gutem Gefühl dem Herbst und Winter entgegensehen zu können.

Heuernte am Einserkanal

Der aus Wallern im Seewinkel stammende Johann Sack erzählt von der Heuernte in den Esterházyschen Hanság-Wiesen, unmittelbar an der Grenze zu Ungarn. Das Gras der Wiesen wurde alljährlich versteigert.

Es war noch finstere Nacht, als mein Vater, ein Tagelöhner und ich mit unserem Einspännerwagen losfuhren. Der Weg in den Hanság war zirka acht Kilometer weit. Die eine Wiese lag herüben, die andere drüber dem Einserkanal zwischen zwei großen Wäldern, es war eine Art Allee. Genau bei der Allee war eine Holzbrücke über den Kanal, den wir überquerten. Dann luden wir Sensen, Dengelzeug, Kunft mit Wetzstein und den Proviant für fünf Tage ab. Dieser bestand aus einem Schweineschinken, zwei Speckstücken, zwei Laib Brot, einer Acht-Liter-Korbflasche Wein und einem Plutzer Wasser. Vater trug mir auf, mit Mutter und Schwester während seiner Abwesenheit das Vieh zu Hause gut zu versorgen und sie am fünften Tag wieder abzuholen. Ich verabschiedete mich von ihnen und fuhr heimwärts.

Zuerst ging es zirka drei Kilometer am Einserkanal entlang bis zum Grenzwirt, wo ich dann nach Norden einbog, aber das wusste das Pferd besser als ich. Ich sah auf meiner Rückfahrt ein Rudel Hirsche im Wasser des Kanals, sie liefen nicht einmal davon, auch einige Rehe mit zwei Jungen kamen ganz nahe an mir vorbei, sie nahmen keine Notiz von mir. Dieser Grenzwirt, bei dem ich abbiegen musste, fuhr täglich gegen Mittag am Kanal entlang und verkaufte den Leuten auf den Wiesen Bier, Wein und Kracherl. Bei diesem Wirt war auch ein Wirtschaftsgrenzübergang nach Ungarn, denn unsere Bauern hatten in Ungarn Besitz. Mein Pferd brachte mich wieder gut ins Dorf zurück. Daheim erfüllte ich brav den Auftrag meines Vaters und versorgte fünf Tage lang das Vieh mit Futter und Wasser, bis ich den Vater und den Tagelöhner wieder heimholte. Spät am Abend kamen wir erst zurück, denn Vater kehrte mit dem Tagelöhner beim Grenzwirt ein, sie tranken vier Spritzer und ich bekam eine Flasche Kracherl, die damals noch mit einem Glaskugelverschluss versehen war.

Das Gras des Hanság trocknete in der Juni-Hitze sehr schnell. Sieben Tage nach der Mahd fuhren wir zu viert, um das Heu umzudrehen. Über den Sonntag ruhte es, und am Montag brachten uns die Nachbarn mit ihren zwei Pferden und dem großen Heuwagen zu den Wiesen zur Heuernte. Dazu waren mehrere Personen notwendig. Wieder war geplant, vier Tage in der Waldallee zu übernachten, um das Heu zu ernten. Der Kainrath-Vater, unser Nachbar, fuhr bereits zu Mittag mit einer großen Fuhre Heu wieder heim. Die Pferde konnte man nicht so lange dort behalten, denn Bremsen und Fliegen saugten ihnen das Blut aus. Wir Menschen mussten das ertragen.

Nun begann erst so richtig die Heuernte. Mit Holzgabeln wurde das auf Schwaden liegende Heu zu größeren Häufeln von zirka fünfzig Kilogramm zusammengegabelt. Das machten Vater, die Nachbarin und deren Tochter Mitzi. Meine Schwester Luisi und ich mussten die großen Rechen ziehen. Als so um die achtzig Häufeln fertig dastanden, begannen Vater und ich, einen günstigen Platz zu suchen, welcher im Winter mit den Pferdeschlitten erreichbar war. Hier trugen Nachbars Tochter und ich mittels zwei Stangen aus leichtem Föhrenholz die achtzig Heuhäufel zusammen. Vater vereinigte sie zu drei großen Heuhaufen, die die Form eines Bienenkorbes hatten. Nun wurden Heustricke angefertigt und mit diesen die Haufen niedergebunden, damit Regen und Wind ihnen nichts anhaben konnten. Das Heu blieb im Freien, bis die Wiesen mit Schnee bedeckt und gut gefroren waren. Der Hanság war nämlich in den anderen Jahreszeiten mit Pferdefuhrwerken nicht befahrbar. Nur von der Waldallee konnte das Heu gleich heimgefahren werden.

Jeden Tag schafften wir vier große Heuhaufen. Abends, wenn wir unser Tagwerk vollbracht hatten, suchten wir im Kanal eine seichte

Stelle, um zu baden, bis es ganz finster war. Unser Nachtquartier war ein Heuschober, hier streckten wir unsere müden Glieder aus.

In der Morgendämmerung weckte uns jeden Tag ein Rudel Hirsche, welche vom Wald zum Kanal saufen kamen. Ein großer Zehnender war das Leittier, insgesamt waren es elf Stück mit den Jungen. Am fünften Tag konnten wir die Ankunft unseres Fuhrwerkes kaum mehr erwarten. Wie groß war die Freude, als gegen Mittag der Kainrath-Vater am Kanal auftauchte. Wir waren gerade dabei, den letzten Heuschober niederzubinden, als er bei uns eintraf. Zwar blieben uns zwanzig Häuferln übrig, aber es war geplant, sie gleich aufzuladen und mitzunehmen, um nicht leer in der Gegend herumzufahren, musste doch ein Fuhrwerk bei so einer weiten Entfernung gut ausgenützt werden. Als das Heu aufgeladen und alles schön zusammengerecht war, bestiegen wir den Wagen und fuhren heimwärts.

Heuernte im Gebirge

Der von einem auf 1300 Metern Seehöhe gelegenen Bergbauernhof im Oberkärntner Mölltal stammende Josef Lassnig, geboren 1922, erinnert sich an die beschwerlichen Arbeiten in seiner Jugend.

Da zur Ernährung einer so großen Familie die beim Hof liegenden Gründe, soweit sie dazu geeignet waren, zum Getreideanbau verwendet werden mussten, war man gezwungen, das für die Winterfütterung benötigte Heu in mühseliger Arbeit von den steilen Bergwiesen zu gewinnen. Diese Arbeit bedeutete für uns mindestens fünf Wochen voller Mühe und Entbehrungen. Und nur Menschen, die damit aufgewachsen sind, können das mitmachen oder auch nur verstehen.

Ein paar Tage vorher ging meist der Vater schon einmal hinauf, um das so genannte Liegeheu, also sozusagen unsere Matratzen, zu mähen, welches er in der Heuhütte am Boden ausstreute, damit wir die erste Nacht schon ein trockenes Lager hatten. Denn es konnte ja passieren, dass Schlechtwetter kam und man nicht einmal trockenes Heu gehabt hätte, um seine müden Knochen auszustrecken.

Bauernleben

Meistens wurde man schon um die wohlverdiente Sonntagsruhe gebracht. Denn wenn man vom unvermeidlichen Kirchgang heimkehrte, ging es gleich nach dem Mittagessen los. Erst einmal mussten die Sachen, die man die kommende Woche benötigte, in Rucksäcke und Rückenkörbe verpackt werden. Dazu gehörte der Proviant, dann Koch- und Essgeschirr, Überkleider für Schlechtwetter, das Werkzeug wie Sensen, Rechen, Heuseile, Dengelstock, Säge und Axt zum Brennholz machen, dann noch das Jagdgewehr des Vaters, um eventuell die Kost mit Wildbret aufzubessern. Wenn man alles verstaut und jeder Teilnehmer der Expetition seinen Teil am Rücken hatte, wurden noch zwei Ziegen an die Leine genommen, die uns für die ihnen gewährte Sommerfrische mit Milch zu versorgen hatten. Alsdann brachen wir auf. Da waren einmal der Vater, meine Schwestern, manchmal auch eine Dienstmagd oder ein Knecht und meine Wenigkeit. Nach einigen Stunden beschwerlichen Anmarsches erreichten wir das Ziel, den Heustadl und ein kleines Kochhütterl. War dieses nicht vorhanden, musste im Freien gekocht werden. Dazu wurde schnell mit ein paar Steinen eine Feuerstelle errichtet, worauf dann die Töpfe oder Pfannen oder ein kleiner Kessel zum Polentakochen oder Spülwassererhitzen gesetzt wurde.

So, jetzt musste alles ausgepackt und schnell ein wenig Brennholz zum Feuermachen gesucht werden, damit die Köchin eine einfache Abendmahlzeit zubereiten konnte. Bis die Nacht hereinbrach, musste alles erledigt sein, denn mangels einer Lichtquelle hieß es abends mit den Hühnern zu Bett – in unserem Fall: aufs Heu – gehen und morgens wieder mit den Hühnern aufstehen.

Am Montag zeitlich in der Früh ging es, gestärkt und erholt von der Nachtruhe, los. Die Mäher ergriffen ihre Sensen, hängten den Kumpf mit dem Wetzstein an den Gürtel, und während die Köchin die Ziegen molk und das Frühstück zubereitete, war schon ein Anfang gemacht. Nach dem Mittagessen hielten wir eine Stunde Siesta, wo man sich bei Schönwetter im Freien und sonst in der Heuhütte hinlegen konnte. Das Mähen war wegen des kurzen Grases nicht besonders anstrengend, jedoch musste man auf eine gute Schneid besonderen Wert legen, was ein häufiges Wetzen und Achtgeben, nicht zu oft die Sense mit den Steinen in Bekanntschaft zu bringen, voraussetzte. Dazu gehörte auch

Leben und Arbeiten auf dem Bauernhof

Josef Lassnig beim Heutragen; Kärntner Mölltal, ca. 1940.

der Dengelstock, auf dem man mindestens einmal am Tag die Sense zu dengeln hatte.

Hatte man mit dem Wetter Glück, so konnte bereits am nächsten Tag das erste Heu eingebracht werden. Das war uns immer sehr angenehm, da man sich beim Schlafen tief in das frische Heu eingraben konnte, welches sich schnell erwärmte. Und so schlief man dann warm und tief wie ein Murmeltier in seinem Bau. Unangenehm war, dass das mit Bürstling und Disteln durchsetzte Heu sich in unser meist aus Loden bestehendes Gewand einnistete, sodass man, wenn man am Morgen aus dem Bau kroch, fast einem Igel glich. Aber was soll's, man beutelte sich ab wie ein Hund, der aus dem Wasser steigt, und begann mit dem neuen Tagwerk.

Bei extremem Schlechtwetter wurde mit der Arbeit Schluss gemacht, und man verkroch sich im duftenden Heu, das – wenn ich heute zurückdenke – noch zu riechen ich mir einbilde. Wenn dann die Blitze aufflammten, der Donner krachte, dass die Hütte erzitterte, und schwere Regen- oder Graupelschauer niedergingen, dass es auf dem Schindeldach nur so prasselte, fühlte man sich im Heu so wohl wie ein Kind im Mutterschoß. Vor dem Blitzschlag hatte man eigentlich keine Angst, hatte man doch noch nie davon gehört, dass ein Blitz in eine Heuhütte eingeschlagen hätte. Der suchte sich lieber die Bäume aus, und zwar vorwiegend die Lärchen, und es war keine Seltenheit, dass er in näherer Umgebung so einem Baum die Rinde herunterfetzte oder ihn total zerlegte.

So verging die Woche, bis man am Samstagabend nach Hause kam, wo die Mutter schon die beliebten Kärntner Kasnudeln mit viel Butterschmalz zubereitet hatte. Nachdem man sich wieder einmal ordentlich gewaschen und umgezogen hatte, stürzte man sich heißhungrig auf die Kasnudeln und bediente sich so kräftig des Butterschmalzes, dass einem das Fett von den Mundwinkeln herunterfloss.

Wenn dann nicht gerade das Getreide schnittreif war, ging es nächste Woche wieder weiter wie gehabt, sonst blieb man zum Getreideschnitt zu Hause. Dabei ging man recht sorgsam zu Werke, ging es doch um unser tägliches Brot und um den Lohn für die große Mühe, die man sich mit dem Anbau gemacht hatte. Mit Sensen oder Sicheln wurde das Getreide geschnitten und zu Garben gebunden, aber nicht wie im Flachland üblich, zu Mandeln aufgestellt, sondern in zirka acht Meter hohe Holzgerüste, den so genannten Harpfen, hineingeschlichtet, wo es dann bis zur Druschzeit im Spätherbst nachreifen und austrocknen konnte. Auch das war eine schwere Arbeit, besonders das Zusammentragen der Garben zu Harpfen.

Die härteste und schwerste Arbeit aber war das so genannte Heuziehen im Winter. Das mit so viel Mühe gewonnene Heu lagerte bis zu

Leben und Arbeiten auf dem Bauernhof

Heutransport im Winter; Filzmoos, Salzburger Pongau.

seinem Abtransport in den Heuhütten, bis eine günstige Schneelage die Bringung ermöglichte. Von den näher beim Hof und in günstigeren Lagen gelegenen Almwiesen konnte das Heu mittels Schlitten heimgebracht werden. Da war es auch möglich, dass man zweimal am Tag so ein Fuder Heu heimbringen konnte. Dazu zog man frühmorgens mit dem so genannten Bockschlitten und den erforderlichen Seilen und einem Heubaum zum Binden und Zusammenschnüren des Fuders zu den Heuhütten hinauf, immer den Bockschlitten an den Hörnern hinter sich herziehend. Dass man dabei gehörig ins Schwitzen kam, lässt sich denken. So kam man dann nach Stunden ziemlich ausgepumpt droben an. Das erste war dann, einen kräftigen Schluck Schnaps zu trinken, was gut gegen eine Verkühlung sein soll, was sich auch stets bewährte.

Danach hieß es, das Heu aus der Hütte zu bringen und den Schlitten zu beladen. Sodann galt es, mittels Heubaum und Seilen das Fuder festzubinden und zu verschnüren, da das kurze Heu ansonsten leicht auseinander rutschen und das Fuder zerfallen konnte. Wenn das aber trotzdem infolge schlechter Wege passierte, wurde der betreffende Heuzieher meist recht geneckt, denn das bedeutete, dass seine Frau oder sein Mädel im nächsten Jahr ein Kind bekommen würde. Dieses Omen veranlasste wohl manchen Abergläubischen, in dieser Hinsicht besondere Vorsicht walten zu lassen.

Wenn nun alle Fuder zur Abfahrt bereit standen, fuhr man gemeinsam ab. Das war bei guten Wegverhältnissen recht lustig. Man packte den Schlitten bei den Hörnern und stemmte sich mit dem Rücken gegen das Fuder, während die mit Nagelschuhen bewehrten Füße bei Bedarf im Schnee bremsten. An besonders steilen Stellen konnten auch Sperrketten an den Schlittenkufen angebracht werden. Das Abfahren hat mir eigentlich immer Spaß gemacht und war weit weniger anstrengend als das Bergaufgehen mit dem Schlitten.

Das Schlimmste war das Heimbringen des Bergheues aus dem Wagenitztal. Das ist ein wildromantischer Seitengraben des Mölltales, in dessen Talboden viele Almhütten standen, während an den Talseiten extrem steile Hänge und riesige Felswände bis über dreitausend Meter Höhe hinaufragen. In diesem Tal hatten wir auch die Schafe und Ziegen auf der Weide. Ich kannte mich da recht gut aus und holte mir schon als Bub das Edelweiß von den Felsen und später mit der Büchse die Gämsen und Murmeltiere.

Auf diesen steilen, sonnseitigen Hängen wuchs viel und besonders gutes Gras, was alle näher gelegenen Bauern veranlasste, dort noch zusätzliches Heu, vor allem wegen seiner vorzüglichen Qualität, zu mähen. So haben auch wir dort alle Jahre eine Woche beim Bergheumähen verbracht. Aber was im Sommer gemäht und geerntet wurde, musste im Winter heimgebracht werden. Der Weg war weit, bis zu fünf Stunden hat der mühselige Marsch gedauert, bis man, mit dem Heuzeug beladen, die in etwa zweitausend Metern Höhe gelegenen Heuhütten erreichte. Dazu brachen wir schon um ein Uhr nachts, mit Sturmlaternen ausgerüstet, auf und stapften, mit dem Heuzeug am Rücken und einem Bergstock in der Hand, unserem Ziel zu. Der frühe

Leben und Arbeiten auf dem Bauernhof

Anmarsch war deshalb notwendig, weil bei schönem Wetter, und nur bei diesem, konnte diese Arbeit getan werden, die Lawinengefahr durch die auf die Hänge scheinende Sonne ständig wuchs und man daher trachtete, bis zehn Uhr aus dem Gefahrenbereich zu kommen.

So kam man denn noch bei Nacht droben an und begann unverzüglich mit dem, ich sage Zusammenbauen der Heufuder. Dies geschah aber nicht, wie sonst üblich, auf einem Schlitten oder Wagen, sondern einfach auf dem Boden oder vielmehr auf dem Schnee vor der Hütte. Dazu hatte man das Heuzeug mitgebracht, das aus einem Unter- und einem Oberbaum und einem langen Seil bestand. Der Unterbaum, der wie ein Schi vorne aufgebogen war, wurde auf den Boden gelegt, darauf etwas Reisig, das so quasi die Gleitfläche des Fuders bildete. Danach kam schön schichtenweise das Heu darauf, welches mit dem Oberbaum niedergeschnürt wurde. Mit dem Seil nahm man weitere Verschnürungen vor. Das Ganze war so kompliziert, dass man es einem nicht Eingeweihten gar nicht richtig erklären kann.

Wenn alle Fuder, oft bei grimmiger Kälte, zusammengebaut waren, hieß es: „In Gottes Namen, fahren wir ab!" Jeder nahm dann seinen Bergstock und rammte ihn als Lenkstange in das Fuder hinein, legte das Zugseil über die Schulter, schlug ein Kreuz – und ab ging es, die Riese hinunter. Den Rücken gegen das Fuder gestemmt, wurde mit den Füßen gebremst, aber es konnte je nach Gelände auch notwendig sein, die Fuhre mit dem Zugseil zu ziehen. Oft war der Weg so extrem steil, dass es nicht möglich war, allein, ohne Hilfe, das Fuder abzubremsen. Da musste dann abgeseilt werden, um nicht selbst mit dem kostbaren Heu in die Tiefe zu stürzen. Ich bin mir dessen bewusst, dass uneingeweihte Leser meine Schilderung für erlogen oder zumindest stark übertrieben halten könnten. Dass dem nicht so ist, dafür bürge ich und könnte noch jederzeit den Beweis erbringen.

War man glücklich im Tal drunten angekommen, warteten meistens schon die Schlittenzieher mit den Bockschlitten. Das waren häufig Buben oder in unserem Fall meine Schwestern, die hatten warmen Tee mit und ein paar Krapfen, sodass man sich etwas aufwärmen und stärken konnte. Danach wurden die Fuder auf die Schlitten verladen, und weiter ging es durchs Tal hinaus, bis man um die Mittagszeit daheim ankam.

Bauernleben

Nach dem Abladen des Heues und einem kräftigen Mittagessen wurde die warme Stube aufgesucht, wo ein Ungetüm von einem Ofen stand, der mit einer Ofenbank und einer direkt über dem Ofen angebrachten Pritsche zu Rast und Erholung einlud. Also legte man sich auf die Ofenbank oder – wer es besonders heiß mochte – auf die Pritsche und verfiel sogleich in einen tiefen Schlaf, aus dem man oft erst erwachte, wenn es um Mitternacht wieder hieß, das neue Tagwerk zu beginnen. In drei Tagen war diese Arbeit dann meistens getan, und man war immer froh, wenn alles gut und ohne Unfall abgegangen war.

Brand- und Schlagkorn

Unmittelbar nach dem Ende der Schulpflicht begann der vierzehnjährige Heinrich Paar als Knecht auf dem Hof seines Großonkels zu arbeiten. Seine Erzählungen vermitteln einen plastischen Eindruck von der Härte und Gefährlichkeit der bäuerlichen Arbeit.

„Gebrandet" wurden Weide- und Almflächen, welche so dicht von Fichten, Birken, Lärchen, Haselnussstauden und anderen Sträuchern bestanden waren, dass dazwischen kein Futter für das Almvieh wachsen konnte. Mit Brandhauen bewaffnet, gruben wir in der Frühjahrszeit zwischen dem Baum- und Strauchbewuchs den Rasen um, wie auf einem Acker. Wir waren acht Männer bzw. Burschen und drei Mädchen. Jeder bearbeitete seinen Streifen von zwei bis drei Meter Breite. Zur Jausenzeit gab es gezuckerten Kaffee und Schwarzbrot, manchmal sogar Butter drauf. Das Mittagessen, welches von der Hubenmoarin zur Arbeitsstätte nachgetragen wurde, bestand meist aus Grammelknödel und geselchtem Rindfleisch. Es schmeckte uns nach der anstrengenden Arbeit in der frischen Bergluft auf zirka 1000 Meter Seehöhe ausgezeichnet. Nach dem Mittagessen wurde eine Stunde Ruhepause gehalten.

So verging eine Woche, manchmal auch eine zweite, bis wir eine Fläche von drei bis vier Hektar „durchgehaut" hatten. Auf das Brandhauen folgte das Brandhacken. Am unteren Ende beginnend wurde die umgegrabene Fläche in breiter Front von Birken, Fichten, Lärchen und Sträuchern entblößt, indem größere Stämme mit der Säge umgeschnitten und kleinere Bäumchen und Sträucher mit der Holzhacke bzw. mit der kleinen Brandhacke umgehackt wurden. Der Moar und ich schnitten und hackten voran alles um, und die anderen Burschen und Mädel putzten hinter uns aus.

Schließlich war die ganze Fläche umgehackt, das Holz zusammengetragen und das Geäst dazwischen verteilt. Längs zum Hang liegende Holzstämme trennten einen zirka fünf Meter breiten Jaun (Geäst- und Reisigstreifen) vom anderen. Der gesamte Brand hatte zehn bis fünfzehn Jaun, wovon jeder eine Länge bzw. Höhe von 200 bis 250 Meter hatte. Im Juni oder Anfang Juli, wenn das Geäst und Laub nicht mehr grün, sondern braun und dürr geworden ist, begann für uns die heiße und schweißtreibende Arbeit des Brandbrennens. In der Zwischenzeit waren wir im Tal bei der Heumahd beschäftigt.

Das Brandbrennen musste bei der zuständigen Feuerwehr gemeldet werden. An einem wolkenlosen, windstillen Sommertag begab sich die gesamte gehfähige Belegschaft des Bauernhofes um zwei Uhr nachts zur höchstgelegenen Stelle des Brandes. Alle Männer hatten sich mit T-förmigen, ein bis zwei Meter breiten Eisenhaken ausgerüstet, die an einer zwei bis vier Meter langen Holzstange befestigt waren. Der Moar gab Zündhölzer aus und ließ je zwei Mann bei einem Jaun Aufstellung nehmen. Er zündete als erster das dürre Zeug an, jeder zweite von uns einen weiteren Jaun. Ein Flämmchen nach dem anderen sah man in der Dunkelheit emporzüngeln, wie eine Reihe von Lagerfeuerchen, knisternd und rauchend. Bald wurden sie größer, und der Feuerschein leuchtete weithin in die Umgebung. Vier Jaun, einer vom anderen jeweils durch einen Holzstreifen getrennt, waren entzündet.

Wir hatten die Aufgabe, mit unseren Brandhaken die brennenden Äste und Büschel zusammenzuziehen, um dem Feuer immer neue Nahrung zu verschaffen. Der Moar zieht als Erster voran und kommandiert: „Ho ruck!" – worauf gleichmäßig von allen nachgezogen wird. „Hakeln! Hakeln!" drängt er immer wieder. Rastlos brennt das Feuerwerk, heiß schlagen die Flammen ins Gesicht, die Augen werden rot von der Hitze. Wenn wir uns gegenseitig anschauen, dann sehen wir lauter Rauchfangkehrer: Gesicht und Hände sind schwarz, und der Schweiß rinnt jedem über die Wangen.

Bauernleben

Bis eine Länge des Brandstreifens abgeheizt war, vergingen meist Stunden. Nichts durfte unabgebrannt liegen bleiben. Anstrengend und heiß war die Arbeit, groß der Hunger, aber noch quälender der Durst. Endlich kamen wir am unteren Ende an und konnten aufatmend ins frische Gras treten. Vier Jaun waren abgebrannt, Gott sei Dank kam kein gefährlicher Wind auf.

Das war ein Arbeitstag, der uns von zwei Uhr früh bis fünf Uhr nachmittags mehr an Schweiß und Kraft abverlangt hatte, als ein Monat Winterarbeit bei den Bauern. Als wir fertig waren und unsere Brandhakel ins Gras legten, da schien alles gar nicht so schlimm. Der Brand war aus, nur kleine Holzklumpen und die Stöcke blieben rauchend und glosend zurück.

Die Arbeit beim Schlagbrennen geht ähnlich vor sich wie beim Brandbrennen. Holzknechte hatten im Winter die Bäume umgeschnitten und entastet, die Stämme durchgeschnitten, die Bloch zu Tal geschafft und in Stößen für den Abtransport zum Holzhändler bereitgestellt. Auf der geschlagenen Waldfläche blieben nur die reihen- und haufenweise zusammengeworfenen Äste mit Reisig, die so genannten Fratten, liegen. Während der Frühlings- und Sommerszeit wurden die Äste dürr und die Nadeln fielen ab. Dann begann unsere Arbeit, zu der wiederum die gesamte männliche und weibliche Belegschaft ausrücken musste. Es ging wesentlich schneller als beim Brandbrennen, aber dafür war die Gefahr eines Waldbrandes wesentlich größer. Während des ganzen nächsten Tages mussten wir Männer, einander abwechselnd, noch eine Brandwache stellen, um ein erneutes Aufflackern im Wald sofort zu bekämpfen.

Der nächste Tag war erfüllt von Vorbereitungsarbeiten für die Aussaat des Schlagkorns: Eisenrechen wurden ausgebessert, neue wurden bereitgestellt. Und so begab sich Alt und Jung am folgenden Tag wieder zum Schlag, um das Korn in die Erde zu legen. Der Bauer band das Saattuch um, legte einen Palmzweig ans Ende des Schlages und begann mit dem Säen. Aus sicherem Wurf, einmal nach links, einmal nach rechts, perlten die Körner zur Erde. Männer und Frauen verscharrten das Saatgut in das verbrannte, mit Staub und Asche vermengte Erdreich. Ich musste dem Bauern das Saatkorn zutragen und ihm vorausgehen, um ihm anzuzeigen, wie weit er gesät hatte.

Leben und Arbeiten auf dem Bauernhof

Jausenrast beim Kornschnitt (Roggen): Feistritz am Kammersberg, oberes Murtal, Steiermark, 1952.

„Wie im Vorjahr gesät, so im nächsten Jahr die Saat aufgeht!" – Wenn es Zeit zur Ernte war, rückten wir mit Schoberstecken, Sichel und Wetzstein „bewaffnet" und mit Proviant versehen zur Erntearbeit aus. Oft musste ich zehn bis zwanzig Schoberstecken fast eine Stunde lang bergauf tragen, bevor die Hauptarbeit, das Schlagkornschneiden, begann.

Die Sichel gut gedengelt, begann der Moar im Hackschnitt einen Streifen von zwei bis zweieinhalb Meter Breite aus dem Ährenfeld zu schneiden, bis eine Garbe herausgehoben und gebunden weggelegt werden konnte. Ihm folgte mit einem eigenen Streifen der Hubenmoar, auch Nachmoar genannt, dann die übrigen Knechte und Mägde in der gleichen Weise. Immer die Breite ihres Streifens einhaltend, ließen alle zehn bis fünfzehn Personen ihre Sichel gleichmäßig in die Halme sausen, sodass jeder Schnitter eine Garbe nach der anderen in eine Reihe hinter sich legen konnte. So ging es tagelang vom frühen Morgen bis zum Eintritt der Dunkelheit. Vormittag ging meist noch ein Lüftchen, aber nachmittags wurde es drückend heiß, dass man sich sehnte, an einem schattigen, kühlen Ort zu sein.

Gegen vier Uhr nachmittags begann der Bauer mit dem Schöbern. Mit einer am unteren Ende gebauchten Eisenstange wurde ein Loch in die Erde gegraben, der Schoberstecken sodann mit einem kräftigen Stoß in das Loch gerammt und mit Erde befestigt, damit er jedem Wind und Wetter standhalten konnte. Auf diesen Stecken drehte der Bauer eine „Stuhlgarbe" und zwei weitere Garben geschickt herum, sodass sie dreibeinig um den Stecken auf dem Boden standen. Elf bis fünfzehn weitere Garben wurden nun „aufgeschobert", darüber kam der Garbenhut, der die im Inneren befindlichen Kornähren vor Hagel und Nässe zu schützen hatte. So manches Mal wurden wir bei der Schnittarbeit durch Gewitter und Regen unterbrochen, aber an einen Hagelfall kann ich mich nicht erinnern.

Wir machten Schläge mit einhundert bis vierhundert Schöbern im Jahr, deren Schnitt meist innerhalb einer Woche fertig sein musste. Nach Wochen, wenn die Schöber sich von weitem als niedliche, weißgelbliche Punkte vom Hintergrund der Stoppelfelder inmitten der Waldungen und Almen abhoben, begann das Korntragen.

Noch vor der Morgendämmerung rückten zehn bis fünfzehn Männer mit Brot, Selchfleisch und Most sowie mit einem Leinentuch versehen aus und schritten bergan dem Schlage zu. Nach kurzer Rast rüttelte dort jeder an einem Schoberstecken, nahm die Stuhlgarbe heraus und schob sie links oder rechts am Ende des Schobers hinein, drehte von den zwei unteren Garben eine links und eine rechts, stülpte sich das Leinentuch über den Kopf, schlüpfte kniend mit dem Kopf unter den Schober und hob diesen samt dem Stecken mit dem Nacken empor. Sobald sie mit dem ersten Schober aufrecht standen, jauchzten sie, und im Nu bewegten sich zehn bis fünfzehn Schober auf den mehr oder weniger verdeckten Trägern in einer Reihe bergab. Es war anzuschauen wie ein Märchen aus alten Zeiten. Vorne weg schritt der Moar, dem die anderen in gleichen Abständen ohne Weg und Steg über den Hang hinunter folgten. Da kein Fuhrwerk über den Schlag hinauffahren konnte, mussten die Schober so weit getragen werden, bis auf einem befahrbaren Weg der Wagen bereit stand. Manchmal musste eine Viertelstunde, öfters auch eine halbe Stunde getragen werden.

Ich habe oft mitgeholfen beim Schobertragen, schon als sechzehnjähriger Bursche. Es ist eine Vieharbeit, diese Last am Kopf zu tragen. Doch Hansi und ich, wir sind genau so oft wie die andern gegangen, bis der Schlag leer und öde zurückblieb. Bei der letzten Fuhre wurde ein kleines Fichtenbäumchen, mit farbigen Papierbändern geschmückt, am Wagen befestigt. Angeheitert und singend saßen die müden Kornträger daneben. Meist wurden sie auf der zweieinhalbstündigen Heimfahrt auch von einer steirischen Ziehharmonika begleitet.

Der Korntragertag fand seinen Abschluss im festlichen Einzug ins Dorf und anschließendem Festmahl im Bauernhaus. Voran rollte der geschmückte Wagen, ihm folgten zu Fuß der Moar, dann der Spielmann, der Walzer, Polka und schließlich den Einzugsmarsch spielte; die übrigen Kornträger beschlossen den Zug in Zweierreihen. Die Dorfbewohner und die daheim gebliebene Gefolgschaft des Bauernhauses sahen diesem stolzen, fröhlichen Einzug mit Anerkennung zu. Schließlich wurden wir an der Schwelle des Hauses von Bauer und Bäuerin mit Händedruck empfangen und zum üppigen Mahl in die festlich geschmückte Bauernstube geleitet. Da war alles vorbereitet und aufgetischt, was nur denkbar war: Schmalzkoch, Rahmkoch, Schweinsbraten mit Salat, Krapfen, Germbrot, Schinken und Schwarzbrot, Kaffee, Wein, Most und verschiedene Süßigkeiten. Nach dem Essen folgte ein langer Abend mit Tanz und Musik, woran wir Jüngsten nur als Zuseher, aber nicht aktiv teilnehmen durften.

Beim Brandkorntragen verlief der Abschluss ungefähr gleich, nur mit beschränktem Festmahl, da sowohl die Anstrengung als auch der Ertrag und die Anbaufläche geringer waren als beim Schlagkorn.

Bauernleben

Getreideernte im Seewinkel

Der 1928 geborene Bauernsohn Johann Sack erinnert sich an die mühsame Erntezeit in einer der trockensten und heißesten Regionen Österreichs, im burgenländischen Seewinkel.

Wenn sich Mitte Juni die vollen Ähren auf den Getreidefeldern wiegten, wurden die Schnitter ausgewählt und verpflichtet. Diese waren zum Großteil aus dem eigenen Dorf, aber auch Männer vom Heanzenland (Mittelburgenland) kamen für einige Wochen, um für sich und ihre Familien hier am Heideboden das tägliche Brot für den kommenden Winter zu verdienen. Die Schnittarbeit war sehr schwer, musste doch in der größten Hitze das Getreide abgeerntet werden. Das ging bei vielen jungen Leuten im Akkord. Jeder wollte jeden übertreffen und möglichst viel verdienen. Bezahlt wurde mit dem zehnten Teil, also nicht mit Bargeld, sondern mit Naturalien.

Schon zu Peter und Paul, also am 29. Juni, wurde auf einem nahe gelegenen Kornacker ein Stück Roggen abgemäht und auf Schwaden (Bündeln) aufgelegt, um noch von der Sonne fertiggedörrt zu werden. Dieses Roggenstroh, welches das längste aller Getreidesorten ist, eignet sich am besten zum „Bandeln machen". Die Ähren wurden auf einer aufgestellten Egge ausgeschlagen oder mit Dreschflegeln ausgedroschen. Aus diesem Stroh fertigte man dann die Bandeln, mit denen man das Getreide in Garben band. Das war immer eine Beschäftigung für den Sonntagnachmittag.

Da manche unserer Getreidefelder bis zu sechs Kilometer vom Ort entfernt lagen, konnte man nicht immer zum Essen und zum Schlafen heimfahren. Es mussten daher die Schnitter auf den Äckern mit warmem Essen und kalten Getränken versorgt werden. Dies war meine Aufgabe in den Sommerferien. Ich benützte dazu einen Einspänner – ein leichter Wagen mit einem Pferd –, denn mit den beiden anderen Pferden ackerte mein Vater die abgeernteten Felder um.

Um die Speisen und Getränke richtig temperiert zu den Schnittern zu bringen, wurden Suppenschüsseln, Fleisch- und Zuspeisen in ihren Töpfen und Kannen, ebenso wie das Wasser in den Plutzern, in einem Kleehaufen auf dem Wagen verstaut. Die Plutzer umwickelten wir zu-

Leben und Arbeiten auf dem Bauernhof

Beim Maschinendrusch; Seewinkel, Burgenland, vermutlich 1930er Jahre.

sätzlich noch mit einem nassen Handtuch, damit das Wasser kühl blieb. Alles wurde mit einer Decke zugedeckt. Obenauf kamen noch fünf bis acht große Bandlgarben, die mit viel Wasser beschüttet wurden, um zum Binden geschmeidig zu bleiben.

Die Schnittersleute schliefen mehrere Tage in den aus Garben zusammengelegten Getreidehöhlen. Wenn kein Morgentau war, begannen sie bei Morgengrauen die Arbeit und beendeten sie lange nach der Abenddämmerung, so lange man eben etwas sehen konnte. Das waren meistens 17 Stunden am Tag. Die Schnitter arbeiteten in Teams aus drei Leuten. Der Moahda, ein Mann mit Sense, der das Getreide abmähte, eine Frau, die das abgeschnittene und in Schwaden gelegte Getreide aufhob und auf die Bandln legte, und der Garbenbinder, der die Garben zusammenknebelte, in einer Reihe aufeinander legte und auch noch den Rechen nachzog, damit ja kein Halm verloren ging. Die in Reihen liegenden Garben trugen die Schnitter gemeinsam mit den Familienmitgliedern des Auftraggebers am Sonntagnachmittag zusammen und legten sie zu Garbenhäufeln. Da diese Häufel oft sehr lange auf dem Feld lagen, wurden sie wetterfest mit den Ähren nach innen zu einem Kreuz aufeinander gelegt und niedergebunden. Jedes zehnte Häufel gehörte den Schnittern als Lohn.

Nach Beendigung der Ernte gab es einen „Schnitterzipf", ein Abschlussmahl. Es bestand aus einer guten Rindsuppe mit Einlagen, Schnitzeln, Hendlfleisch und Krapfen, Wein und Bier zum Dank für die gute Arbeit und den reichen Ertrag.

Unser Schnitter half meinem Vater beim Zusammen- und Heimführen des Getreides zum Dreschplatz, wofür Vater ihm dann auch seinen Anteil am Getreide aller Sorten zum Dreschen heimbrachte. Nicht alles wurde immer verrechnet, beiderseits tolerierte man viel. Der Druschplatz war ein Urbarial-Grundstück, das heißt, es wurde von der Gemeinde zur Verfügung gestellt. Dort wurde Getreide zu großen Tristen zusammengelegt, oben wie ein Dach aufgebaut und mit Garben abgedeckt, damit es dem Regen und Wind standhielt. Da ein einzelner Bauer nicht in der Lage war, sich selbst eine Dreschgarnitur zu kaufen, schlossen sich die Bauern zu einer Dreschgesellschaft zusammen. In unserem Ort gab es gleich drei solcher Gesellschaften.

Diese Maschinen brauchten für die Ruhezeit ein Maschinenhaus, aber auch Betreuer und Maschinisten. Das waren meist gelernte Schlosser, denn ein gewisses Fachwissen war notwendig. Mein Vater war Mitglied einer Gesellschaft großer Bauern, wir mussten oft sehr lange warten, bis wir zum Dreschen an die Reihe kamen. Viele unzufriedene Landwirte lösten sich aus diesem Grund von ihrer Dreschgesellschaft und gründeten eine neue, eine vierte Gesellschaft.

Da es beim Transport der Maschinen meist zu Schwierigkeiten kam – brauchte man doch dazu vier Pferde –, entschloss sich die neue Gesellschaft, anstatt des Dampfers einen Lanz-Bulldog-Glühkopftraktor zu kaufen. Beim Dreschen wurden hierfür jeder zehnte Sack Getreide abkassiert. Damit wurden die Investitionen abgezahlt und die Zinsen für die Darlehen. Ferner mussten neun Drescharbeiter bezahlt werden.

Der Maschinist und sein Helfer, der zugleich Schmierer und Garbeneinfütterer war, bekamen je ein Prozent vom fertigen Getreide für Bedienung und Pflege der Maschinen während des ganzen Jahres. Die Dreschzeit dauerte fünf bis sechs Wochen. Die neun Arbeiter gingen mit der Maschine immer mit, denn sie waren gut eingearbeitet, und nur so konnten die Dreschgarnituren voll ausgenützt werden.

Dreschen im Waldviertel

Die Körner aus den Getreideähren zu schlagen, war einst eine langwierige und schwere Arbeit. Der 1920 im Waldviertel geborene Alois Haidvogl erlebte aus eigener Anschauung den Weg vom Dreschflegel zum Mähdrescher mit.

Das Dreschen des Kornes erfolgte händisch mit der „Drischel". Die Drescharbeit im Stadel begann erst, wenn alle Arbeit im Feld beendet und die Witterung bereits kalt und unfreundlich war. Bei größeren Bauern zog sie sich dann oft den halben Winter hin, sollte aber bis Weihnachten beendet sein.

Zum Dreschen wurde das im Stadel gelagerte Korn (Roggen) in einer Runde oder in einem Oval auf der Tenne so ausgelegt, dass die Ähren nach innen zeigten. Die Drescher stellten sich einander gegenüber auf, maximal sechs Personen. Dann schwangen alle den Dreschflegel und ließen ihn im genau festgelegten Takt auf das Korn niedersausen.

Je mehr Drescher zusammenarbeiteten, desto schwieriger war es, den Takt zu halten. Bei sechs Dreschern standen sich je drei gegenüber, die alle die Drischel schwangen. Aber nur einer durfte jeweils mit dem Dreschflegel den Boden berühren. In der Zeit, in der einer der Drescher den Dreschflegel nach oben schwang, am Scheitelpunkt eine Drehung machte und ihn wieder zum Boden sausen ließ, mussten die anderen fünf Drescher mit ihren Dreschflegeln den Boden berühren, ohne an einem anderen auch nur anzustreifen.

Um den Takt besser halten zu können, sagte man Sprüche auf, besonders dann, wenn Anfänger dabei waren. Einige davon lauteten:

Zwei Drescher: „Tick – tack."
Drei Drescher: „Stich – d'Kotz – o."
Vier Drescher: „Sterz – in – d'Schü – ssl."
Fünf Drescher: „Sterz – aus – da – Schü – ssl."
Oder: „Geht – der – Herr – zu – wa."
Sechs Drescher: „Geht – das – Mäd – chen – her – bei."

Wenn die erste Runde gedroschen war, wurden die Garben umgedreht und die Bänder gelöst, sodass nun das Stroh breit auseinander fiel. Diese Arbeit wurde entweder von den Dreschern selbst gemacht oder von einer anderen Person. Im letzteren Fall konnten die Drescher ohne Pause gleich in die zweite Runde übergehen.

Nachdem alle Körner ausgedroschen waren, wurde das leere Stroh vom Boden aufgenommen, ausgebeutelt, auf die bereits im Voraus geknüpften Strohbänder gelegt und zu „Schabes" gebunden. Ein Schabes war etwa so dick wie drei Garben zusammen und hatte ein entsprechendes Gewicht. Zum Lagern des Strohs in den Seitenabteilen des Stadels, „Hoibam" genannt, bedurfte es daher großer Kraftanstrengung, musste es doch oft vier oder fünf Meter hochgehoben werden.

Weil es in den Wintermonaten früh finster wurde, hängten manche Bauern eine Petroleumlampe im Stadel auf, um dem Arbeitstag zu verlängern. Meine Mutter erzählte aus ihrer Jugendzeit, dass in den Scheunen „Keanleuchten" zur Beleuchtung aufgesteckt wurden – Späne aus harzreichem Kieferholz. Es ist fast ein Wunder, dass es dabei nicht mehr Brände gab.

Lustig war es, wenn endlich das ganze Korn gedroschen war und die letzte Lage aufgelegt wurde. Ging es dem Ende der letzter Runde zu, passte jeder auf, dass er nicht den letzten Schlag gab, denn dann hatte er „die Stadlhein" (Stadelhenne) gefangen, musste ein Pfand geben oder eine Runde zahlen und wurde das ganze Jahr damit gehänselt.

Das ausgedroschene Getreide wurde nun mit der Kornreitern „gereitert", das heißt grob gereinigt. Anschließend wurde es in der Windmühle „geputzt". Das gereinigte Getreide füllte man schließlich in große, bis zu achtzig Kilogramm schwere Leinensäcke, die Männer auf den Kornboden (Getreidespeicher) trugen. Dort wurde es am Boden ausgebreitet. Bei Bedarf füllte man es wieder in Säcke, fuhr damit zur

Gruppenfoto nach dem Maschinendrusch; Gschwandt bei Gmunden, Oberösterreich, 1920/1930er Jahre.

Mühle. Im Waldviertel mit seinem kargen Boden wurde früher kein Getreide verkauft, sondern nur zum Eigenbedarf verwendet.

In der Zwischenkriegszeit kam im Waldviertel langsam der mit einem einzylindrischen Benzinmotor betriebene Breitdrescher zum Einsatz. Der Besitzer des Gerätes fuhr von Hof zu Hof und drosch in einigen Tagen das gesamte Korn eines Bauern. Es mussten aber zwölf bis fünfzehn Personen zusammenarbeiten. Dazu halfen sich die Bauern gegenseitig aus. Beim Breitdrescher wurden die Garben oben der Breite nach eingelegt. Vorne kam das leere Stroh heraus, wurde von Frauen aufgenommen, auf Strohbänder gelegt und von den Männern zu Schabes gebunden und g'schwoaft. Die Körner fielen unten durch und mussten wie beim Handdreschen gereinigt werden. Das Ganze war eine sehr staubige Arbeit.

Bauernleben

Nach dem Zweiten Weltkrieg folgte dem Breitdrescher die Putzdreschmaschine, meist nur „Putzerei" genannt, eine wesentlich größere Maschine, in der das Getreide bereits gereinigt wurde. Der Antrieb erfolgte inzwischen mit dem Elektromotor. Meist besaßen einige Bauern zusammen eine Putzerei.

Eine Besonderheit war das Haferdreschen. Hier gab es schon sehr früh so genannte „Stiftmaschinen", in die im Gegensatz zum Breitdrescher der Hafer der Länge nach eingelegt wurde. Die Stiftmaschine wurde entweder von einigen kräftigen Männern mittels zweier Handkurbeln gedreht oder mit dem „Göpel" angetrieben, vor den Ochsen oder Pferde gespannt waren, die tagelang im Kreis gehen mussten.

Wer heute durch ein Waldviertler Bauerndorf geht, wird vergebens auf das Klappern der Dreschflegel oder auf das gleichmäßige Surren des Breitdreschers oder der Putzerei lauschen. Auch hier wird überall das Getreide mit dem Mähdrescher geerntet und kann gereinigt direkt vom Feld nach Hause gefahren werden. Vom Dreschflegel zum Mähdrescher in einem knappen halben Jahrhundert.

Flachs

Bis in die 1920er Jahre wurde auf dem elterlichen Bauernhof des 1904 im Innviertel geborenen Alois Reinthaler Flachs angebaut und zu Leinen verarbeitet.

Die Samenkörner wurden in gebückter Stellung mit drei Fingern und halben Schritten Furche um Furche in die lockere Ackererde gesteckt. Der Ertrag war unsicher, weil das Wetter für die empfindliche Frucht oft nicht passte (feuchtwarm und sonnig). Die Ernte („Haarfangen") begann im Herbst um St. Ägyd (1. September) herum, sobald die Halme gut ausgereift waren. Diese wurden von kräftigen Armen samt der Wurzel aus dem Boden gezogen und in Zeilen etliche Wochen zum „Retzen" auf dem Feld ausgebreitet. Durch Regen und Herbstsonne verwitterten die Halme langsam und verloren damit teilweise die harte Schale, die den Stamm umschloss. Nachher wurden sie, sorgfältig in kleinen Garben (Bindl) zu Binkel gebunden, in den Stadl gebracht.

Flachsbrechlerinnen bei der Arbeit; eine Aufnahme, die vermutlich vor dem Zweiten Weltkrieg entstanden ist.

War das Fangen von „Hoar" oder Flachs beendet, dann kochte die Bäuerin einen gebackenen Brein (Grießstritzl). Es gehörte zum Brauch, diese köstliche Mehlspeise samt der heißen Pfanne, zumindest jedoch eine gehörige Portion davon, vom Küchenherd zu stehlen. Wurde der Dieb aber erwischt, dann musste er zur Strafe beim Retzen von Hoar und Hanf helfen und sich darüber hinaus ausspotten lassen.

Aus zwei Dutzend Bindl machte man einen Binkl. Durch den „Plederer", ähnlich einem Schleifstein mit einem Fußpedal, oder durch Schwingbretter mit Schwingstock wurden die harten Grate abgeschabt. Nachher kam die Hachel dran, um das grobe Werch auszukämmen, und am Ende benützte man noch einmal die Riffl. An einem langen Holzstamm waren mehrere nagelähnliche Zähne befestigt, wodurch die Samen („Boierl", kleine Beeren) abgerupft wurden. Diese kamen dann auf eine sonnige Bühne zum Nachreifen und Trocknen, über Nacht wurde das „Linsat", wie es auch genannt wurde, mit einem Leintuch zugedeckt.

Für Vieh und Leut' wurde dies bei innerem Wehdarm als Medizin zum Einnehmen verwendet oder äußerlich bei Krankheiten (Entzündungen, Flechten, Krätzen und dergleichen) zum Auflegen als Umschlag oder als Salbe benutzt. Früher wurde daraus von gewerbsmäßigen Ölstampfern oder Ölpressen auch Leinöl für die Leuchten erzeugt, als Ersatz für den Kienspan.

Das Haar- und Flachsstroh kam nach dem Riffeln in eine „Rötz", das waren meterhohe, gezimmerte Wassertümpel, wo sich durch einen Gärungsprozess die äußeren Rohschichten teilweise lösten. Sobald die mehrwöchige „Tauche" vorüber war, wurden Haar und Hanf sorgfältig mit reinem Wasser abgespült, neuerlich zum Trocknen auf die Hofwies gebreitet und zuletzt wieder in Binkl gebunden. Später flocht man sie zu Zöpfen, dann zu „Reißln" und diese schließlich zu „Rupfn", nachdem durch den „Spinnrockn" die „Schneuz" abgehaspelt und gezählt worden war.

Erst im Winter brachte man dann die abgelagerten Bündel auf schweren Leiterwagen oder Schlitten mit langen Brennscheitern zur Prechlstube. Zu meiner Zeit stand eine solche Hütte in der Nachbargemeinde. Fast zwei Gehstunden über Hügel und Täler hinweg brauchte man im tiefen Schnee, um dorthin zu kommen. Die Hütte hatte eine Breite von etwa fünf Meter und war doppelt so lang, nur ebenerdig, aus Holz gezimmert und mit Legschindeln gedeckt. Ungefähr die Hälfte davon war bis zum First offen, wo die Prechler standen; die andere Hälfte war zum Teil gemauert, hier lag auch die große Ofenstube mit einem offenen Rauchabzug. Das Gebäu' war etwas primitiv und uralt, aber zweckmäßig. Schade, dass es – wie so viele rare und einmalige historische Objekte – später einem Straßenbau weichen musste.

Schon Tage vorher musste der große Ziegelofen mit einer mächtigen Heizbrust angezündet werden. Auch das Füllen dieses Ofens mit groben, trockenen Scheitern war nicht einfach und verlangte Können und viel Geduld. Wegen der großen Hitze trugen die Leute an den Händen Lederpatschen, auch die Bündel mussten öfter umgeschlichtet werden, damit die Rinde um die Halme rundum aufsprang. Die Hitz' regelte man durch verschiedene Zugöffnungen auf einfache Art mit Ziegelsteinen. Erst nach langer Heizdauer konnte nun mit dem Precheln begonnen werden.

Das Tagewerk begann bereits kurz nach Mitternacht, die Prechler schliefen vorher noch einige Stunden beim Bauern notdürftig auf den

Leben und Arbeiten auf dem Bauernhof

Frauen beim Spinnen; St. Peter am Kammersberg, oberes Murtal, Steiermark, 1935. Eine von vielen Arbeiten bei der Herstellung von Hausleinen.

Bänken um den Stubenofen herum. Meistens standen mehrere kräftige Männer an den Precheln, am Anfang brauchte man Fäustlinge, da die Garben sehr heiß waren, dafür ging aber die Arbeit besser voran als später, wenn die „Reschn" durch das oftmalige Auf- und Zumachen der Kammertür langsam abkühlte. Daneben war eine Dirn bereits mit dem groben Reinigen, Auskämmen und Zöpfen beschäftigt. Die lötzeste Handreichung musste jedoch der Hüterbub tun, der die heißen Bündel aus der Ofenstube nahm und den Prechlern vor die Füße legte. Ohne Mittagsrast, nur mit kleinen Unterbrechungen, wurde der lange Tag bis zum späten Abend hin genutzt. Ein ungebetener Besucher wurde von den Prechlleuten mit Ofenruß angeschwärzt, bekam einen harten Stecken ins Kreuz und dazu den Spottnamen „Haargretl".

War die Arbeit (oft bis zu zwanzig Stunden) vorbei, dann gab es noch einen langen Hatscher bei stockfinsterer Nacht über verschneite Wege nach Hause, wo man sich dann hundsmüde auf den Strohsack warf.

In den folgenden Winterwochen wurde dann das schöne Haar zu Garn versponnen, der andere Teil, besonders der Hanf, kam zum Seiler, und man bekam dafür Stricke, Seile und Ähnliches, den übrigen Rest (Werch) verbrauchte man im Stall, Garten und Haus.

Almauftrieb

Noch als Schüler wurde der 1924 geborene Andreas Holzer – lediger Sohn einer Lungauer Bergbauerntochter und eines Bauernknechtes – als Hüterbub auf einen Bauernhof in den Dienst gegeben.

Die Hausbewohner waren zwei freundliche, nette Bauersleute. Sie wurden – so war es damals üblich – mit „Ös" (Sie) angesprochen und waren die Respektspersonen des Hauses. Dann waren da der Sohn der Bäuerin – im blühenden Alter von 18 Jahren –, der Moarknecht, der „Oblara", der Rossknecht, der Kuhhalter und ich als zweiter Halterbub. Bei den Mägden kamen nach der Bäuerin die Moardirn, die Viehdirn und die Sennerin. Die Viehdirn, eine nahe Verwandte des Hauses, hatte zwei liebe Mädel im Alter von fünf und acht Jahren. Somit hatte ich kleinere Spielgefährtinnen in der kargen Freizeit.

Schlafen durfte ich in der Männerkammer auf einem breiten Strohsack gemeinsam mit dem Sohn des Hauses, Andrä hieß auch er. Er war der Große und ich der Kleine gleichen Namens. Die Schlafkammer war oberhalb der Küche. Die Heizung war ein Loch im Boden von der Größe von 15 mal 15 Zentimeter. Somit stiegen die Wärme und auch der Küchendunst in unseren Schlafraum. Im Winter war an der Mauerwand zur Tenne dicker Reinfrost. Noch eine Funktion hatte dieses Heizloch: Frühmorgens weckte die Bäuerin mit einem längeren Holzstab durch heftiges Rumoren im Loch und einem lauten „Auf in Gottes Namen!" die Knechte, die sich so den Wecker ersparten. Von Allerhei-

Leben und Arbeiten auf dem Bauernhof

Sennerin im Hüttenstüberl; bei Tamsweg im Salzburger Lungau.

ligen bis zum Josefitag wurde um sechs Uhr geweckt. Anschließend gab's Frühstück (Suppe) und dann ging's an die Arbeit. Nach dem Josefitag wurde bereits bei Tagesanbruch geweckt, und es musste schon vor dem Frühstück rund ums Haus gearbeitet werden: Brennholz machen, Zaunholz richten, Wagen einspannfertig machen. Nachher ging's mit den Pferden aufs Feld oder je nach Jahreszeit und Wetter und Anordnung des Bauern zu irgendeiner anderen Arbeit. Ich hatte im und um den Stall mein Revier oder musste zur Anbauzeit beim Pflügen bei Pferden und Ochsen vorgehen.

Es kam die freudige Zeit des Almauftriebs heran. Tags zuvor wurde schon auf den Pferdewagen alles Nötige für die Sommerzeit aufgepackt. Am nächsten Tag hieß es früh aufstehen. Um zirka zwei Uhr klopfte die Trimminger-Mutter mit ihrem Werkstock im Verständigungs- und Heizloch und riss uns mit ihrem Morgenspruch aus den Strohsäcken. Nach dem Waschen und dem Frühstück folgten feierliche Momente: Die Bäuerin ging mit dem Weihwasser in den Stall, um das Vieh für die Almzeit zu sprengen. Auf einmal war ein Geplärr, eine Unruhe, ein Kettengerassel. Als der Leitkuh die große Glocke (Tuschglocke) umgehängt wurde, war das Vieh nicht mehr zu halten. Beim Loslösen von den Ketten war man nicht sicher, keine gequetschten Finger zu bekommen. Jedes Tier machte nach dem Freisein einen Hechtsprung vor Freude: Nun geht's auf die Alm! Man musste ihnen auf der Straße nicht die Richtung weisen. Die Älteren wussten ja, wohin es geht, und die Jüngeren blieben nicht hinten. Wir hatten es eilig, ihnen nachzukommen. Zur damaligen Zeit war auf dem ganzen langen Weg kein einziges Auto zu sehen. Es ging ins schöne Zederhaustal, Ortschaft Wald, wo ein ehemaliges Bauernhaus, genannt Schwarzenbichler, die Voralm war.

Unterwegs wurde bei der Verwandtschaft Tafernwirt mit Jause und Bier Rast gemacht. Mensch und Tier waren froh, eine kleine Marschpause tat uns allen gut. Wie schon erwähnt, war der Trimminger-Vater ein Rossgott: „Ja nicht zu viel beladen, die armen Pferde nur ja nicht unnütz schinden." Ich hatte damals die den Zigarettenpackungen beigelegten Bilder „Die Sehenswürdigkeiten der Erde" gesammelt und wollte sie in mein bescheidenes Sackerl einpacken. Der Trimminger-Vater sah dies und sagte: „Die musst du daheim lassen, die Pferde müssen eh schon schwer ziehen!" Ich habe die Bilder in meine Rocktasche gesteckt und durfte wegen meines kürzeren Fußes ein Stück des Weges aufsitzen. So habe ich den Bauern hintergangen und die armen Rösser geschädigt.

Müde kamen wir beim Schwarzenbichler (heute Einfahrt zum Tauerntunnel) an. Die Kühe wussten schon, wohin sie mussten. Das Jungvieh wurde in die obere Halt getrieben. An den nächsten Tagen ging es ans Ausbessern der Zäune. Dann durfte ich mit dem Bauern wieder heimfahren, um anschließend die Schweindln auf die Alm zu treiben. Die Pferde wären zu arm gewesen, sie zu führen. Ich ging morgens um zwei Uhr mit vier Schweinen – jedes zirka achtzig bis neunzig Kilogramm – wieder denselben Weg. Aber Sautreiben ist etwas anderes als mit Rindern zu gehen. Man geht den Weg zwei- bis dreimal hin und her. Beim Tafernwirt bekamen sie und ich einen Trunk. Es war schönes Wetter, daher wurden meine Schützlinge sehr müde, sodass der Straßengraben als Raststätte vorgezogen wurde. Ich musste schon öfters meine Schuhspitzen zu Hilfe nehmen, um weiterzukommen. Um zirka fünf Uhr nachmittags waren wir endlich am Ziel. Ich trieb sie

Leben und Arbeiten auf dem Bauernhof

Halter, der dem Vieh gerade Salz gibt; auf einer Alm bei Tamsweg im Salzburger Lungau.

in ein kleines Angerl neben der Almhütte. Sie rührten sich zwei Tage nicht mehr vom Fleck. Meine Füße waren auch wie eingebohrt – so bleiben Erinnerungen besonders unvergessen …

Die obere Trimminger-Alm ist ein wunderbares Gebiet mit Kalkgestein und somit ein vorzügliches Weideland. Um die Zeit der Sonnenwende wurde auf die Hochalm getrieben. Mensch und Tier freuten sich darauf. Die Kühe hatten von der saftigen Weide gelbe Mäuler. Wie gut dann die Milch und die Butter waren, brauche ich wohl nicht zu erwähnen.

Bauernleben

Ein Sommer auf der Alm

Als Elfjähriger erhielt Johann Kaufmann 1935 „aufgrund der finanziellen Bedürftigkeit" seiner Familie auf Ansuchen seines Vaters eine Sommerschulbefreiung und arbeitete den Sommer über als „Pfister" auf einer Alm.

So wanderte ich also schon am Tag nach meiner Heimkehr aus Bregenz mit meinem „Alppack", gemeinsam mit Vetter Engelbert (Vaters Bruder), hinein ins hintere Mellental und hinauf in die kleine Alpe Lücher unterhalb der Sünserspitze. Hier sollte ich nun den ganzen Sommer allein mit dem Senner Theodor Fetz zubringen. Dieser war bereits am Vortag mit dem Vieh (zirka 15 Kühe, einige Stück Jungvieh und sieben Ziegen) aufgezogen.

Die Alphütte war schon sehr alt und schien dem Verfall nahe, trotzte aber noch viele Jahre Wind und Wetter (und auch dem oft meterhohen Schnee). Beim Eintritt kam man gleich in die Küche mit dem an einem hölzernen Schwenkarm hängenden kupfernen Sennkessel über der offenen Feuergrube und dem ebenfalls offenen, gemauerten Herd, auf dem jeweils nur eine Pfanne warm gemacht werden konnte. Aber für Kaffee, Milchsuppe, Milchmus, Riebel und Käseknöpfle (oder auch Ziegernocken und ein Schwozermus) genügte es. Fleisch oder Wurst gab es – wie damals in fast allen Alpen – nie. Kaffee und Riebel konnte ich schon kochen und auch das bereits eingerührte Milchmus umrühren, dass es nicht anbrannte. Sonst aber war Theodor der Koch.

Von der Küche ging es nach links – an der „Käselade" vorbei, wo der täglich anfallende Käselaib gepresst wurde – in den ebenerdigen Keller, der fast zur Gänze in den anstoßenden Berghang hineingebaut war. Hier lagerten und reiften die von Theodor täglich erzeugten Käse und besonders auch der Ziegenkäse vortrefflich. Dieser nach einer knappen Woche bereits reife Ziegenkäse war – neben Butter – die einzige Brotbeilage für uns zwei Älpler. Der Ziegenkäse war auch bei den gelegentlich vorbeikommenden Nachbar-Alpknechten sehr beliebt. Jede Woche konnte Engelbert, wenn er uns das Brot und die sonstigen Lebensmittel brachte, eine größere Anzahl dieser Geißkäse mitnehmen. Die Kuhkäse aber wurden erst im Herbst geholt.

Leben und Arbeiten auf dem Bauernhof

Almabtrieb mit Sennerin und Hüter, St. Martin im Lammertal, Salzburger Tennengau, 1925.

Von der Küche nach rechts, am Herd vorbei, kam man in die Stube, deren Mobiliar aus einem Tisch, einem Sitzbrett längs der Stirnwand, zwei alten, stabilen Stühlen und einer Liegepritsche mit einigen Wolldecken bestand. An einer Wand hing zudem ein kleiner, eintüriger Schrank, in dem die nötigen Schreibereien und einige alte Kalender mit „schönen" Geschichten für allfällige Mußestunden, aber auch ein Büschel Spielkarten untergebracht waren. Hier konnte man sich die einfache Älplerkost schmecken lassen – und sie schmeckte immer!

Über eine Leiter gelangte man von der Küche auf die Heudiele über der Stube und den anstoßenden Stall. Hier war im weichen Heu unsere Schlafstatt, mit einigen Leintüchern, Kopfpolstern und Steppdecken als Bettwäsche. Man musste Acht geben, dass man sich beim

Aufstehen nicht an einem rohen Rundholzbalken oder einem vorstehenden Dachschindelnagel den Kopf anschlug. Aber geschlafen haben wir immer „wie die Fürsten".

Aussichtsmäßig war die Lücheralpe wohl eine der schönsten Alpen weitum. Das ganze Mellental vom Freschen bis zur Hangspitze und dem Gopf lag vor einem. Als einziges Dorf war Bezau mit der Niedere im Hintergrund sichtbar, dafür aber Dutzende Alpen. Als begeisterter Flügelhornbläser sandte Theodor vom Kreuzbühel aus, wo auch das Alpkreuz aufgerichtet war, manches Ständchen in diese Alpenwelt, was dann von den Alpknechten aus der Ferne immer mit frohem Jauchzen erwidert wurde.

Weniger schön war, dass praktisch ringsum an den Grenzen der Alpe abschüssige Stellen waren, an denen das Vieh – besonders bei nassem Wetter – abstürzen konnte. Ich, dessen Hauptarbeit ja das Aufpassen auf das weidende Vieh war, musste daher immer wieder hinaus, um einzelne Tiere von gefährlichen Stellen zurückzutreiben. Besonders unangenehm war das, als gegen Herbst öfters Nebel („Stübar") einfiel und die Sicht oft nur noch wenige Meter weit reichte. Aber auch wenn – insbesondere bei Gewitterschwüle – die Bremsen und Fliegen sehr aktiv wurden und die Kühe und Rinder plötzlich mit hochgestelltem Schwanz blindlings dahinrannten, um das lästige Ungeziefer abzuwimmeln, kostete es mich als Pfister sehr viel Lauferei und Schweiß, um die Viecher noch vor den gefährlichen Stellen zu erreichen und zur Umkehr zu bringen. Aber es lief immer gut ab, und wir brachten an „Hoalig-Krüztag" alle Tiere wohlbehalten ins Tal. Ich trug daher mit Stolz meinen „Moajo" auf dem Hut. (Beim Verlust eines Tieres gab es nach damaligem Älplerbrauch keinen Hutschmuck beim Alpabtrieb.)

Mitte September kam der Tag des Alpabtriebes. Wir zogen mit dem Alppack und dem Vieh über die Alpen Freudenberg und Suttis ins Tal hinunter und auf der anderen Talseite hinauf bis ins Vorsäß Wald. Hier fühlte ich mich wie im Paradies. Besonders erleichternd war es, dass man nicht immer Angst haben musste, dass einem ein Stück Vieh „erfallen" könnte. So abschüssige Stellen gab es hier nicht. Außer dem Aus- und Eintreiben der Kühe und dem Stallausmisten sowie gelegentlich den als Streu gemähten dürren Farn zusammenrechen, fielen keine besonderen Arbeiten mehr an. Der wöchentlich zwei- bis dreimalige Fußmarsch mit der Milchkanne im Rucksack nach Hinterreuthe zur Großmutter bereitete mir keine besondere Mühe, obschon es doch jedes Mal viereinhalb bis fünf Stunden Gehzeit bedeutete. Besonders angenehm fand ich es nach dem Einsiedlerleben in den Lüchern, dass es hier doch vier bewohnte Hütten gab und man also nie alleine war. Da gab es doch immer wieder etwas zu reden und zu diskutieren, besonders bei der allabendlichen „Nachtstubat" beim „Jokele".

Als dann um den 12. Oktober herum das Gras zur Neige ging, zog man endgültig heim, und ich kehrte als gut genährter, wetterfester Älpler mit meinem Alpenrucksack und dem „Moajo" auf dem Hut zu meiner Familie zurück.

Die Viehhirten

Ganz anders als in den Alpen funktionierte die Viehhaltung in der flachsten Region Österreichs, im Seewinkel. Der 1928 in Wallern am Neusiedlersee geborene Johann Sack erzählt.

Im Gegensatz zum Bergbauern, der sein von Sennerinnen betreutes Vieh während des Sommers auf der Alm weiden lässt, fällt diese Arbeit in der Heide den Viehhirten zu. Allerdings wird das Vieh jeden Tag ausgetrieben.

Geweidet wurde von Ostern bis zur Weinlese. In der Früh meldete sich der Pferdehirte durch Peitschenschnalzen und Trompetenklänge an. Die Bauern ließen ihre Pferde zum Tor hinaus. Der Hirte sammelte alle, auch die jungen Fohlen, und trieb sie auf die ihm zugewiesene Weide. Die Rinderhirten bliesen gemeinsam schöne Lieder, sie weideten ja auch die größte Herde. Da die Kühe in der Früh noch gemolken wurden, trieben sie ihre Herden erst eine Stunde später auf die Weide. Ein Zuchtstier wurde zum Belegen der Jungkälber und Muttertiere mitgenommen. Der Schweinehirt meldete sich mit einem dumpf dröhnenden Horn als Letzter zum Trieb an. Er führte in seiner Schweineherde einen Zuchteber mit. Die Herden wurden alle durch die Bahn- und Hauptstraße getrieben, denn da wohnten die Viehbesitzer. Die beiden Straßen hatten gemeinsam eine Länge von zirka zweieinhalb Kilometer. Die Schweineherde weidete auf einer Wiese mit Kotlacken, denn Schweine wühlen gerne in kotiger und schlammiger Erde. Sie tranken auch gleich aus diesen Lacken und bedurften daher keiner Tränkanlage.

Pferde und Rinder mussten mittags und abends aus alten Dorfbrunnen aus dem 17. Jahrhundert mit frischem Wasser versorgt werden. Die Häuser waren schon alle mit Gras überwachsen, nur die Brunnen hatte man renoviert. Ein Maschinenhaus, das eine Wasserpumpe mit einem Benzin-Petroleum-Motor beherbergte, diente den Hirten auch als Unterstand bei Regen. Zwei breite, lange Wassertröge aus Zementbeton ermöglichten es, viele Tiere gleichzeitig zu tränken. Das Pumpwerk musste immer funktionieren und wurde von den Hirten betätigt.

Jeden Abend trieben die Hirten das Vieh wieder heim. Im Herbst wurden die Hirten entlohnt. Sie zogen gemeinsam mit ihren Musikinstrumenten durchs Dorf und spielten noch einmal auf. Jeder Hirte war Mitglied der Dorfmusikkapelle. Es wurde ihnen damals pro Stück geweidetes Vieh fünfzig Kilogramm Weizen bezahlt. Das Füttern der Zuchtstiere und Eber den Winter hindurch war ebenfalls Aufgabe der Hirten. Diese Tiere waren in Gemeindestallungen untergebracht. Für Futter, Heu und Stroh hatte die Gemeinde aufzukommen.

Der Halterbub

Der 1928 als Sohn eines Bauern in der Buckligen Welt geborene Hans Sinabell kam mit neun Jahren im Sommer als „Holtabua" auf den Hof seines Onkels und Taufpaten.

Der Gullnerhof, inmitten einer herrlichen Landschaft, umgeben von Wiesen und Wäldern, gelegen, bot das typische Bild eines Einzelgehöftes. Er zählte zu den ältesten Ansiedlungen dieser Gegend überhaupt. Von diesem Anwesen stammte unsere Mutter ab. Ganz im Gegensatz zum Reiz der Gegend standen deren Arbeitsbedingungen.

Leben und Arbeiten auf dem Bauernhof

Mühsam und mühselig gelang die Bewirtschaftung der Felder auf den Hügeln, Mugeln und Leiten. Trotzdem galt und gilt der Gullnerhof in der Gemeinde als Musterbeispiel fortschrittlicher Bewirtschaftung. Unerklärlich erschien es mir immer, warum dort die Erntezeit vierzehn Tage früher als bei uns in Geretschlag einsetzte. Wahrscheinlich, weil es eine bessere Sonneneinstrahlung gegeben hat und deshalb die Frucht früher gereift ist.

Anfang August packte die Mutter einige Sachen von mir zusammen und brachte mich auf den Gullnerhof, in ihr Elternhaus. Voller Erwartung meinerseits trafen wir dort ein. Sobald sich Mutter wieder verabschiedet hatte, empfand ich eine beinahe schmerzhafte Leere. Heimweh, ein Gefühl, das ich bisher nicht gekannt hatte, stellte sich ein. Am liebsten hätte ich zu weinen begonnen. So ging ich in das Ausnahmstübel zur Großmutter. Sie erkannte meinen unglückseligen Zustand, nahm meine Hand und redete tröstend auf mich ein.

Nach einiger Zeit rief die Tante zum Nachtmahl in die große Bauernküche. Mitten auf dem klobigen Eichentisch in der linken Ecke stand eine irdene Schüssel mit dampfender Milchsuppe, daneben eine Rein Erdäpfelsterz. Unterhalb der Eichentischplatte fühlte ich mit meinen Fingern Lederschlaufen, in denen Esslöffel steckten. Sichtlich hungrig, bedienten sich die Tischleute. Alle zusammen aßen aus dem Suppentopf und der Sterzrein. Ich stand neben der Resitante, denn es mangelte an Sitzplätzen. „Iss, Bua, sunst kimmst z'kurz", sagte sie fürsorglich. Ich kam wirklich zu kurz, weil ich diese Art des Essens von zu Hause nicht kannte.

Nach dem Mahl teilte der Schanionkel die Arbeit für den nächsten Tag ein. „Du", befahl er mir, „treibst um neuni die Oxn aus, da Großvater hülft dir dabei. Sie wissen, wos hingehn miassn. Nimmst dir an Striegl und a Bürstn mit, damit du's putzn kannst. I schrei dir, wannst hoamtreibn derfst. Und hiazt gehn ma schlofn", wendete sich sodann der Bauer an die Tischgemeinschaft, „morgen is a schwara Tag." Somit erhoben sich alle, wünschten eine gute Nacht und verschwanden in ihren Schlafkammern. „Du gehst mit der Dirn mit", bestimmte die Tante. Also begab ich mich mit der jungen Dienstmagd in deren Kammer, die sie mit einer zweiten teilte, und legte mich in ihr Bett. Mich wunderte das nicht, denn auch bei uns daheim lagen immer zwei Kinder oder Jugendliche auf einer Liegestatt. Ich war damals ein Bub von neun Jahren. Ein eigenes Nachtgewand gab es damals für uns Kinder nicht. So kuschelte ich mich an das Dirndl, spürte deren warmen Leib, schlief bald ein und träumte, ich schlafe bei meiner Mutter.

Um fünf Uhr früh des nächsten Tages erfolgte der Weckruf der Bäuerin: „Auf, auf! Da Stall valongt uns, die Küah san zan Melkn, und die Sau miassn gfuadat werdn." Ich durfte eine Stunde länger im Bett bleiben, was mir gut tat. Als die Bauersleute nach der Morgenarbeit in die Küche kamen, stand auch ich auf und setzte mich zu ihnen an den Frühstückstisch. Es gab Einbrennsuppe, in die Brot eingebröckelt wurde. Während sich die Schnitter und Schnitterinnen anschickten, auf das Feld zu gehen, erhielt ich den Auftrag, im Garten nach den Frühbirnen zu sehen. Später musste ich dann der Resitante im Hause helfen und vor neun Uhr die Vormittagsjause zu den Schnittern auf den Acker tragen. Es gab für die Mohda (Mäher) und deren Aufheberinnen Speck, Brot und Most.

Wieder in das Haus zurückgekehrt, ließ der Großvater die Ochsen von ihren Ständen im Stall. Das heißt, er befreite sie von ihren um den Hals gehängten Ketten. Sie trotteten gemächlich in den Hof und von dort durch das große Tor Richtung Wiese. Den Weg kannten sie genau. Mit der Peitsche, dem Striegel und der Bürste bewaffnet, folgte ich den mächtigen, gutmütigen Tieren. Sobald sie auf der Wiese angekommen waren, begannen sie zu grasen. Dabei umgriffen sie ein Grasbüschel mit ihrer rauen Zunge, schnitten es mit den Zähnen des Unterkiefers ab und leiteten es geschickt in das Maul. Der Oberkiefer war zahnlos und diente dem Wiederkäuen. Wer jemals den Klang grasender Rinder vernommen hat, wird ihn nicht so leicht vergessen können. Man musste nur die Muße haben, sich hinzusetzen und zu lauschen. „S-CH-W-S, S-CH-W-S, S-CH-W-S", tönte es im Gleichklang. Vermischt mit dem Surren der Insekten, wirkte diese Melodie nervenberuhigend, einschläfernd. Man fühlte sich dem Himmel näher.

Wer ist denn heute noch imstande, die Wunderwelt einer Hutweide zu ergründen: die verschiedenen Gräser, Blumen, die vielen Insekten, Kleintiere und all das, was sich aus der Luft auf die Wiese niederlässt. Wer hört denn noch das Zirpen der Grille und kann sie, wie das uns Halterbuben gelungen ist, aus ihrer Behausung locken. Wir suchten uns einen etwas dickeren Halm oder ein dünnes Holzweckerl und setzten uns zu dem Loch ihres Unterschlupfes. Nun begannen wir im Eingangsbereich leicht zu kratzen. Dabei sprachen wir monoton vor uns hin: „Grü, Grü, kumm heraus, kumm heraus aus deinem Haus." Es dauerte oft gar nicht lange, und schon erschien das elf bis vierzehn Millimeter lange Tierchen, die Feldgrille, mit dem langen Legestachel, vor seinem Hauseingang, um zu sehen, was da los war.

Schon frühzeitig wurde mir durch Beobachtung bewusst, dass Rinder nur ungiftige, gesunde Pflanzen fraßen. Alles Giftige, wie zum Beispiel Hahnenfußgewächse, ließen sie stehen. Sicherlich machte sich die Medizin im Laufe ihrer Entwicklung davon einiges zunutze.

Zu den Pflichten des Holtabuam gehörte es, besonders darauf zu achten, dass die Rinder auf keinen Kleeacker hinausgrasten, denn da konnten sie leicht blad werden. War das der Fall, gab es zwei Möglichkeiten, um das Tier vor dem Verenden zu bewahren. In leichteren Fällen steckte man von links nach rechts ein Strohbandl in dessen Maul. Sodann flößte man ihm mittels einer Flasche eine besonders aufbereitete Jauche ein. Damit wollte man das Rind zum Aufstoßen, Rülpsen, bringen und ihm das Ausatmen der im Pansen angesammelten Gase erleichtern. Gelang dies nicht mehr, musste ein Pansenstich vorgenommen werden. Unser Großvater beherrschte diese Methode. Er wusste genau, wo er hineinstechen musste. Die Wunde wurde etwas gespreizt, und so konnte die angesammelte, stinkende Luft entweichen. Ich war ein paar Mal Zeuge einer derartigen Prozedur.

Wir Holtabuam vertrieben uns die Zeit auf mannigfache Weise. Durch die Auwiese, eine saftige Weidefläche, floss ein kleiner Bach, der Aubach, in dem sich Forellen tummelten. Gelegentlich gelang es, einen Fisch zu fangen. Dann brieten wir ihn über offenem Feuer. Besonders gerne fertigten wir kleine Wasserräder an, manchmal mit einer Klappe, die wir an besonderen Stellen des Baches verankerten. Das Klappern war weit zu hören. Mit anderen Holtabuam verständigten wir uns durch Jodeln.

Ganz in Gedanken versunken, hätte ich beinahe auf das Striegeln der Ochsen vergessen. Zeit bis zum Heimtreiben war noch genug, also machte ich mich an die Arbeit. Zuerst mussten die Verunreinigungen der Haut, die Kletzen, im hinteren Lendenbereich und an den Hinterbeinen entfernt werden. Dazu diente der Striegel, ein etwa fünfzehn mal zwölf Zentimeter großer flacher, eiserner Kamm mit einem Holzgriff. Die kleinen eisernen Zacken ermöglichten das Auskratzen fester Kotrückstände aus der Haut und den Vertiefungen der Gelenke. Durch das anschließende Bürsten erhielt das Fell einen sauberen, seidigen Glanz.

Winter

Die Winterszeit war am Bauernhof für Arbeiten reserviert, für die man im übrigen Jahr keine Zeit hatte. Alois Gatterer, geboren 1923, beschreibt, was winters auf seinem heimatlichen Bauernhof im Waldviertel alles produziert wurde.

Bis kurz vor dem Weihnachtsfest machten wir fleißig Schindeln. Das nötige Holz dazu wurde schon im Spätherbst im „Miniwald", der dem Stift Zwettl gehörte, im Tausch gegen Lohnarbeit bereitgestellt. Eine kleine Schar lag schön sauber geschlichtet – ein Binkel auf dem anderen – vor dem Haus als Wink für den Händler, dass es hier Dachschindeln zu kaufen gab. Ich als der Älteste musste bei der Schindelarbeit fleißig mitmachen. Die Winternächte waren lang, dennoch wurde die Zeit immer zu kurz. Neben dem Schindel- und Steckenmachen gab es noch viel anderes zu tun.

Da es damals noch keine Wasserleitung gab, wurden die Rinder mit der Butte mit Wasser versorgt. Diese Holzbutten, die die meisten Bauern vom Bindermeister kauften, erzeugte mein Vater eigenhändig. Bei der Schindelerzeugung suchte er immer auch schon das geeignete Holz für die Butten heraus. Es wurde dann zum gründlichen Trocknen im Dachboden aufbewahrt und anschließend acht bis vierzehn Tage lang verarbeitet. Nach der Binderarbeit ging es meistens gleich ans Herstellen von Holzschuhen. Auch diese konnte mein Vater selbst machen. Es gab damals sowohl im Sommer als auch im Winter fast kein anderes Schuhwerk. Mit den Holzschuhen wurde in die Schule gegangen, aufs Feld und auch in den Stall. Richtige Lederschuhe gab es für jede Person höchstens ein Paar für Sonn- und Feiertage. Außer den

Leben und Arbeiten auf dem Bauernhof

Frauen beim Federnschleißen; Achau, Bezirk Mödling, Niederösterreich.

Holzschuhen wurden auch die Besen, die für das Haus, den Stall und die Scheune benötigt wurden, in eigener Erzeugung hergestellt. Vor dem Wintereinbruch wurde Birkenreisig geschnitten und daraus Besen angefertigt.

Ein Großteil der Frauen befasste sich mit Schafwoll- oder Zwirnspinnen (aus „Werch" oder „Haar" vom Flachs hergestellt). Da surrten manchmal gleich mehrere Spinnräder in der Stube bis in die halbe Nacht hinein – natürlich bei spärlichem Petroleumlicht.

Und weil es in jedem Haus eine Schar Gänse gab, mussten auch die Federn geschleußelt (geschleißt) werden. Da saßen immer zehn bis fünfzehn Frauen beisammen, die am Sonntagnachmittag bis Mitternacht mit den Federn „kämpften". Nachher gab es eine zünftige Jause und eine große Hetz beim Erzählen von Witzen. Dabei war meist eine Schar Burschen aus dem Dorf anwesend. Wenn nicht gerade Fastenzeit war, fand nachher manchmal – wenn am Nachmittag die „Federn geschleußelt" worden waren – einen „Federntanz" statt. Viele von den Dorfburschen konnten Ziehharmonika spielen, und einer von ihnen war immer dazu aufgelegt. Manchmal wechselten sie einander ab, sodass jeder tanzen konnte. Die Jause bestand meistens aus Backwerk – Gugelhupf oder anderen Leckereien. Dazu gab es entweder Kaffee oder Tee mit viel Rum. Dieser zeigte manchmal seine Wirkung, besonders, wenn der Gastgeber damit sehr großzügig war. Irgendein Raum, der zum Tanzen geeignet war, fand sich in fast jedem Haus. Nach ausgiebiger Unterhaltung zogen dann die jungen Mädchen und Burschen singend heimwärts.

Leider durften die Jugendlichen im Pflichtschulalter bei solchen „Tanzereien" nicht anwesend sein. Manches Mal gelang es mir, mich für kurze Zeit hineinzuschwindeln. Sobald man entdeckt wurde, musste man – ohne die Neugierde befriedigt zu haben – schnell das Weite suchen. Damit getanzt werden konnte, wurde das Federnschleußen meistens in der Faschingszeit durchgeführt.

Rund um den Hof

Der Schmied

Alois Haidvogl, geboren 1920, über seinen Großonkel, Schmied seines Waldviertler Heimatdorfes – eine „eigenwillige und selbstbewusste Persönlichkeit".

Und so sah es in einer Schmiede der damaligen Zeit aus: An einer Wand war die Esse angebracht. Sie umfasste etwa einen Quadratmeter und hatte eine Überdachung, die in einen Schornstein mündete und zum Rauchabzug diente. Das reine Schmiedefeuer war etwa 25 mal 25 Zentimeter groß und wurde mit Holz- und Steinkohlen beheizt. Der Platz daneben diente zur Ablagerung von Heizmaterial und Werkzeugen. Vor der Esse war an der Wand eine Stange vorhanden, die an einem Ende drehbar befestigt und mittels eines Drahtseils mit dem Blasbalg am Dachboden verbunden war. Durch Niedertreten der Stange wurde der Blasbalg aufgezogen und versorgte das Feuer mit Frischluft. Die Luftzufuhr konnte geregelt werden.

Knapp neben der Esse stand auf einem massiven Steinsockel der Amboss, das Wahrzeichen jedes Schmiedes. Er war an der einen Seite flach, auf der anderen Seite rund und spitz auslaufend, damit man auch Ringe und Ähnliches schmieden konnte. Beim Amboss gab es Schmiedehämmer in verschiedenen Größen, Locheisen, Formen, Zangen und anderes.

Lustig hörte sich das Schmieden an, wenn zwei Schmiede zusammenarbeiteten. Der Meister hielt mit der linken Hand und einer Zange das glühende Werkstück und bediente mit der rechten Hand einen mittelschweren Hammer. Der Geselle oder Lehrling schmiedete mit einem großen Hammer, den er mit beiden Händen bediente. Beide Hämmer schlugen gleichmäßig im Takt, das gab einen schönen Klang, der im Sommer bei geöffneten Toren im ganzen Ort zu hören war. Mit einem kurzen Schlag direkt auf den Amboss gab der Meister den Takt an oder das Zeichen zur Beendigung des Schmiedens. Wenn Loch-

Hufschmied bei der Arbeit; Achau, Bezirk Mödling, Niederösterreich.

eisen oder Meißel verwendet wurden, hielt der Meister diese mit der rechten Hand, während der Helfer mit dem Vorschlaghammer auf Locheisen oder Meißel schlug.

In der Schmiede meines Großonkels gab es zwei Essen mit Blasbälgen und zwei Ambosse, sodass mehrere Schmiede zur gleichen Zeit arbeiten konnten. Auch war bereits eine über ein großes Schwungrad mit der Hand betriebene Bohrmaschine vorhanden. In früheren Zeiten hatte man Löcher mit dem Locheisen in das Werkstück geschlagen.

Schweißarbeiten wurden über dem Schmiedefeuer durchgeführt. Man erhitzte beide Enden der Werkstücke weißglühend und schweißte diese dann durch kräftige Schläge mit den Hämmern zusammen. Die schweren Radreifen wurden beispielsweise auf diese Art geschweißt, ebenso erfolgte das Erwärmen der Eisenreifen vor dem Aufziehen auf das Wagenrad durch das Schmiedefeuer. Selbst die verwendeten Nägel schmiedete man früher selbst.

Eine wichtige Tätigkeit des Schmiedes war das Beschlagen der Pferde. Hier zeigte sich ganz besonders die Qualität eines Schmiedes. Interessant ist, dass in einer Zeit, als im Gewerbe noch nicht die Ablegung einer Meisterprüfung erforderlich war, um selbständig zu werden, ein Schmied bereits eine Prüfung ablegen musste, um eine Konzession als Hufbeschlager zu erhalten. So standen auch auf dem Schild eines jeden Schmiedes die Worte: „Geprüfter Huf- und Wagenschmied".

Der Binder

Ein weiterer Onkel Alois Haidvogls war Fassbinder. Er erzeugte hauptsächlich Butten und Schaffeln für die Landwirtschaft, aber auch Fässer für den Most.

Das Holz für diese Erzeugnisse musste gut trocken sein. Es wurde bereits im frisch geschlägerten Zustand in die benötigte Länge geschnitten und gespalten. Für Butten und Schaffeln wurde Fichtenholz verarbeitet, für Fässer auch Eichenholz.

Butten oder Schaffeln waren für den Binder verhältnismäßig einfach herzustellen, da nur die gewünschte Form geschaffen werden musste, die einzelnen Teile aber gerade waren. Viel schwieriger war die Erzeugung eines Fasses. Es war rund und in der Mitte gewölbt. Um die Wölbung des Fasses zu erhalten, waren die Dauben (= einzelne Stücke einer Butte oder eines Fasses) in der Mitte breiter als an den beiden Enden. Auch war jede Daube der Teil eines Kreisumfanges und musste daher eine Rundung aufweisen, die mit einem entsprechend gebogenen Reifmesser geformt wurde. Zur Bearbeitung wurde das Holz auf der „Heinzlgoas" (auch „Heinzelbank") eingeklemmt. Die einzelnen Teile mussten so gut zusammenpassen, dass das Fass hundertprozentig dicht war.

Bauernleben

Für den „Fassboden" an beiden Enden des Fasses wurde mit einem eigenen Werkzeug eine Nut in die Dauben gefräst. Die Fassböden selbst mussten so bearbeitet werden, dass sie exakt in die Nut hineinpassten. Bei größeren Fässern wurden die Eisenreifen, die das Fass zusammenhielten, vom Schmied geschweißt, für kleinere Erzeugnisse (wie Butten) nietete man die Reifen aus Bandeisen zusammen. Die Größe der Reifen musste so genau berechnet werden, dass die Endreifen nach dem Aufziehen genau mit dem Holzende abschlossen.

Das Zusammenbauen der Fässer bedurfte großer Erfahrung und Anstrengung. Die einzelnen Dauben mussten an beiden Enden so zusammengezogen werden, dass sich in der Mitte des Fasses die Wölbung bildete. Auf ein Fass wurden mindestens vier Reifen aufgezogen – an jedem Ende des Fasses einer und zwei nahe der Mitte.

Mein Onkel hatte für seine Arbeit übrigens keine eigene Werkstatt zur Verfügung, sondern arbeitete in der großen Wohnküche.

Der Strohdecker

Kaum mehr vorstellbar ist, dass in vielen Regionen die Dächer bis zur Mitte des 20. Jahrhunderts zumeist mit Stroh gedeckt waren. Alois Reinthaler über einen Strohdecker, der daneben noch in anderen Funktionen tätig war.

Der alte Höchtl war als Strohdecker, Fürbitter und Einsager, als Hochzeitslader und Leichenbestatter ein unentbehrliches Faktotum und kam viel unter die Leute.

Sehr genau und ziemlich kritisch nahm er seine Arbeit als Strohdecker. Wenn es die Witterung erlaubte, wurde der Strohdecker auf die Stör gebeten, nachdem zuerst der Bauer das alte, vermoderte Reißldach abgenommen hatte. Die alten Reißln, etwas klein gehackt, wurden von den Rindern wegen des säuerlichen Moosgeschmacks gerne gefressen, der Rest wurde als Streu verwendet. Der Strohdecker hatte nur wenig Werkzeug. Das scharfe, lange Messer im Köcher am ledernen Scherenfell, wie man den Schurz nannte. Mit diesem Messer mussten die Schlingen unterhalb der Lagen exakt zugeschnitten wer-

Rund um den Hof

Strohgedeckter oberösterreichischer Bauernhof; um 1910.

den, damit auch die Untersicht ein einheitliches und sauberes Aussehen bekam. Das wichtigste Instrument aber war der lange, scharf gekrümmte Säbel, mit dem die Oberfläche gestutzt wurde, wenn eine Lege von der Traufe bis oben geflochten war.

Die schwierigste Prozedur war am Tropf und am First, denn hier musste der Fachmann beweisen, ob er sein Handwerk beherrschte. Auf den waagrechten Latten wurden am Verbund von links nach rechts und umgekehrt immer mehrere Reißl gelegt, mit einem Strohwisch angebunden und mit einer Schlaufe fest verknotet. Bei dieser Arbeit durfte nicht gehudelt werden, sonst geriet das Dach schlampig und nicht so dauerhaft. In der Regel hatte ein Strohdach eine Lebensdauer von mehreren Jahrzehnten, wenn man in Abständen den Moosteppich mit einem Rechen von der Oberfläche entfernte, wodurch ein schnelles Verfaulen des Strohs vermieden wurde.

Mit scheelen Augen wurde der Strohdecker von der Konkurrenz kritisiert, wenn beispielsweise beim First oder an der Traufe an seiner Handwerkerkunst etwas auszusetzen war oder wenn die Dachfläche zerrupft und nicht glatt und sauber lag. Die Strohdächer des alten Höchtl wurden überall als die besten gelobt, daher traf eine derartige Rüge seinen echten, ehrbaren Handwerkerstolz empfindlich.

Unmöglich war eine Hochzeit ohne Einladung der engeren Verwandtschaft, der Freunde, Nachbarn und Vereine. Wichtig war die korrekte Einteilung der Persönlichkeiten beim Hochzeitszug in die Kirche. Ärgernisse durch falsche Tischordnung mussten auch an der Hochzeitstafel vermieden werden. Dann war zu beachten, wer nach dem Brautpaar zuerst auf den Tanzboden kam. Für all dies war unser Höchtl der richtige Mann. Auch als Leichenbestatter hatte er Bedeutendes zu tun – nur mit dem Unterschied, dass es diesmal traurig zuging. Im Grunde genommen aber war er für den würdigen Ablauf des Zeremoniells verantwortlich. Als Fürbitter war sein Einsatz nicht so umständlich. Wichtig war nur, möglichst viel Geld für einen beabsichtigten Zweck „ins Trockene" zu bringen.

Störhandwerker

Allgemein üblich war es, dass Handwerker „auf die Stör" gingen. Sie zogen von Hof zu Hof, verbrachten dort einige Zeit und verrichteten wichtige Arbeiten. Franz Huber, 1922 im Pongau geborener „Annehm-Bua", der seine Kindheit und Jugend auf verschiedenen Höfen verbrachte, beschreibt die Tätigkeit einiger wichtiger Störgeher.

Zwischen Weihnachten und Liachtmesstag is die kalte Winterszeit. Die g'hoazte Stuben wor grod recht für die Störarbeiten. Als erster wor der Weber dran. An riesigen, hölzernen Webstuhl für Stoffbreiten von zwoa Meter hot er in der Stuben aufg'stellt. Do wor lustig zuaschaun, wonn er sein Schifferl mit die Spulen drin flink hin und her g'schupft hot. Jedes Mal hot er mit die Füaß treten müassen, damit's eahm die

Rund um den Hof

Fäden aufhebt. Die Stoffballen san in der „schean Kammer" aufbewahrt g'legen.

Glei drauf is der Schuasta kemma. Dös wor a ganz verhutzeltes, buckliges Manderl. Bei seiner Arbeit hot er gern a zwoatönigs Liadl pfiffen. Alle möglichen Größen von Holzloast san umadum g'legen. In Blechschachterln hot er Mausköpfl für die Sunntagschuach und Scheaggen für die Werktagschuach mitbracht. So lang die Schuach nit ganz kaputt worn, is allweil no a Fleckerl Leder über die Löcher g'naht worn. Wor a Sohlen scho ganz durchtreten, hot er an neuen Doppler draufg'naht. Dö Schuach hot ma damals so lang tragen, bis ma drausg'wachsen is, wonns a scho manchs Mal z'kloan worn und recht druckt hom. Umsunst hom die Knecht nit ab und zua ganz verunstaltete Füaß g'hobt. Während der Schuasterzeit hot die Stuben stark nach Leder und gebrauchte Schuach g'stunken.

Der dritte im Bund von die Handwerker wor der Schneider. Nähmaschin' hot die Muatta a guate alte „Singer" g'hobt, drum braucht sie dem Schneider für sei Maschin nix zahlen. Er hot von vornherein glei gor koane mitnehma müassen. Den g'walkten Loden aus eigener Schafwoll' und die Leinenballen hot er verarbeit'. Alle vier bis fünf Jahr wor für jeden a neues Gwandl notwendig. Mancher Knecht hot si nach zwoa, drei Dienstjahr, zuasätzlich zum ausg'machten Lohn, a Lodengwandl ausbedungen. Koa Wunder, dass der Schneider oft längere Zeit am Hof verbracht hot.

Die Störarbeiter hom alle die Kost kriagt. Sogar Lehrbuam homs ab und zua mitbracht.

A Störarbeiter wor dann glei im Früahjahr do am Hof. Wonn die Wühlmäus' recht große Scherhäufen auf die Felder g'macht hom, hot der Bauer den „Scherfänger" bestellt. Der hot an großen Rucksack voll Fangeisen mitbracht und bei den Scherlöchern aufg'richt. A Zeit drauf hot er die Kadaver abg'holt und die Fell abzogen. Auf Brettln hot er's zum Trocknen aufg'spannt. Die feinen Frauen hom dann die Mäntel, aus lauter kloane Scherfell z'sammg'naht, bei den Festlichkeiten tragen.

Bauernleben

Reitermacher, Rastelbinder und Hausierer

Der 1928 in der Buckligen Welt geborene Hans Sinabell erinnert sich an einige spezifische Gruppen, die in seiner Kindheit noch zum Alltagsleben gehörten.

Zu den wichtigsten Requisiten in der Scheune eines Bauernhofes gehörten die Reitern. Sie fanden bei allem, was zu reitern (sieben) war, Verwendung. Es gab große und kleine, weit- und engmaschige Reitern. Diese wurden von einer eigenen Zunft, den Reitermachern, angefertigt und auf den Bauernhöfen feilgeboten. „Die Reitermocher san da", hörte man sie schon von weitem rufen. Wenn die Bäuerin im Fasching Krapfen buk, wurden diese zum Abtropfen des Fettes in große Reitern gelegt. Faschingskrapfen zählten übrigens zu den Delikatessen auf einem Bauernhof. Ihre Qualität wurde nach dem gleichmäßigen weißen Rand, der sich durch das beidseitige Backen ergab, gemessen. Bei uns waren die Krapfen nicht mit Marmelade gefüllt. In die Reitern konnte man sie deshalb legen, weil diese zu den saubersten Gerätschaften auf den Bauernhöfen zählten. Die Reitern wurden aus Holz gefertigt. Der bis zu einem Meter Durchmesser aus Haselfedern eng- oder weitmaschig geflochtene Boden war auf einer zehn bis zwanzig Zentimeter hohen Holzwand befestigt. Haselfedern sagten die Reitermacher zu den in Streifen geschnittenen Zweigen des Haselstrauches. Man flocht daraus auch Zöger, Taschen, Tragerl und andere Behälter, wie zum Beispiel Schwingerl, das waren kleine, flache, runde Zögerl.

Zu den vagierenden (herumziehenden) Handwerkern, die ihr Erscheinen durch lautes Rufen ankündigten, zählten auch die Hadern- und Fetzensammler, die Rastelbinder und Häferlflicker sowie die Messer- und Scherenschleifer. Etwas herausgehoben fühlten sich die Sauschneider. Man erkannte sie an den weißen Federn, die ihre Hüte schmückten. Außerdem gab es noch die Bosniaken, Bauchladenträger, deren Erscheinen uns Kinder faszinierte; nicht wegen der Personen, sondern wegen der Bauchläden, die ein ganzes Sammelsurium an Dingen enthielten. Wir hätten gerne alles gehabt: Taschenfeitel, Mundharmonikas und vieles mehr. Aber auch Wanderhändler, die Bettzeug und andere Textilien anboten, kamen ins Haus.

Rund um den Hof

Holzarbeit

Der 1920 geborene Christian Horngacher war seit seinem 14. Lebensjahr als Knecht bei verschiedenen Bauern tätig. Im Mai 1939 fand er Aufnahme in einer Holzknechtpartie der Gemeinde Kirchberg in Tirol.

Zu Beginn des Monats Juni wartete auf uns eine große Aufgabe. Die Gemeinde brauchte Geld, und so bekamen wir die Aufgabe gestellt, von der Ruetzbauern-Wiese bis herunter zum Seebachweg Holz zu schlägern. Unsere Holzknechtpartie war zehn Mann stark. Zuerst mussten wir uns eine Unterkunft, eine Holzknecht-Sölln, errichten. Unser Meister ging auf die Suche nach einer Wasserquelle. Diese wurde auf zirka 1600 Meter Höhe gefunden, unmittelbar daneben war eine fast ebene Fläche. Dieser Platz war ungefähr in der Mitte des Waldstückes, welches von uns geschlägert werden sollte.

Wir zimmerten ein Gerüst aus Stangen. Zwei große Fichtenbäume waren die Eckpfeiler, welche unserer Sölln den richtigen Halt gaben. Nun wurden um den Bauplatz herum große und hoch hinauf astfreie Fichten gefällt und kunstvoll entrindet. Mit diesen Rindenstücken wurde das Dach der Sölln gedeckt. Die Rindenstücke mit Astlöchern verwendeten wir für die Wandverkleidung. An beiden Seiten wurde je eine Türe angebracht, auch mit Rinden tapeziert, und am vorderen Giebel blieb die Hütte offen, damit der Rauch einen Abzug hatte. Die Inneneinrichtung der Sölln bestand aus dem „Feuerwagen" im Ausmaß von fünf mal eineinhalb Meter, welcher aus Rundholz gezimmert wurde. Diese Feuerstätte wurde mit Erdreich angefüllt, und auf dem obersten Rundling sind die eisernen Muspfannenhalter eingeschlagen worden. Jeder Holzknecht hatte seinen eigenen Kochplatz, wo er über seinem Feuer das Holzknechtmus kochen konnte. Es gab keine Gemeinschaftsküche, sondern jeder war sein eigener Koch. Im hinteren Teil der Rindenhütte wurde in etwa einem Meter Höhe das Schlaflager angelegt, wofür wir wiederum Stangenholz verwendeten. Die Liegefläche ist mit Stroh und getrocknetem Moos aufgefüllt worden. In dieser Liegestatt verbrachten wir unsere Nächte, einer neben dem anderen. Das Bettzeug brachten wir von zu Hause mit. Erst im November, als die Nächte kalt wurden, suchten wir uns in den umliegenden Bauernhöfen ein Quartier zum Schlafen. Einige Holzknechte gingen sogar jeden Tag nach Hause.

Als die Sölln fertig war, begann die Schlägerung. Der Meister und ich, sein Gehilfe, sägten einen Baum nach dem anderen um. Zuerst wurde bergseitig ein Einschnitt gemacht, dann schön im Takt dieser Einschnitt von oben nach unten ausgehackt. Nachher prüfte der Meister nochmals, ob die Richtung stimmt. Sodann wurde von der anderen Baumseite die Säge angesetzt und so lange geschnitten, bis das Sägeblatt klemmte. Daraufhin wurde ein Holzkeil am Einschnitt angebracht und mit der Hacke hineingetrieben. bis sich die Säge wieder lockerte und bewegen ließ. Dann sägten wir bis auf zirka drei Zentimeter an die Einschnittskerbe heran. Nun schrie der Meister: „Zuagschaut!" Dieser Ruf war für die im Fallbereich arbeitenden Holzknechte das Signal, dass sie aufzupassen hatten. Nun wurde der Keil von uns weitergetrieben, und wenn der Baum sich zu neigen begann, kam der Ruf des Meisters: „Umfoin!" (umfallen). Dies war die Warnung, dass alle schauen mussten, aus dem Gefahrenbereich wegzukommen.

Die Fichten wurden reihenweise von der linken bis zur rechten Seite des Kahlschlages umgeschnitten. Besonders achtete der Meister darauf, dass die Bäume jeweils in die Zwischenräume der bereits liegenden Fichten hineinfielen, um Beschädigungen bei der Schlägerung zu vermeiden. Bis zum 30. August 1939 hatten wir an die 1500 Fichtenstämme gefällt.

Nun zu den übrigen Holzarbeitern. Die „Aster" hatten die Aufgabe, die gefällten Fichten von unten nach oben zu entasten. Dazu war eine Hacke mit einer scharfen Schneidefläche erforderlich. Beim Asten durften keine „Schirber" (Holzeinrisse) entstehen, sondern jeder Ast musste kunstgerecht seitlich abgehackt werden, und der Stamm musste glatt sein. Die Aster hatten am Hosenbund ein abgeschnittenes Kuhhorn hängen. In diesem befand sich Rindstalg, um sich damit die Hände einzureiben. Auf diese Weise klebt das Baumharz, mit dem der Aster immer in Berührung kommt, nicht mehr am „Hackenhöb" (Holzstiel der Hacke) und an den Händen. Außerdem hatte der Aster einen Wetzstein und eine feine Feile bei sich, um die Hacke regelmäßig mit einer guten Schneide zu versehen.

Holzknechte vor ihrer Sölln (rechts außen Christian Horngacher); Sommer 1939, Kirchberg in Tirol.

Dann waren die „Schinder" an der Reihe. Das Schinderwerkzeug besteht aus einer etwas gebogenen Eisenschiene, die zirka dreißig Zentimeter lang und vorne sehr flach geschmiedet ist. Seitlich befindet sich ein scharf geschliffener Hacken. Dieser Hacken dient zum Abreißen der Rindenstücke. Das Entrinden mit dem Schinder ist nur während der Zeit, in der die Fichten im Saft stehen (vom Mai bis zum August) möglich. Sobald der Saft weg ist, muss man mit dem „Schebser" arbeiten. Das ist ein halbmondförmiges, vorne mit einer Schneidefläche versehenes Eisenstück. Der Holzstiel des Schebsers ist etwa 1,30 Meter lang, damit kann man lange Rindenstreifen vom Baumstamm abstoßen. Diese Art der Entrindung ist kraftraubend und geht auf Arme und Schultern – eine harte Arbeit den ganzen Tag über.

Am 30. August 1939 begannen wir neben der Holzsölln mit dem „Aufräumen". Die langen und entrindeten Stämme wurden vom dicken Ende an zum Gipfel hin abgelängt. Das Ausmessen besorgte der Holzmeister, sein Gehilfe hatte die Säge und einen Sapin. Meistens schnitt man vier Meter lange Rundhölzer durch. Hinterher wurden diese abgelängten Stämme hinten und vorne von den Astern mit einem kunstgerechten „Kranz" versehen und gegebenenfalls Astwerk oder Rinde vom Stamm entfernt. Der Kranz verhindert beim Abholzen das Aufreißen der Stämme, was eine enorme Wertminderung zur Folge hätte.

Am Nachmittag des 30. August 1939 trat eine bedeutsame Veränderung ein. Den Berg herauf kamen einige Ehefrauen und überbrachten die Einberufungsbefehle für ihre Männer. Der Zweite Weltkrieg sandte schon seine Schatten zu uns auf den Sonnberg. Es wurde mobilisiert, und unser Meister und ein Teil seiner Holzknechte mussten ihr Werkzeug aus der Hand geben.

Nach dem Abgang der Kollegen wurde der Älteste von uns als Meister eingesetzt. Dazu kamen noch vom Dampfsägewerk aus Kirchberg einige Mann Verstärkung. Der neue Meister war von einem früher erlittenen Unfall gehbehindert. Als der Gemeindewaldaufseher wieder bei uns vorbeikam, klagte ihm unser Meister, dass er beim Ablängen immer über die Baumstämme steigen muss und dabei große Schwierigkeiten hätte. Er bat den Vorgesetzten, ihn von dieser Funktion zu entbinden. Der Waldaufseher rief mich zu sich und erklärte mir, dass ab sofort ich den Maßstab übernehmen muss. Meine Einwände waren erfolglos. Allerdings wurde mein Tageslohn um 50 Pfennig auf 5,50 Reichsmark erhöht. Mit einem mulmigen Gefühl im Magen ging ich meine neue Aufgabe an. Der Waldaufseher schaute eine Weile zu, verschwand dann im Wald und ließ mich mit meinen Nöten allein. Es ging aber viel besser, als ich befürchtet hatte. Als dann der letze Baumstamm durchgeschnitten war, fiel mir ein großer Stein vom Herzen.

Nun lagen die abgelängten Rundhölzer über den ganzen Kahlschlag verstreut, fertig zum Abholzen. „Wenn doch nur der Holzmeister da wäre!", diesen und ähnliche Seufzer habe ich öfters im Stillen losgelassen. Es blieb uns aber keine andere Wahl, das Rundholz musste hinunter zum Seebachweg. Ohne Unterlass arbeiteten wir Tag für Tag.

Winterliche Holzbringung; bei Kirchberg in Tirol, 1934.

Mit stolzgeschwellter Brust schauten wir dann gegen Ende November auf den Holzhaufen vor uns und sandten ein Stoßgebet zum Himmel. Es war geschafft!

Bauernleben

Die Holzriese

Der aus einer traditionsreichen Naßwalder Holzarbeiterfamilie stammende Heinrich Innthaler, geboren 1907, wurde im Juni 1924 von der Forstverwaltung der Gemeinde Wien als Forstarbeiter aufgenommen.

Im ersten Jahr war ich hauptsächlich beim Hütten- und Riesenbauen beschäftigt. Das Holz kam auf den Holzriesen der Stadt Wien sowie der Herrschaft Hoyos-Sprinzenstein zusammen und wurde gemeinsam durch den „Promischka", so hieß der Graben durch die „Eng" (eine Felsschlucht), zum Scheiterplatz Thalhof bei Reichenau geholzt.

Es war dies eine Menge Holz von zirka 5000 Fest- und Raummetern jährlich. Im Winter bezogen wir Quartier im Thalhof. Dort wurde das Holz rigoros in Bloch-, Schleif-, Brenn- und Grubenholz sortiert. Das Holz musste, bevor es zum Scheiterplatz kam, dreimal abgeworfen werden, das heißt, es wurde dreimal auf Haufen zusammengeholzt und wieder „eingekehrt" (weitertransportiert). Die Gesamtlänge der Riesen betrug zirka 300 Fach (zirka 1500 Meter).

Der Riese entlang waren während des Holzens so genannte „Hirter" (Hüter) erforderlich. Ich stand einst auf einer Strecke, auf welcher zwölf Hirter aufgestellt waren, von denen ich der sechste war. Jeder Hirter hatte eine Hütte, in welcher er sich ein Feuer machen konnte. Oberhalb des Feuers hing ein Kessel, welcher zum „Schnee-Röstn" (schmelzen) diente. Denn auf der Riese musste Eis sein, anders konnte man nicht holzen. Das Wasser wurde in der Regel lauwarm in einen Behälter gegeben und mittels eines „Wasser-Katzls" ganz fein auf die „Riesbäume" gespritzt, damit sie eisig wurden.

Musste ein Hirter die Riese „wassern" (spritzen) oder hatte er eine Reparatur an der Riese vorzunehmen, musste von einem Hirter zum anderen das „Gschroa" „Aufhooooh!" weitergegeben werden. Bei der Einkehr stellte man daraufhin sofort das Holzen ein, das heißt, es durfte kein Stück Holz angerührt werden. Sobald sich kein Holz mehr auf der Riese befand, schrie ein Mann mit kräftiger Stimme: „Er is scho owiiii!" Dieses Gschroa wurde wieder von Hirter zu Hirter weitergegeben. Erst wenn es bei demjenigen eingelangt war, der „Aufhooooh" geschrien hatte, durfte dieser die Riese wassern oder die notwendigen Reparatu-

Rund um den Hof

Holzriese; bei Kirchberg in Tirol, 1928.

ren vornehmen. Ansonsten hätten die ärgsten Unfälle verursacht werden können. Waren die vorgesehenen Arbeiten beendet, schrie der betreffende Hirter sodann „Kernerhöööö!". Und erst wenn dieses Gschroa ganz oben beim Haufen eingelangt war, konnte das Holzen – begleitet vom Ruf „Fliag oooo!" – wieder beginnen.

Weil wir nur bei Kälte holzen konnten – das heißt, wenn die Riese eingeeist war –, arbeiteten wir hauptsächlich zur Nachtzeit, sodass wir zu jeder Nachtstunde vom Scheiterplatz durch die Eng in den Promischka stapften. Bevor wir in die Eng einstiegen, machten wir meistens Rast und sangen Lieder und Jodler, welche über den Scheiterplatz durch den Thalhof bis Reichenau zu hören waren.

Am Wochenende gingen wir zu Fuß vom Scheiterplatz nach Reichenau, um von dort mittels Postautobus nach Hause zu fahren. Es war aber des Öfteren der Fall, dass der Bus schon vollbesetzt aus Payerbach kam und ich die 17 Kilometer zu Fuß gehen musste, ja manche meiner Kameraden sogar 22 Kilometer und mehr.

Die erste Jahresarbeit war im Mai 1925 zu Ende, und wir zwölf Mann zogen nun wieder auf die Knofelebn in unsere selbst erbaute Hütte. Das Zu-Fuß-Gehen nahm ein End, denn ich kaufte mir ein Fahrrad. Hüttn brauchten wir keine bauen, die Riesn war auch nur zum Ausbessern, aber dafür hatten wir zirka 150 Meter Holz auf unseren Schultern zu tragen. Das waren Stücke von zwölf bis dreißig Zentimeter Durchmesser und einer Länge von zwei bis sechs Meter. Dieses Holz musste ausgetragen werden, da es erstens zu dieser Abteilung dazugehöriges schlagbares Holz war. Zweitens wäre es, wenn wir es nicht ausgetragen hätten, anstatt in den Promischka über Felsenabfälle und Steilhänge in den Krumbachgraben gekommen. Das heißt: Es war nicht anders möglich.

Rund um den Hof

Die Fuhrleute

Bereits als Kind fing der 1922 geborene Johann Hochstöger als Fuhrmann zu arbeiten an und transportierte mit dem Pferd seines Stiefvaters Holz durch das Sarmingtal bis nach Sarmingstein, wo es auf die Donauschlepper verladen wurde.

Weil ich erst zwölf Jahre alt und zudem noch sehr klein war, brauchte ich eine Sondergenehmigung, um überhaupt fahren zu dürfen. So wurde ich überprüft, ob ich eine Fuhre talab zum Stehen brächte. Das schaffte ich, und somit hatte ich Ruhe vor der Gendarmerie.

Am Anfang war ich bei jeder Kurve neugierig, wie es weiterging. Das Pferd, es hieß ganz einfach „Fuchsl", kannte den Weg genau. Es wusste auch, wo getränkt wurde und wo es Futter gab. Beim Ettlinger, Waldhausen, zum Beispiel, wurde gefüttert, dann ging es weiter in die Steinmühle, dort wurde abgeladen. Dann ging es wieder zurück zum Ettlinger, nach der Fütterung fuhren wir nach Hause. Für jeden Tag, den ich unterwegs war, bekam ich einen Schilling.

Die Trasse der alten Straße lässt sich heute noch verfolgen. Sie begann bei der Harrucksteinermühle, führte über die so genannte Leimerschmiede, über Reieck zum Eder in den Graben. Man nannte das Sarmingtal an dieser Stelle sowieso den „Graben". Zum Teil sind die steinernen Brücken der ehemaligen Straße noch erhalten.

Langholz konnte auf dieser Strecke nicht transportiert werden, darum wurden die Bäume gleich im Wald von den Holzarbeitern in Längen zu drei bis sechs Meter geschnitten. Scheiter wurden meist geschwemmt, dazu dienten die Schwemmteiche, die heute noch erkennbar sind. Jeder größere Bauer besaß eine Haussäge; längs des Sarmingbaches standen um die dreißig Sägewerke und Mühlen. Dazu kamen noch die Hausschmieden, wo die Schmiede auf Stör hingingen. Wir besaßen eine solche Schmiede, die nach dem Zweiten Weltkrieg noch funktionierte.

Mein Freund, ein Wallach, war ein ungewöhnlich großes Pferd. Ja, der „Fuchsl" war ein gutes Ross, wenn er auch den Stiefvater öfters gebissen hat. Mir hat er nie etwas getan, obwohl ich bis zum Alter von 17 Jahren mit ihm viele Tage verbracht habe. Bei ihm kam es darauf an, wie man ihn behandelte. Wenn man sich ihm von hinten näherte

Bauernleben

und ihn nicht ansprach oder beim Putzen den Striegel zu fest aufdrückte, da konnte es sein, dass er einen zur Wand drückte, um dann zuzubeißen. Nun, ich tat ihm immer recht schön, redete mit ihm und gab ihm Leckerbissen, das „Saftfutter". Hafer hatte er sowieso genug. Wenn er mich sah, spitzte er die Ohren. Beim Wassern beim „Wimmer-Rosswasser" blieb er immer selbst stehen.

Im Sommer hatte ich mit dem Fuchsl eine eigene Methode: Ich musste mit meinem Pferd immer als Letzter fahren, sonst klappte das System nicht. Weil der Fuchsl so gerne Gras fraß, ließ ich ihn an geeigneten Stellen grasen. Wenn die anderen Fuhrleute außer Sichtweite waren, wusste das Pferd genau, dass es an der Zeit war, die anderen einzuholen und strengte sich doppelt an. Wenn er galoppieren wollte, warnte er mich durch vorhergehendes Wiehern. Dann stürmte er los wie bei der wilden Jagd, bis er die anderen erreicht hatte. Dann ging das Spiel wieder von vorne los.

Das war in diesen Jahren eine echte Freude für mich. Wenn ich den anderen Fuhrleuten einen Schabernack spielte und sie mir ans Leder wollten, flüchtete ich zu meinem Beschützer, der keinen anderen an sich heranließ.

Um die Jahrhundertwende gab es in der Gegend viele Wirtshäuser, die meisten mit Kegelbahnen. Hier hatte alles mit Holz zu tun. Es gab eine Menge Holzknechte, Fuhrleute, Sagschneider (Sägewerksarbeiter), Wagner und Schmiede. Ein „Lohstadl" und eine „Lohstampf", wo man die geschälte und getrocknete Rinde der Fichten zerkleinerte, waren vorhanden. Die Lohe wurde damals zum Gerben der Häute verwendet, um daraus Leder zu gewinnen.

Zwischen meinem zwölften und siebzehnten Lebensjahr habe ich da oft abgeladen. Die Lohe wurde gewogen und der Fuhrlohn nach Gewicht ausbezahlt. Mein Fuchsl war imstande, 1200 bis 1500 Kilogramm zu ziehen, dazu kam noch der Wagen mit etwa 300 Kilogramm. Pro 100 Kilogramm wurden 90 Groschen bezahlt. Im Durchschnitt verdienten wir also 12 Schilling.

In einem Alter von 17 bis 19 Jahren war ich bei einem Fuhrunternehmen als „Stoarzer" beschäftigt. Der Stoarzer lenkte bei Langholzfuhren den hinteren Wagen. Wir transportierten auf der unter Kaiser Franz-Joseph fertig gestellten Sarmingtalstraße Bäume bis zu einer

Fuhrwerk mit Langholz; Lammertal, Salzburg, um 1930.

Länge von 24 Meter, die man zum Schiffs- und Schlepperbau brauchte. Um vier Uhr schon hatten wir aufzustehen, denn die Pferde mussten gefüttert und geputzt und das Futter für den ganzen Tag hergerichtet werden. Dazu brauchte man das „Khak" (gehäckselter Klee und gehäckseltes Stroh) und den Hafer, weil die Pferde oft bis zu fünfzig Kilometer zurücklegen mussten.

Um fünf Uhr wurde eingespannt und zum Lagerplatz gefahren. Dieser war dort, wo wir im Winter das Holz gegantert hatten. Das Beladen geschah händisch und glich einem extremen Frühsport. Da brannte die Lunge von der übermäßigen Anstrengung und das Herz klopfte wie bei einem Marathon. Nach dem Abnehmen der „Kotzen" und des „Fuadabarndls" (kleiner Futterbarren) konnte abgefahren werden. Die Pferdeherren setzten sich mit einem extra hergerichteten Sitz auf die

Bauernleben

Fuhre, während die Pferde und der Stoarzer die Arbeit zu leisten hatten. Wenn die Pferde bei einem Rosswasser getränkt wurden, war auch das die Arbeit des Stoarzers, obwohl dieser keine Gelegenheit gehabt hatte, seine Beine baumeln zu lassen. Man möchte meinen, dass die Herren etwas mehr Gefühl für den gehabt hätten, der bereits zwanzig Kilometer hinter dem Wagen hergelaufen war und ihm etwas Ruhe gegönnt hätten. Dies war aber nicht der Fall.

Wenn ich daran denke, wie wir der Witterung hilflos ausgeliefert waren, steigen mir heute noch die Grausbirnen auf. Nach Sturm und Gewitter hatte man keinen trockenen Faden mehr am Leib, und es schüttelte einen wie einen nassen Hund. Noch dazu war die Kleidung sehr mangelhaft. So erinnere ich mich, dass ich den Sommer über oft keine Unterhose besaß. Das hatte zur Folge, dass ich die ersten Tropfen sofort zu spüren bekam. Wenn man dann nicht sofort nach Hause kam, musste man mit der nassen Kleidung, bedeckt mit ebenfalls nassen Pferdedecken, auf einem Strohsack schlafen. Da stank es gehörig nach Pferdeschweiß – ein feines Übernachten, fürwahr!

In den Dreißiger- und Vierzigerjahren waren im Winter zuweilen lange Schlittenkolonnen mit Pferden oder Ochsen unterwegs, um das im Sommer geschlagene Holz aus dem Wald zu den Straßen zu bringen. Das war ein Geläute und Gebimmel, wenn so eine Kolonne daherkam, denn alle Pferde und manchmal auch die Ochsen hatten Glocken umgehängt, und es wurde sogar darum gestritten, wer das schönste Geläute hätte. Wenn sich der Raureif anlegte, sahen die Pferde mit ihren weißen Haaren an Nüstern und Ohren wie Väterchen Frost und die Männer, die mit ihren weißen Bärten und Schnauzern hinter den Schlitten hergingen, wie Krampusse und Nikoläuse aus. Dazu muss man sich auch noch die damalige Kleidung vorstellen: Die Beine steckten in Wickelgamaschen oder Langstiefeln, der Kopf war meist von besonderen Hauben mit Klappen geschützt, der „Überjanker" bestand aus Bauerntuch, der war wind- und wasserdicht, dabei aber so schwer, dass er drückte wie ein Rucksack.

Rund um den Hof

Aus einem Wildererleben

Mit fünfzehn Jahren kam der 1912 in Gosau geborene Josef Gamsjäger, Sohn eines kleinen Bauern und Holzknechts, als „Wasserbua" zu einer Holzknechtpass. Im selben Alter startete er eine zweite „Karriere".

Ich war damals erst fünfzehn Jahre alt, mein Spezi auch nicht älter. Und so fingen wir halt schön sachte an mit diesem verfluchten Handwerk. Mit dem Flobert gingen wir in den Kreuzgraben hinauf, und bald flüchteten vor uns drei Rehe durch den Hochwald. Ich lief, was ich konnte, und kam halb im Laufen zu Schuss: eine Geiß blieb auf der Strecke. Voller Freude ging's mit dem Reh auf der Schulter heimwärts. Dort hängte ich es im Keller auf einen für Schafe bestimmten Eisennagel. Das Haupt kochten wir uns gleich in der Küche. Da sagte meine Mutter, obwohl sie aus einer Wildererfamilie stammte und nichts dagegen hatte: „Wenn das dein Vater sieht, glaube ich, da wird er narrisch vor Zorn." Ich konnte es aber nicht recht glauben. Da wir doch jetzt lange kein Fleisch kaufen brauchten, musste er doch auch a Freud haben. So dumm waren wir noch in diesem Alter. Vater war fix angestellter Forstarbeiter und wollte mit diesen Sachen nichts zu tun haben. Er ist nie wildern gegangen, auch nicht in der Notzeit. Nun warteten wir halt ab, bis Vater von der Arbeit kam. Als ihm meine Mutter die Sache erzählte, sprang er auf, schlug mich vom Tisch auf den Boden und dort noch einige Male mit seinen Holzknechtpratzen auf mich: „Moanst, i lass mi von dir um mei Orbeit bringen, du Lauser, verfluchter! Und das Reh muss sofort aus dem Haus!" Mein Bruder und ich trugen das Reh in das obere Feld und gruben es bei Nacht ein. So eine Enttäuschung für mich! Nun wusste ich aber Bescheid und verkaufte mein Wild immer. Es war das einzige Wild, das ich je nach Hause gebracht habe. Mit Vater war da nicht zu spielen. Und Recht hatte er: bei diesem Handwerk ist noch keiner reich geworden, aber arm schon viele.

Ende November. Sehr kalt und wenig Schnee. Mein Freund schoss im Kalmberg einen Gams in einen tiefen Graben. Da er meinte, er kann allein nicht um den Gams hineinsteigen, bat er mich, ich soll mit ihm gehen, den Gams herauszuholen. Ich war dabei. Wir nahmen die Büchsen mit und schwärzten unsere Gesichter.

Und so standen wir schon um sechs Uhr hoch oben in den Wänden und warteten den Tag ab. Als es hell wurde, zeigte er mir die Lehne, wo sein Gams in den tiefen Graben hinabgefallen war. Da sah ich, dass fünf Gams flüchtend auf uns zukamen. „Hans", sagte ich, „das gefällt mir nicht, ich glaube wir treffen heute noch die Jaga an, denn dass die Gams gegen uns springen – verdammt!" Und so war es auch. Ich schoss dreimal, ein Gams rutschte gleich in die Rinn hinein – fesch! Der zweite tat sich unter einem Wandl krank nieder, das war ein guter Bock. Also stiegen wir in die gefrorene Wand ein, um zuerst die zwei Gams aus dem Graben herauszutragen und dann erst den guten oben zu holen. Als wir ganz kitzlig in der Wand pickten, krachte ein Schuss.

Wer da geschossen hat, das war mir gleich klar, ein Jäger. Die Kugel landete unter meinem Oberarm, und die Splitter sausten mir um den Leib. Hans stand wie angenagelt kurz ober mir. Hättst nicht Kreutzer gsagt, flog eine zweite Kugel neben Hans in den Rasen, diese hatte keine Splitterwirkung mehr. Nun nahm Hans seine Läufe in die Hand, und im Nu habe ich ihn nicht mehr gesehen.

Ich kraxelte aus meiner Wand hoch, tat, als wäre ich getroffen, Und wäre durch mein Hinken beinah abgestürzt. Das war aber gut so, denn der Jaga glaubte jetzt, mich hat's im Fuß erwischt, und ich komme ohne Arzt nicht mehr aus. Das war genau, was er wollte. Es war für mich kein gutes Gefühl, im Freien zu sitzen und zu warten, ob nicht noch eine Kugel geflogen kommt. Ich habe es aber richtig gemacht, erzählte mir nach Jahren der Jaga, als ich selber Jaga geworden war und wir uns über diesen Fall unterhielten. Hans entdeckte ich erst, als ich mich scheinhalber verbunden hatte und davonhoppelte. Beim ersten Felsen nahm ich Deckung und spähte zurück, ob sich kein Jaga blicken lässt. Es war gut, dass ich keinen sah, sonst hätte ich auch ein Paar Bohnen fliegen lassen.

So suchte ich den Hans, und wir gingen zu Tal. Fast an der Straße unten versteckten wir unser Zeug unter dem dort herumliegenden Gras, wuschen unsere Gfrießa und sausten heim. Zu Hause wurden wir nicht erwartet, so durften wir annehmen, dass wir nicht erkannt worden waren.

Mein Mädchen damals war eine Sennerin auf der Reßnalm, welche aus Angst um mich sehr gegen das Wildern war. Es war an einem Ju-

Nachgestellte Wildererszene; vermutlich in der Steiermark vor dem Zweiten Weltkrieg für eine Gerichtsverhandlung entstandene fotografische Rekonstruktion eines Tatherganges.

nitag, als ich mit dem Stutzen unter dem Rock zu ihr auf die Alm pirschte. Zwei Reh flüchtig, bald aber ein Sechser-Bock auf vierzig Meter vor mir. Nach dem Schuss ging der Bock weidwund ab. Ich meinte, dass er eh nicht mehr weit kommen würde und schoss nicht mehr. Versteckte meinen Stutzen unter einem Wandl und ging zur Reßnalm.

Da sie nicht da war, ging ich nach einer Stunde wieder zu meinem Bock hinunter. Der Jäger Hübner, ein wüster, rothaariger Mann von vierzig Jahren, hatte den Schuss gehört und den Bock halb verendet gefunden. Er tippte gleich auf mich und versteckte sich hinter einem Felserl. Ich sah den Bock bald, näherte mich auf zwei Meter. Und als

Bauernleben

ich um den Bock langen wollte, da ging ein Wetter los, wie ich es noch nie gehört habe. Hübner war außer sich, er schrie so laut, dass die Sennerinnen ihn weitum hörten, auch die meine loste dieses Konzert an und dachte sich, es wird doch nicht der Sepp (also ich) sein, mit dem er so schreit. Hübner packte mich beim Rock, und ich war bald am Boden. Er konnte sich noch immer nicht beruhigen und spie mir ins Gesicht. Nun konnte ich mich aber doch aus seinen Klauen befreien und fragte, was er denn so narrisch ist, ich habe keine Büchse und habe diesen Bock nicht erlegt und so weiter …

Hübner beruhigte sich langsam. Ich soll nun mit dem Bock in die Jagahütte gehen. Ich aber wollte eventuell vor einem Richter sagen können, ich hätte den Bock nie angerührt. So musste Hans den Bock selbst in die Hütte tragen. Auf seiner Hütte bekam ich noch eine lange Predigt. Danach ging er ins Forstamt und ich in die Alm hinauf, zu mein' Menschal.

In der Früh, um fünf Uhr, ging ich schnell heim. Da begegnete mir Hübner Hans im Wald ganz unten. Als ich ihn fragte, was los sei, ob er angezeigt hat, da sagte er mir: „Geh heim, das andere wird dir schon dein Vater sagen." Er hat es dem Forstmeister wohl gemeldet, aber angezeigt nicht, da ich ja kein Gewehr dabei gehabt habe.

Nun aber gab mir mein Vater die Sporen. Er verjagte mich auf der Stell. Ich wusste mir ein Zimmerl, wo ich bleiben konnte. Dort wohnte ich, bis ich kein Hemd und keine Unterhose mehr hatte, acht Wochen. Da kam mein Bruder und holte mich auf Befehl des Vaters wieder in die Heimatklause zurück. Vater war froh, Mutter und meine sechs Geschwister auch, und ich war am allerfrohesten.

In der Arbeitslosenzeit gab es dreimal so viel Wilderer wie heute und radikale Burschen darunter. Schade, ja sehr schade, dass die alten Jäger ihre Erlebnisse nicht niedergeschrieben haben. Es spielten sich oft harte Kämpfe ab, und zwar mit Bergstock und Knüppel. Ein Gewehr durfte der Jäger damals nur in äußerster Not gebrauchen, es war nicht sehr schön und – wie man sagt – auch nicht der Brauch. Es wurde also in der Mehrzahl geschlagen und gerauft.

Jahreskreis

Das Jahr

Ein Bauernjahr richtete – und richtet – sich streng nach dem Kalender, dem Wechsel der Jahreszeiten und dem Rhythmus der Natur, wie der 1904 im Innviertel geborene Bauernsohn Alois Reinthaler beschreibt.

Das kleine Wörtchen „um" spielt bei der Landbevölkerung im Ablauf eines Jahres eine wichtige Rolle. Alle bedeutsamen Termine beginnen mit „um", womit man weiß, dass um diese Zeit dies oder das zu geschehen hat oder Verpflichtungen und Verträge zu erfüllen sind. Vieles dreht sich im bäuerlichen Bewusstsein um dieses Wörtchen, es hat über die Zeitläufte hinweg einen festen Platz und verbindliche Gültigkeit.

Um Fabian und Sebastian (20. Jänner) fängt der Saft zum Treiben an. Wichtig für Schlägerung und Baumpflege. Um Pauli Bekehrung (25. Jänner) hälftet sich das Futterjahr, denn die Bauernregel sagt sehr deutlich: „Pauli Bekehrung halb's hinu, halb's herum".

„Um Lichtmess", sagt die Bauernregel, „d' Suppn am Tag ess'n", das heißt, dass der Tag bereits zugenommen hat und es um sechs Uhr abends zum Abendbrot noch hell genug ist. Zu Lichtmess (2. Februar) beginnt das neue Bauernjahr. Die Ehehalten wurden, wie das Gesinde damals genannt wurde, ausbezahlt. Dies war ein besonders feierlicher Akt, sowohl für den Bauern selbst als auch für die Leut', wenn zur Mittagsstunde der Jahreslohn auf den Tisch im Herrgottswinkel gelegt wurde.

Um Josefi herum (19. März) beginnt der eigentliche Frühling, da durften wir Kinder das erste Mal bloßfüßig laufen, weil die Erdwärme nach Bauernmeinung an diesen Tagen schon deutlich spürbar ist. Auch für die Bauernarbeit ist dieser Tag wichtig, denn die Felder übertrocknen bereits langsam, und die Frühjahrssaat kann bald getan werden. Manchmal wird der Landmann durch diese Sprüche auch getäuscht, die Bauernregeln haben ihre Tücken und sind nicht immer ganz verlässlich.

Um Georgi (23. April) fangen die Wiesen zu grünen an; von da an beginnen Flurschäden zu wirken (Klagsrecht). Zu dieser Zeit können Hackfrüchte, Kartoffeln, Rüben, Kraut und Kürbisse gesetzt und auch die Arbeiten im Gemüsegarten getan werden. Eine alte Bauernregel sagt zum Kartoffelbau: „Setz' mi im April, komm' i, wann i will, setz' mi im Mai, dann komm' i glei." Die Eismänner, am 12., 13. und 14. Mai, spielen gerade in der Landwirtschaft eine große Rolle; besonders die Nachtfröste werden von den Bauern gefürchtet. Dann bestimmt noch die „rinnert' Sofferl" (Sophie, die Eisheilige, 15. Mai) das Geschehen. Zu dieser Zeit beginnt bereits die Heuernte, und Regen ist nicht erwünscht.

Um die Sonnenwende (21. Juni) oder Johannes den Täufer (24. Juni) wird das Halbjahr gefeiert. Ein großer Holzstoß wird aufgeschichtet, auf hohen Stangen „Hansl und Gretl" gebunden, mit Stroh ausgestopft und am Abend angezündet, damit das Feuer weithin leuchte und von glücklichen Menschen künde. Buben wie Mädel tanzten um den Feuerstoß, Schuhe und Kittelzeug wurden oft durch die Flammen versengt. Besonders lustig war es in dem Augenblick, als die Strohpuppen in die Flammen stürzten. Ohne müde zu werden, wurde bis in die späte Nacht gehüpft und gejauchzt, bis das Feuer erlosch und der letzte Funke verkohlt war.

Um Peter und Paul (29. Juni) muss das Heu eingebracht sein, und um Jakobi (25. Juli) ist der Beginn der Getreideernte. Um Bartholomäus (24. August) müssen die Halmacker (Stoppelfelder) gestürzt sein, sonst muss sich der säumige Bauer vor den anderen genieren. Freilich kommt alles in der Landwirtschaft aufs Wetter an. Um St. Ägidius (1. September), sagt die Bauernregel: „Ägid bau' Korn, mäh' Grummet, fang Haar (Flachs)". Im September spielt die Zeit um Sankt Michael (29.) eine große Rolle. Es wird das Obst zum Brocken reif (Zehnt als Ausgedinge), der Binder geht von Haus zu Haus, um die Mostfässer zuzuschlagen, und allmählich tritt auch die Mostpresse in Tätigkeit.

Die ersten Samstage nach Michaeli sind drei „Goldene", an denen bereits eine Vorweihnachtsstimmung herrscht und sich die kommenden vier Raunächte abzeichnen. An diesen Samstagen wird der Mittagstisch üppiger als sonst gedeckt. Die Bauersleut' trachten, die Hack-

Einfutter richten; Salzburger Pongau, um 1950.

früchte in die Keller zu bringen, das Wintergetreide auszusäen und die Felder ein zweites Mal umzuackern. Das Vieh wird immer seltener auf die Weide getrieben, weil meistens der Reif das Gras schon knickt, auch die Tage werden merklich kürzer und die Nächte dafür länger.

Um St. Martin (11. November) herum ist der Auszug (Ausgedinge) fällig, sind die Interessen, wie damals die Zinsen genannt wurden, zu zahlen und vieles andere. Zudem ist Martini mit einer köstlichen Tafel verbunden (Martinigans). Die Kirtage und andere Lustbarkeiten enden, es geht auf Katharina (25. November) zu, wo die Bauernregel heißt: „Kathrein stellt den Tanz ein". Jetzt beginnt der besinnliche Advent, der nur mehr vom Nikolaus, am 6. Dezember, ein klein wenig unterbrochen wird. Rasch kommen die Weihnachtsfeiertage heran, und das Jahr ist dann um.

Neben diesen markanten Tagen des Jahres und neben Ostern, Pfingsten und Weihnachten hat es zu meiner Zeit bei den Bauern noch die so genannten „lässlichen Feiertage", die größtenteils nur nachmittags ohne Arbeit waren, gegeben; dabei wurde nach dem Mittagessen ein längeres Tischgebet als an den übrigen Tagen verrichtet. Viele Heilige wurden als Schutzpatrone der Feldfrüchte oder für das Vieh von den Bauersleuten verehrt. Allmählich gingen auch diese Bräuche und Gedenktage verloren, heute gelten bei den Bauern nur mehr die gesetzlichen Feiertage und der Wettergott.

Lohnauszahlung zu Lichtmess

Mit 13 Jahren kam Andreas Holzer als Hüterbub in den Dienst bei einem Bauern. Lichtmess am 2. Februar war der Zahltag und Festtag der Dienstboten.

Am Vormittag war selbstverständlich Kirchgang, mittags gab's ein Festessen und anschließend war Auszahlung im Schlafzimmer der Bauersleute – der einzige Tag, an dem in dieses Gemach Eintritt erlaubt war. Der Aufruf zur Auszahlung erfolgte nach der Rangordnung. Als erster der Moarknecht, dann der zweite Knecht („Oblara"), dann die Mägde und zum Schluss – wie sich's gehört – das Halterbübl.

Schon das Eintreten in das Schlafgemach war etwas Besonderes. Der Bauer saß an seinem Schreibtisch, einen Holzteller mit gutem Schinkenspeck, ein Brot und ein Schnapserl vor sich. Ich wurde aufgefordert, mich zu setzen. Es folgte ein sonst nie so gehörtes Lob für meine ganze Jahresarbeit, sodass ich das angenehme Gefühl hatte, ich sei ja doch der Beste! Anschließend kam der Auftrag, kräftig bei Speck, Brot und Schnaps zuzugreifen. Während der guten Jause folgte vom Bauern ein Bericht über die schlechte Zeit und die teure Krankenkasse. So tat er mir aufrichtig leid, als er mir den vereinbarten Lohn (pro Monat zwei Mark, vorher zwei Schilling, also 24 Mark) mit einem herzlichen Dankeschön auszahlte – was ich ebenfalls mit einem Dankeschön und einem Handkuss, wie es so üblich war nach gutem Essen, beantwortete.

Selbstverständlich wurde man gefragt und gebeten, doch auch das nächste Jahr wieder so fleißig weiterzumachen. Knechte und Mägde waren schon früher gefragt worden, und es folgte der so genannte „Leihkauf" (eine Zahlung für das Versprechen, auch das nächste Jahr wieder zu dienen). Bei Hüterbuben war das nicht üblich, denn man musste ja froh sein, ein gutes Kostplatzerl zu haben.

Palmsonntag, Karwoche, Ostern

Der 1922 geborene Bauernsohn Josef Lassnig erzählt, wie das Osterfest in seiner Oberkärntner Heimat gefeiert wurde.

Angefangen hat das Ganze mit dem Palmsonntag, wo die Burschen mit mächtig großen Palmbuschen zur Palmweihe in die Kirche zogen. Nach Hause zurückgekehrt, trugen sie die Palmbuschen unter Gebeten dreimal um Haus und Hof, um Krankheit und Gefahren abzuwenden, und pflanzten sie mitten in das schon grün werdende Kornfeld, als Schutz gegen Unwetter und Hagelschlag.

Die Tage der Karwoche wurden dann von Mittwoch bis Samstag mit täglichem Kirchgang und strengem Fasten begangen, und am Samstagnachmittag wurde als Höhepunkt die Auferstehung gefeiert, das war auch der Tag, an dem ich als kleiner Knirps von vier bis fünf Jahren an

Bauernleben

Osterprozession am Karsamstag; Edlitz in der Buckligen Welt, Niederösterreich, 1934.

der Hand der Mutter zum ersten Mal in unsere Dorfkirche mitgehen durfte. Das hat mich so sehr beeindruckt, dass ich mich noch heute gut daran erinnern kann. Unsere Kirche, dem Heiligen Leonhard geweiht, steht etwas abseits des Dorfes, weithin sichtbar auf einem Hügel. Wie oft habe ich vom Berg darauf hinuntergeschaut und mir ausgemalt, wie es wohl sein würde, wenn ich einmal neben ihr stünde. Sie sah ja von der Ferne ziemlich klein aus, und so kam ich aus dem Staunen nicht heraus, wie sie wuchs und immer größer und größer wurde, je näher wir kamen. Der Turm wuchs in meinen Augen bis zum Himmel empor. Und dann die riesig großen Fenster und das Portal und innen das himmelhohe Kreuzgewölbe – ich kam einfach aus dem Staunen nicht mehr heraus.

Jahreskreis

Dann kam die beeindruckend gestaltete Auferstehungsfeier. Zuerst war es drinnen ganz dunkel, da alle Fenster mit schwarzen Vorhängen verdeckt waren, nur beim heiligen Grab brannten eine Reihe roter Öllämpchen, und ein paar Kerzen erhellten spärlich den großen Raum. Der Pfarrer und die Ministranten, natürlich in großem Ornat, standen vor dem heiligen Grab und beteten und sangen in lateinischer Sprache, was ich natürlich nicht deuten konnte. Aber als beim dritten Halleluja plötzlich sämtliche Vorhänge zugleich fielen und die Sonnenstrahlen die Kirche in gleißendes Licht tauchten, die Orgel aufbrauste und der Kirchenchor „Der Heiland ist erstanden" sang, der Mesner die Figur des auferstandenen Christus auf den Altar stellte, wozu die Glocken vom Turm dröhnten und die Böller krachten, dass die Fenster erzitterten – da hat man in seinem Inneren eine wahre Auferstehungsfreude verspürt.

Vor dem Ausgang hatte inzwischen die Blasmusik mit ihren frisch geputzten, blinkenden Instrumenten Aufstellung genommen und spielte mit aufgeblasenen Backen den Ostermarsch, dass es einem fast die Ohren verschlug. Also, es herrschte eitel Freude und Fröhlichkeit.

Dann gab es auch bei uns den weit verbreiteten Brauch des Eierpeckens, der besonders von den jungen Burschen geübt wurde, welche die Ostereier aber nicht vom Osterhasen, sondern beim Fensterlngehen von den jungen Mädchen zusammen gesammelt hatten. Dabei war es natürlich auch eine Prestigefrage, wer die meisten und schönsten und besonders die stärksten Eier hatte, denn der Verlierer musste sein eingeschlagenes Ei dem anderen überlassen. So standen nun die Burschen in Gruppen beisammen, peckten und feilschten und tauschten mit den Eiern herum wie die Bauern auf dem Rossmarkt.

Wallfahrten

Sehr ausgelassen ging es manchmal im Anschluss an Wallfahrten zu, wie sich der 1922 geborene Bauernsohn Johann Hochstöger erinnert.

Das „Eiserne Bild" ist eine Kapelle in den Waldungen des Grafen Traun und Coburg-Gotha. In den Zwanziger- und Dreißigerjahren kamen am

Dreifaltigkeitssonntag und zwei Sonntage danach Scharen von Betenden aus allen Himmelsrichtungen zum „Eisernen Bild", um zu beten, aber auch, um die vielen Standln der Marktfahrer zu besuchen.

Auf die Besucher aus Dimbach wurde immer besonders gewartet, denn da trug ein zwei Meter großer, bleistiftdünner Mann, der „Bruck Poidl" die Christusfahne. Es sah aus, als wollte er die Seinigen direkt in den Himmel führen, so andächtig und mit Würde schritt er voran!

In Halbstundenabständen trafen die Scharen ein, damit sie sich nicht gegenseitig beim Beten störten. Nach der Andacht wurde aus den betenden Menschen eine lachende, schwatzende und sich unterhaltende, quirlige Masse, denn einige Wirte besaßen das Recht zur Ausschank. So wurde bald aus der Wallfahrt ein Volksfest. Bei den vielen Standeln wurde um den Preis eines gewünschten Artikels nach allen Regeln der Kunst gefeilscht, sodass er meist um ein Wesentliches niedriger wurde als gefordert. Die Händler verlangten schon deswegen zuerst einen stark überhöhten Preis. Wer diesen widerspruchslos akzeptierte, war der Dumme. Da ich mit dem Feilschen keine Freude hatte, wartete ich, bis ein anderer den gleichen Artikel herabhandelte, erst dann kaufte ich zum gleichen Preis.

Ein Lebkuchenherz für die Liebste zu kaufen, war damals auch schon Brauch. Wenn ein Bursche sich nicht anders verständlich machen konnte, probierte er es mit einem Lebkuchenherz. Nahm die Verehrte es an oder hängte sie es sich gar um den Hals, so wusste er: Sie mag mich! Für die, die das sahen, gab es etwas zu tuscheln und von einer bevorstehenden Hochzeit zu munkeln.

Es war ein lustiges und unbeschwertes Treiben vor der wunderbaren Kulisse des Waldes. Beim Abzug der Betscharen war zu beobachten, dass diese wesentlich kleiner als bei der Ankunft waren. Das war kein Wunder, denn so mancher blieb bei der Bierausschank hängen. Und junge Paare wollten lieber alleine sein, anstatt nochmals mitzubeten. Manchmal wurde sogar gerauft. Somit war wieder für etwas Gesprächsstoff gesorgt, gab es doch außer den Kegelbahnen und den Dreschertänzen kaum Möglichkeiten zur Unterhaltung.

Jahreskreis

Bitt-Tage

Der 1920 geborene Alois Haidvogl erzählt, wie in seiner Waldviertler Heimat im Mai für eine gute Ernte gebetet wurde.

Die drei Wochentage vor Christi Himmelfahrt – Montag, Dienstag und Mittwoch – sind die Bitt-Tage. Sie fallen in den Monat Mai, das ist eine Zeit, wo auch im Waldviertel die Frühlingssaat in der Erde ist und das Wintergetreide bereits heranwächst. Daher Grund genug, um den Herrgott um ein gutes Gedeihen der Feldfrucht und um Abwendung von Hagel, Blitz und Unwettern zu bitten. Dazu ging man hinaus auf die Felder, dort, wo die Fechsung (Feldfrucht) wachsen und gedeihen soll.

Um möglichst alle Felder zu erfassen, ging man in meiner Heimatpfarre Harmanschlag an jedem der drei Bitt-Tage in eine andere Richtung. Der Bittgang am Montag führte von der Kirche an der Straße bis zum „Grandl" (dort stand früher ein Wassergrander zum Tränken der Pferde), dann auf einem Feldweg bis zur Übermaß-Straße und an dieser zum Kreuzstöckl. Hier erfolgte die Segnung der Felder durch den Priester. Am Dienstag ging der Bittgang entlang der Straße Richtung St. Martin bis zur Einmündung des „Gassenweges". Hier erfolgte die Feldersegnung. Anschließend ging es den Gassenweg entlang bis zum Höher-Marterl und auf der Straße zurück zur Kirche. Am Mittwoch führte der Weg auf der Straße Richtung Stegmühle, dann zum Marterl beim Anderl am Berg, wo die Feldersegnung stattfand. Auf einem Feldweg kehrten wir zur Straße und auf dieser zur Kirche zurück.

Die Gebete waren an allen drei Tagen gleich. In der Kirche wurde von zwei Vorsängern die Allerheiligen-Litanei angestimmt und nach dem Auszug aus der Kirche weitergesungen. An den genannten Stellen der Feldersegnung wurde der Bittgang unterbrochen, der Priester sprach Segensgebete und sprengte dann Weihwasser in alle vier Himmelsrichtungen. Beim Weiterziehen wurden Rosenkränze mit verschiedenen Einfügungen gebetet. Auf der ersten Strecke nach dem Auszug und auf der letzten Strecke vor dem Einzug läuteten alle Kirchenglocken. Beim Bittgang ging vorne der Kreuzträger, dann folgten die Kinder, die Männer, dann der Priester mit den Ministranten und

Bauernleben

Einweihung des Gipfelkreuzes auf dem 2474 Meter hohen Greim; Wölzer Tauern, Obersteiermark, 24. Juni 1929. Die Streusiedlung Pöllau am Greim war in den Jahren zuvor von zahlreichen schweren Hagelschlägen heimgesucht worden. Nach der Errichtung des Kreuzes soll es, so erzählt man, keine ähnlichen Unwetter mehr gegeben haben.

schließlich kamen die Frauen. Links und rechts vom Priester und unter dem Volk wurden bunte Kirchenfahnen getragen.

Nach der Rückkehr in die Kirche folgte die „Bittmesse". Dabei wurde das Bußlied „Strenger Richter aller Sünder ..." gesungen, das vierzehn Strophen hatte. Ich weiß nicht, ob diese Bußgedanken bei den meisten wirklich echt waren. Echt waren sicher die Bitten an den Herrgott um Gedeihen der Feldfrüchte und Abwendung von Unwettern, war und ist doch der Bauer machtlos dem Wettergeschehen ausgesetzt, das jedes Gedeihen der Feldfrüchte und damit den Ernteertrag beeinflusst.

Daher waren in einer Zeit, in der der Mensch nicht so sehr auf sein eigenes Zutun, sondern auf das Wohlwollen Gottes vertraute, auch die Bitten an den Allmächtigen echt.

Dass der Bauer trotzdem sein Möglichstes zum Gedeihen der Feldfrüchte beitragen muss, zeigt die folgende kleine Anekdote: Als einmal der Bittgang an dem Feld eines Bauers entlangzog, der seine Landwirtschaft verludern ließ, sagte ein Beter zu seinem Nachbarn: „Do hilft koa Bet'n, des Feld g'hört g'mist" (mit Stallmist gedüngt).

Fensterln

Ein mythenumwobenes ländliches Brauchtum war das Fensterln. Erinnerungen daran nehmen in den lebensgeschichtlichen Erzählungen von Männern – niemals von Frauen – häufig breiten Raum ein. Auch im Waldviertel, wo der 1920 geborene Alois Haidvogl aufwuchs, war das Fensterln gang und gäbe.

Das Heiratsalter war früher viel höher als heute, und mancher Bauernknecht konnte überhaupt nicht ans Heiraten denken. Aber die Sehnsucht der Geschlechter zueinander kannte man auch damals. Nur war es nicht so einfach wie heute, wo zwei junge Leute offen ihre Liebe zeigen, der junge Mann seine „Freundin" einfach besucht oder zwei ohne Trauschein in „wilder Ehe" zusammenleben. Das wäre früher im Dorf undenkbar gewesen. Deshalb konnte die Liebe nur im Verborgenen blühen.

Die harmloseste Art des Fensterlns war, dass sich einige meist recht junge Burschen zusammenfanden, gemeinsam zum Fenster eines jungen Mädchens zogen und dort um eine „bettwarme Hand" baten. Öffnete das Dirndl das Fenster, gab es nur lustiges Geplapper. Die zweite Art war schon gezielter. Einem Burschen gefiel ein Mädchen, er hatte aber kaum Gelegenheit, mit ihm alleine zusammen zu sein und es auch nur ein wenig „abzubusseln". Nun machte er am Tag ausfindig, wo sich das Fenster der Mädchenkammer befand. In dunkler Nacht, wenn alle Hausbewohner schon schliefen, schlich er zum Fenster und klopfte an. Er hoffte, dass er von seiner Angebeteten nicht nur gehört, sondern auch erhört wurde und sich das Fenster öffnete. So manche beständige Liebschaft hat so am Fenster begonnen.

In beiden Fällen wurden altüberlieferte Sprücherl aufgesagt. Einige Kostproben davon:

„Geh, Mirzi, gib ma a bettwarme Hand!"
„Grüaß di God, scheine Menscherkammer / san die schein Menscher schau schlofa ganga?"
„Hast das g'hört / d'Katz hat g'röhrt / da Hahn hat kraht / hast di schau amoi umdraht?"

Oder schon ein wenig anzüglicher:

„Üban Anga bin i ganga / hab'n ma begengt drei kohlschwarze Moanna / a kurzer, a dicka und a langa / Geh, tat die nit um oan blanga?"

Im Fall einer bereits festen Bindung musste der Bursch bei „seinem Mensch" nur ans Fenster klopfen und leise sagen: „Resi, mach auf, i bin's, dein Seppi" – und schon öffnete sich das Fenster, und der Bursch schlüpfte zu seinem Dirndl ins Zimmer. Mit einer „bettwarmen Hand" alleine gab er sich sicher nicht zufrieden.

In den beiden ersten Fällen lag es am Mädchen, ob es das Fenster öffnete. Manche machte gleich auf, andere ließen sich erst lange bitten und alle Sprücherl heruntersagen. Und manche Maid öffnete überhaupt nicht, sie schien taub zu sein – sei es, weil sie prüde war, sei es, weil sie sich nicht traute, da die Eltern nebenan schliefen, oder einfach, weil es nicht der richtige „Bua" war, der anklopfte.

Natürlich gab es auch Hindernisse. Da war oft ein eisernes Fenstergitter im Weg. Oder die „Menscherkammer" lag im Obergeschoß, und es musste erst eine Leiter besorgt werden. Neider sägten oft einige Sprossen an, oder sie entfernten die Leiter, wenn ein Bursch in der Kammer war. Auch bellende und bissige Haushunde störten das traute Beisammensein – eine mitgebrachte Knacker wirkte da oft Wunder. Und wenn es um seine eigene Tochter ging, war man nie sicher, ob nicht plötzlich der Bauer mit dem Ochsenziemer da war. Auch konnte

Jahreskreis

Bauernhochzeit; Pusterwald, Obersteiermark, um 1900.

es passieren, dass während des Sprücherl-Aufsagens ein Eimer Wasser oder gar der Inhalt der „Mitternachtsvase" von oben heruntergegossen wurde. Schlimm war es, wenn statt des Fensters der jungen Mirzi das der alten, zahnlosen Maari erwischt und dies erst beim ersten Busserl festgestellt wurde.

Auch einem Burschen mit fester Bindung war es oft nicht möglich, zu seinem Dirndl zu gelangen, weil andere Burschen dies verhinderten.

Natürlich gab es auch früher „leichte" Mädchen, die jedem Burschen das Fenster öffneten und ihn auch einließen. Das sprach sich schnell herum, und am Fenster ging es manchmal zu wie in einem Bienenhaus. Einem solchen Mädchen wurde aber auch viel Schabernack angetan, und vor dem Fenster wurden Zeichen gesetzt, die jedem anzeigten, welchen Ruf es hatte. Als Gegenstück dazu flatterten manche Burschen wie die Schmetterlinge von einem Fenster zum anderen und versuchten, ihre Sehnsüchte in einer „Menscherkammer" zu stillen.

Bauernleben

Kirtag

Kirchweihfeste waren Höhepunkte im arbeits- und entbehrungsreichen Bauernleben. Der 1923 geborene Bauernsohn Alois Gatterer erinnert sich, wie es in seiner Waldviertler Heimatgemeinde an diesem Tag zuging.

Rundherum gab es – jeden Sonntag woanders – Kirtag, das Kirchweihfest. Bei uns war es der so genannte „Magdalena-Kirtag", der von uns Jugendlichen schon lang herbeigesehnt wurde. Andere Orte in der Umgebung feierten den „Anna-Kirtag" oder den „Margaretha-Kirtag". Schlecht war es für uns Buben immer dann, wenn unser Kirtag am gleichen Sonntag wie der eines Nachbarortes stattfand, denn – wie ein Sprichwort besagt – man kann mit einem Arsch nicht auf zwei Kirtagen tanzen.

Bei diesem „Sommerkirtag", der zugleich ein großer Jahrmarkt war, ging es für uns Buben immer sehr lustig und lebhaft zu. Um vier Uhr früh begannen die ersten Standlfahrer schon mit dem Aufstellen ihrer Stände. Bis zur ersten Messe um acht Uhr waren sie damit fertig. Rund um den Kirchenplatz entlang des Volksschulgebäudes und am unteren Marktplatz neben der „Schwemme", dem Feuerlöschteich, war alles voll mit Standln.

Sogar ein oder zwei Ringelspiele waren aufgestellt. Sie wurden damals noch von Hand betrieben. Unter den ausgestreckten Holzarmen, wo sich die an Ketten befestigten Sitze befanden, war eine Trittfläche so angebracht, dass sich Buben im Alter von elf bis vierzehn Jahren hineinstellen, die Holzarme erfassen und das Ringelspiel dadurch bewegen und drehen konnten. Je schneller wir gelaufen sind, umso lustiger ging es auf den Sitzen zu. Nach zehn Fahrten konnte jeweils einer der Dreher gratis das Ringelspiel benutzen, und deshalb fanden sich immer genug Buben für diesen Kraftakt.

Von den Eltern gab es höchstens fünf Schilling „Kirtaggöd", manches Mal kamen noch einige Schilling Erspartes dazu, sodass es bei jedem für einige Lose, Schaumrollen, Zuckerln und sogar ein Eis reichte. Meistens hatten wir schon am frühen Nachmittag keine „Marie" mehr. Ich zog es dann vor, die Großmutter aufzusuchen und anzubetteln – fast immer mit Erfolg. Bis zum Abend waren jedoch auch diese erbettelten

Notgroschen im Besitz der Standler, sodass nur mehr das Schauen und Gaffen oder das Drehen beim Ringelspiel als Alternative blieben.

Auch für die Erwachsenen war so ein Kirtag etwas ganz Besonderes. Schon am Vormittag, gleich nach der Zehn-Uhr-Messe, spielte vor dem Gasthaus Traxler die Grafenschlager Musikkapelle lautstark auf. Mehrere Junggesellen sangen lustige Gstanzln, und dazwischen spielte die Musik. Jeder hatte einen Weinkrug oder ein Glas in der Hand, und während kleiner Pausen mussten die Musikanten immer wieder trinken. Zwischendurch wurde fleißig „gejuchezt", bis man dann, wenn genug Leute rundherum versammelt waren, in großer Schar gemeinsam mit der Musik zum Tanzboden hinauf zog. Dort ging es bis zur Mittagszeit lustig zu, und es wurde fest getanzt. Manchmal gelang es uns Buben, unbemerkt den Tanzboden zu erreichen. Wir wurden jedoch meist schnell bemerkt und von den Älteren aus dem Saal verjagt. Die Neugierde trieb uns aber immer von neuem hinauf, ebenso schnell landeten wir wieder unten.

Am Kirtagssonntag wurde daheim groß aufgekocht. Es gab entweder einen heiß ersehnten Braten mit Erdäpfelknödeln und Salat oder Wiener Schnitzel, auch der Guglhupf durfte nicht fehlen. Ausnahmsweise gab es am Abend einmal keine Stosuppe, sondern irgendein festliches Gericht.

Außer dem Sommerkirtag fand auch noch ein Herbstkirtag statt. Das war eigentlich der richtige Kirtag, das so genannte Kirchweihfest, zu Ehren des Heiligen Martin, weshalb er „Martinikirtag" genannt wurde. Auch da gab es wieder einen großen Jahrmarkt mit vielen Standln und meist ein Ringelspiel. Die Tanzunterhaltung fand bei diesem Kirtag im Gasthaus Petz statt, es befand sich in der Nähe der Kirche und der Schule. Die Musikunterhaltung mit Tanz ging gleich nach der zweiten Messe los. Vor dem Gasthaus gab es ein Platzkonzert, bei dem lustige Burschen ihre Vierzeiler vortrugen. Der Herbstkirtag war aber auch für die verheirateten Paare und älteren Eheleute gedacht. Hier war Jung und Alt vertreten, und es ging immer bis zum frühen Morgen lustig zu.

Bauernleben

Die sterbenden Menschen

Die 1924 im Mühlviertel geborene Häuslerstochter Hedwig Duscher war bereits in ihrer Kindheit mehrmals mit dem Tod geliebter Menschen konfrontiert.

Es war Mai 1937, ein Sonntag vor Pfingsten. Mittags kam mein Bruder so fröhlich heim. Er erzählte von der Arbeit, von dem, was sie auf dem Hof, wo er im Dienst war, gerade taten, und von der Bäuerin, dass sie ihm halt oft auch außerhalb der Mahlzeit mal was zu essen gab. Er war entsetzlich dürr, und sie würde ihn schon aufpäppeln. Dann besuchte er seinen Freund, und er musste ohnehin gleich wieder zurück, beinahe zwei Stunden hatte er zu laufen. Singend und pfeifend und voller Fröhlichkeit ging er von zu Hause weg. Und er sagte noch: „Am Pfingstmontag komme ich wieder." Aber der Bruder kam nicht mehr.

Drei Tage später kam die Magd: Der Bruder sei krank, und der Arzt sagt, er kann ihm nicht mehr helfen. Lungenentzündung, Nierenentzündung – da kommt jede Hilfe zu spät. Abends ging der Vater schon todmüde den weiten Weg zu ihm. Ich wollte so gerne mit, aber ich durfte nicht. Meine zwei Schwestern waren auch in der Nähe von diesem Bauern, wo der Bruder war. Die gingen hin, um in der Nacht bei ihm zu sein. Die Bäuerin und auch die Mägde taten alles, was sie konnten. Den folgenden Samstagnachmittag starb er. Der Vater lief wie jeden Tag nach der Arbeit zum Bruder, aber er kam zu spät. Sechzehn Jahre war er alt, ich war dreizehn, eine Schwester vierzehn und eine siebzehn Jahre. Das war so furchtbar, er war doch so fröhlich gewesen, noch vor ein paar Tagen. Wie grausam der Tod sein kann. Der dritte Todesfall in der Familie – und ich war erst dreizehn Jahre alt. Sein Freund, den er besucht hatte, als er eine Woche vorher daheim gewesen war, starb zwei Wochen nach meinem Bruder.

Einige Jahre später, als der grausame Krieg so viele junge Burschen hinwegraffte, da sagten wir uns: Diese beiden haben zu Hause sterben können. Die hätten auch in den Krieg müssen. Und wer hatte das Glück, heil zurückzukommen?

Beinahe in jedem Haus gab es alte, gebrechliche Menschen, auch unter Müttern und Kleinkindern waren Todesfälle häufig. Sie alle wurden nach dem Tod daheim aufgebahrt. Die Totenbahre wurde feier-

Aufbahrung im so genannten Paradebett; Salzburger Pongau.

lich hergerichtet, ein kleiner Tisch mit Kruzifixen und Kerzen. Die Männer richteten die Bahre, alles wurde geschmückt und verdunkelt, die Fenster verhängt. Dies alles geschah, um dem Toten die letzte Ehre zu erweisen. Die Totenwache fand im Haus statt, und gebetet wurde bis Mitternacht. Bei toten Kindern wurde für die armen Seelen gebetet.

Wenn jemand schwer krank war, der musste „versehen" werden. Der Pfarrer kam ins Haus mit der Hostie, ein Ministrant oder der Messner war dabei. Alle Leute, die gerade auf dem Feld arbeiteten, wenn der Pfarrer mit der Hostie vorbeikam, gingen zur Straße, knieten vor dem Allerheiligsten nieder, und der Pfarrer segnete die Leute. Im Haus selbst kamen meist Nachbarn zum Beten zusammen, während der Pfarrer dem Schwerkranken die Beichte abnahm. Es war ein feierlicher Akt. Und so konnte der Sterbende mit Gottes Segen in die Ewigkeit eingehen.

Bei der Totenmesse und beim Begräbnis gab es damals einen Unterschied zwischen den Armen und weniger Armen. Während für die Armen um acht oder neun Uhr die Totenmesse und anschließend die Beerdigung stattfand, so war die Totenmesse der weniger Armen oder bei angesehenen Persönlichkeiten um zehn oder elf Uhr oder gar erst am Nachmittag. Auch am Glockengeläute erkannte man den Unterschied zwischen Arm und weniger Arm: ein kleines Glöcklein für die kleinen Leut', mehrere Glocken für die Persönlichkeiten. Kleinkinder wurden ebenfalls am frühen Nachmittag beerdigt. Das Kind ist ja ein unschuldiges Wesen, und deshalb wurde die Totenmesse auch den armen Seelen gewidmet. Für die Totenmesse hatten die Trauernden Wachsstöckl mit, und während der Messe wurden sie zum Gedenken an den Verstorbenen angezündet.

Advent

Besonders gerne erinnern sich viele Menschen an die Zeit vor Weihnachten, die im Leben der Menschen auf den Bauernhöfen einen besonderen Stellenwert hatte. Das geht auch aus den Erinnerungen des 1928 als Bauernsohn in der Buckligen Welt geborenen Hans Sinabell hervor.

Bei uns daheim fiel der erste Schnee meistens Anfang November. Der Winter hüllte die Landschaft in ein blütenweißes Kleid. Die bäuerliche Welt veränderte sich damit; das Leben auf dem Bauernhof reduzierte sich auf den häuslichen Bereich.

Der Großvater arbeitete in der warmen Küche des Ausnahmsstöckels auf seiner Hoanzlbank, auf der er mit dem Roafmesser, einem Messer mit Holzgriffen an den Enden, nicht nur Holzschindeln, sondern auch verschiedene andere Gerätschaften aus Holz anfertigte. In einer Ecke saß die Großmutter beim Spinnrad und verarbeitete das Werg, die Hanffasern, zu Garn. Von der Tenne her erklang die Melo-

Holztransport mit Schlitten, eine typische Winterarbeit; Lammertal, Salzburg.

die des Drischldreschens oder das Rumpeln der Trommeldreschmaschine. Zum Drischldreschen waren wir Buben noch zu klein, bei der Dreschmaschine waren wir jedoch zum Zureichen der Korngarben gut zu gebrauchen. Das waren typische Winterarbeiten.

Wann immer es möglich war, nützten wir die Freizeit zum Rodeln oder Schifahren. Rodeln erzeugte der Zimmermann, zum Schifahren verwendeten wir Fassldauben, gebogene Bretter eines Fasses. Die Schuhe steckten wir in Lederschlaufen, die in der Mitte der Dauben querüber angenagelt waren. Mit einer Holzstange zwischen den Beinen konnten wir uns vorwärts schieben. War es zum Schifahren zu kalt, saßen wir in Großmutters warmer Küche. Besonders heimelig war es, wenn der Sturm an den Fenstern rüttelte und der Großvater sagte: „Ös brauchts koa Angst hobn, er kann nit eina."

Sobald die Adventzeit anbrach, etablierte sich eine eigenartige Stimmung auf dem Bauernhof. Es schien so, als würden die Menschen spüren, dass ein Wunder bevorstand. Auch die Tiere fühlten sich auf ihren Ständen im Stall wohl. Jeden Abend wurden sie während der Fütterung in den Hof zum Graund, einem gemauerten Wassertrog, zur Tränke getrieben. Der Schöpfer des Brunnens befand sich in der Küche, der Brunnen neben der Außenmauer. Von der Küche führte ein Rohr zum Graund hinunter in den Hof. Vor dem Wassern musste der Graund von der Küche aus vollgeschöpft werden. „Buam, tuats Wosserleitn" (Wasser schöpfen), wies uns der Vater jeden Abend an.

Besonders gern hatten wir den Abend, wenn alle beim Tische saßen, um das Nachtmahl einzunehmen. Der Haushund lag unter dem Tisch. Mutter brachte die dampfende Milchsuppe und den Grumbirnsterz. Draußen herrschte tiefste Finsternis. Damals gab es noch kein elektrisches Licht, wir waren auf die Petroleumlampe angewiesen. Es roch nach gebratenen Äpfeln, die wir Kinder noch vor dem Abendessen aus dem Bratrohr geholt und gegessen hatten. Nach dem Nachtmahl kuschelten wir Kinder uns zwischen die Erwachsenen. Im Ofen knisterte das Feuer, besonders dann, wenn ein Scheit mit Pech durchsetzt war. Wir fühlten uns sicher und aufgehoben. Manchmal wurde auch eine Geschichte erzählt. Jedes Geräusch werteten wir Kinder als ein Zeichen des Christkindes. Es musste sich doch überzeugen, ob wir uns brav verhielten und der Mutter folgten.

Alle vier Wochen kamen mein Bruder und ich zum Ministrieren dran, meistens Anfang November und in einer Adventwoche. Das bedeutete, dass wir schon um fünf Uhr in der Früh aufstehen mussten. Noch vor dem Frühstück, einer heißen Einbrennsuppe, bekamen wir von der Mutter die gefürchtete Schmalzmilch zu trinken. Das war ein Viertelliter heiße Milch, in die man einen gestrichenen Esslöffel Schweineschmalz rührte. Angeblich schützte dieses Getränk vor Verkühlungen. Es hatte den Stellenwert eines wirksamen Hausmittels.

Wintermäntel kannten wir nicht. Zum Schutz vor eisigen Winterstürmen stülpte uns die Mutter Zwilchsäcke über. Diese wiesen drei Löcher auf. Eines am Sackboden für den Kopf und zwei etwas darunter zum Durchstecken der Arme. Um die Leibesmitte wurden die Säcke mit kurzen Stricken zusammengehalten. Wir sahen aus wie die Hirten, die einst dem Stern nach Bethlehem folgten. Bei großer Dunkelheit trug einer von uns eine Windlaterne. Um überhaupt auf die Straße zu gelangen, musste der Vater eine Spur auf dem Zufahrtsweg ausschaufeln. Die Adventmesse, Rorate genannt, begann täglich um sieben Uhr und dauerte eine halbe Stunde. Sie wurde hauptsächlich von älteren Frauen besucht.

Weihnachten

*Der 1922 im Salzburger Pongau geborene Franz Huber wuchs als „Annehm-Bua"
auf verschiedenen Bauernhöfen auf. Der Höhepunkt des Jahres war immer die Zeit
rund um das Weihnachtsfest.*

Mir wor in der Winterzeit nia langweilig. Vor Weihnachten wor das „Großreinmachen". Überall homs putzt, die Kuchldirn hot Böden aufg'rieben und g'waschen, in die Ställ' san Spinnweben und Unrat verschwunden. Man hots g'spürt, dass die heiligen Tag' kemman. A frisches Tischtuach, mit Heiligenbildern eing'stickt, und Tannenzweigerl an allen Ecken – besonders im Herrgottswinkel – hom die Stuben verziert. A Kripperl mit selber g'schnitzte Holzfiguren hot die Kinder besonders interessiert. Mitten am Tisch a große g'weihte Kerzen, alls g'freut sich schon aufs „Christkindl".

Nach dem Rosenkranzbeten wors zum Christbaum-Anzünden. A Tannenbäumerl mit bunten Bandeln, Äpfel und Keks san drauf g'hängt und auf jedem Astl a brennende Kerzen. Die Kinderaugen hom glänzt. Für die Kinder worn Packerl mit Zuckerln und sonstige Kloanigkeiten unterm Baum versteckt. Selber g'strickte Socken oder Handschuah und a Sackerl mit Obst oder Keks san für das Gesinde vorg'segn gwöst. Vom Christbaum derf vorerst nix oba g'numma wern, den lausen die Kinder erst nach'n „Heiligen Dreikönig-Tag" ab. Kletzenbrot, Butter mit Honig, Wuchteln und Krapfen, mit ana hoaßen Milch zum Nachtmahl. Die Knecht hom sogar a Stamperl Schnaps kriagt, und die Weiberleut an Meinl-Kaffee.

Um Mitternacht san alle Leut zur Christmetten ganga. Die Großmuatta mit dö kloan Kinder hot 's Haus g'hüat. Der Pongauer Dom war ganz überfüllt. Im Chorraum homs dös „Halleluja" blosen, alle hom mitg'sungen. Wer den Text nit kennt, bewegt nur die Lippen, weil dös anständiger ausschaut. Laut wors in der Kirchen, wia sunst dös ganze Jahr nit. Der Dechant und die Ministranten worn ganz festlich anzogen. Nach der Metten hot a Bläserquartett vom Turm droben Weihnachtsliader blosn.

Am Christtag wors wieder zum Kirchengehn. So lang wias dö Leut sunst g'wöhnt worn, homs danach nit am Kirchplatz g'ratscht. Alle hom sich tummelt, dass rechtzeitig hoam zum Festessen kemman. Wia sunst bei alle Mahlzeiten hot da Vota 's Tischgebet vorbet'. Dösmal oba ganz besonders feierlich. Der Großvota is im Herbst verstorben, den hot er in sein Gebet eing'schlossen. Alls hot andächtig nachbet'. Meine Augen worn scho vorher beim festlich deckten Tisch, die Beterei hätt gar nit so lang dauern braucht.

Nach dem „Amen" wors dann endli soweit. In a großen Pfann is a Mordstrumm Schweinfleisch in der Bratlfetten g'schwumma. Z'erst das Bratl und a Preiselbeermarmelad, dann no die Fetten mit an Schwarzbrot außatunken. Die Schwarten wor kreuzweis eing'schnitten. Alle hom gnua zum Essen kriagt. Die Knecht hom sich die Fetten vom Schnauzer g'wischt und teilweise g'schmatzt wia a „Fadelsau".

Jahreskreis

Männer beim Eisstockschießen; eine Aufnahme aus dem oberen Murtal, die vermutlich vor dem Zweiten Weltkrieg entstanden ist.

Am Stephanitag wor der Abschluss von der ganzen „Esserei". Oa Knecht hot g'sagt: „Heuer wor zu den Feiertagen gor nit viel los, i hob nur oamal g'spieben." Ganz ohne Arbeit san die Feiertag a nit verganga. Das Vieh wor zum Versorgen; beim „Rauchengehen" hot jeds Stückl Vieh a g'weihtes Brot kriagt. Die letzte Rauhnacht wor vor dem Dreikönigstag. Mit a Kreiden hot der Vota auf alle Türen drei Kreuz aufg'schrieben; auf der Haustür die Anfangsbuchstaben von die heiligen Dreikönig und die Jahrzahl. Dös is dann das ganze Jahr droben g'standen.

Lebenslauf, Weltenlauf

Ein Bauernleben

Der in den Notzeiten nach dem Ersten Weltkrieg in der Nähe von Graz geborene Matthäus Prügger erinnert sich an das Leben seiner Eltern und an die eigene Kindheit.

Meine Eltern, Matthäus und Aloisia Prügger, stammen aus der Pfarrgemeinde Semriach. Beide Großelternpaare waren Landwirte. Die Eltern meines Vaters hatten acht Kinder, die meiner Mutter zwölf, die Erträgnisse dieser steilen Bergwirtschaften waren karg und reichten kaum zur Sättigung der beiden großen Familien. Die Landwirtschaft der Eltern meines Vaters war 25 Hektar groß, davon viele unproduktive Flächen. Es war daher auch nicht möglich, die Kinder mit der nötigen Kleidung zu versorgen. Hosen und Röcke für die Arbeitskleidung wurden aus Jutesäcken hergestellt, das grobe Leinen aus selbst angebautem Hanf erzeugt. Aus Kleidermangel war meinem Vater der Schulbesuch nicht möglich. So konnte er sein Leben lang weder lesen noch schreiben. Trotzdem war er später als Vieh- und Holzhändler sehr erfolgreich.

Mein Vater war eine heitere Natur, konnte aber auch sehr streng sein. In seiner Jugendzeit lieferte er viele Streiche, wovon er mir oft und gerne ausführlich erzählte. Ein kleiner, schmächtiger Mann voll Zähigkeit und Energie, flink und kräftig. Seine Kindheit war trist. Selten hat er sich satt essen können. Als er acht Jahre alt war, starb sein Vater im Alter von 56 Jahren. Die Mutter konnte die Landwirtschaft wegen zu hoher Überschuldung nicht mehr weiterführen. Sie kam zur Versteigerung. Die Kinder kamen bei anderen Bauern der Gemeinde als landwirtschaftliche Hilfsarbeiter unter. Da vom Verkauf kein Geld übrig geblieben war, wurde meine Großmutter, Mutter meines Vaters, in einem „Getreidehäusl" untergebracht. Sie ernährte sich vom Beeren-, Pilze- und Kräutersammeln. Später nahm sie der Holzhändler

Bauernleben

Anton Krammer aus St. Veit bei Graz als Haushaltsmagd auf, wo sie im Jahre 1927 verstarb.

Mein Vater kam im Alter von acht Jahren zu einem Bauernhof als Viehhüter. Hier hatte er wohl genug zu essen, doch blieb für den Schulbesuch keine Zeit, da er in der Folge alle Landarbeiten verrichten musste. Dafür bekam er die Verpflegung und jährlich ein Paar Schuhe sowie eine Arbeitshose und einen Arbeitsrock. Bargeld gab es keines. Nur an jenen Sonntagen, an denen er die Kirche besuchen durfte, bekam er ein Zehrgeld für eine Suppe.

Nach vier Jahren übersiedelte mein Vater zu einem anderen Bauern. Hier waren die Verhältnisse kaum anders, nur die Verpflegung war schlechter. Auch hier gab es kein Bargeld. Im 21. Lebensjahr rückte er im Jahre 1900 zum k.u.k. Militärdienst, Schützenregiment Nr. 3, ein. Nach dreijährigem Militärdienst kam er in der Landwirtschaft des Holzhändlers Anton Krammer in Präbichl bei Semriach unter. Hier erhielt er endlich einen fixen Lohn.

Im Jahre 1911 heiratete er die Bauerntochter Aloisia Papst, die Drittjüngste von zwölf Geschwistern. Gemeinsam pachteten sie nun die Landwirtschaft des Besitzers Krammer, wo mein Vater als Knecht beschäftigt gewesen war. Da sich meine Eltern keine Arbeitskräfte leisten konnten, mussten sie selbst hart arbeiten, täglich vom Morgengrauen bis in die späte Nacht, 16 bis 18 Stunden. Drei Jahre später, im Jahre 1914, brach der Erste Weltkrieg aus. Mein Vater musste sofort einrücken und kehrte erst im Jahre 1919 aus der Kriegsgefangenschaft in Sibirien zurück. In dieser Zeit hatte meine Mutter die ganze Last der Bewirtschaftung zu tragen. Zusammen mit einem jungen Mädchen und einem alten Knecht musste sie sämtliche Arbeiten im Rinder- und Schweinestall, in der Küche und auf dem Felde durchführen. Es herrschte große Not. Alles Vieh musste abgeliefert werden. Das tägliche Mittagessen bestand aus Rüben und ab und zu Kartoffeln. Fleisch gab es kaum mehr. Meine beiden Schwestern wurden in den Jahren 1912 und 1915 geboren, ich im Herbst 1919.

Als mein Vater aus der Gefangenschaft zurückgekehrt war, musste er die gepachtete Landwirtschaft aufgeben, da der Besitzer sie wegen des Nahrungsmittelmangels selbst bewirtschaften wollte. Nach langem Suchen fanden die Eltern eine Kleinhäuslerkeusche auf einem Berg in

Lebenslauf, Weltenlauf

Matthäus Prügger (rechts, mit dem Hut), seine Eltern, seine Schwestern und der Knecht mit den beiden Rössern; Präbichl bei Semriach, Steiermark, um 1933.

der Gemeinde St. Stefan bei Gratkorn. Hier verrichtete mein Vater Taglöhnerarbeiten bei den Bauern der Umgebung, während meine Mutter die kleine Pachtwirtschaft mit zwei Kühen, zwei Schweinen und zwei Schafen bearbeitete.

Von einer Stelle dieses Berges aus konnte man auf die Landstraße von Graz nach Bruck in das Murtal sehen. Hier verbrachte ich die meiste Zeit. Ein- oder zweimal am Tag sah ich ein Motorrad oder Auto, das heißt, ich sah einen schwarzen Punkt und eine riesige Staubwolke dahinter. Dieser Anblick von einem Gefährt ohne Gespann war für mich so faszinierend, dass ich stundenlang darauf warten konnte. Im Übrigen sah man auf der Straße nur Pferde- und Ochsengespanne. Auch in unserer neuen Behausung quälte uns Kinder ständig der Hunger; vor allem hatten wir immer zu wenig Brot. Von den Nachbarskindern, deren Eltern größere Landwirtschaften besaßen, bekam ich öfters ein Stück Brot oder Äpfel.

Im Jahre 1923 starb mein Großvater, der Vater meiner Mutter. Eines Tages erhielt meine Mutter die Nachricht, dass sie nach ihrem Vater 2000 Kronen geerbt habe. Offensichtlich hatte sie nicht damit gerechnet, weil sie außer sich vor Freude war. Sogleich fassten meine Eltern den Plan, damit eine kleine Landwirtschaft zu kaufen. Jeden Abend besprachen sie die Situation, schmiedeten Pläne, und am Sonntag gingen sie käufliche Wirtschaften besichtigen. Es dauerte lange, bis sie etwas Passendes gefunden hatten, was ihren Vorstellungen und auch dem zur Verfügung stehenden Geldbetrag entsprach. Ihre Freude war groß, endlich selbst eine Landwirtschaft zu besitzen und nicht mehr siedeln zu müssen.

Das Geld war bei der Sparkasse in Frohnleiten deponiert. Als alle Formalitäten so weit gediehen waren, dass dem Kauf und der grundbücherlichen Übereignung nichts mehr im Wege stand, fuhren sie nach Frohnleiten, um das Geld zu beheben. Unterwegs hatten sie schon ganz aufgeregt erzählen gehört, dass über Nacht das Geld abgewertet worden sei. Tatsächlich erfuhren sie bei der Sparkasse, dass es ein neues Geld, nämlich Schilling anstatt Kronen, gab. Ihre Erbeinlage in der Lohe von 2000 Kronen wurde ihnen bar ausbezahlt; es waren 20 Groschen. Als sie nach Hause gekommen sind, setzte sich die Mutter auf den Brunnentrog im Hof und weinte. Sie sagte zu mir: „Motzerl" (das war mein Kosename), „jetzt sind wir Bettler!" Mein Vater sagte, es wird schon wieder weitergehen. Wenn wir fleißig arbeiteten, würde uns der Herrgott nicht verlassen. Obwohl ich erst vier oder fünf Jahre alt war, kann ich mich an diese Situation sehr gut erinnern.

Mein Vater arbeitete noch mehr, und es wurde noch mehr gespart. Im folgenden Jahr 1925 kam der Besitzer der Landwirtschaft in Präbichl, die meine Eltern nach dem Ersten Weltkrieg aufgeben hatten müssen, und überredete meine Eltern, seine Wirtschaft wieder zu pachten. An einem kalten Wintertag im Jänner 1925 fuhren wir mit unserem kärglichen Hab und Gut mit einem Pferdewagen zu unserer alten Wirtschaft nach Präbichl bei Semriach.

Ein Jahr später kam meine jüngste Schwester zur Welt und für mich begann die Schulzeit. Vier Kilometer, über Berg und Tal, hatte ich täglich zur und von der Schule zurückzulegen. In den Wintermonaten war es finster, wenn ich vor 7 Uhr morgens wegging und nach 18 Uhr abends nach Hause kam. Heimzu brauchte ich über den steilen Berg länger. Der Unterricht dauerte täglich von 8 bis 12 und von 13 bis 15 Uhr und an bestimmten Tagen bis 16 Uhr. Der Donnerstag war schulfrei. Die Schule hatte nur einen Klassenraum für alle Abteilungen. Es waren 70 bis 85 Kinder darin untergebracht, die von nur einem Lehrer unterrichtet wurden. So hatte ich in allen acht Schuljahren denselben Lehrer.

Bis zu meinem achten Lebensjahr schlief ich in der Bauernstube in einem so genannten Tafelbett. Das war eine große Bretterkiste; tagsüber mit einem Holzdeckel versehen, diente es als Abstellfläche. Die Unterlage war ein mit Stroh gefüllter Jutesack. In diesem Stroh hatten sich Mäuse eingenistet. Denen taugte es in diesem Nest ungeheuer, denn sie ließen sich nicht vertreiben. Nach jedem Strohwechsel kehrten sie wieder zurück. Noch ärger waren die Flöhe. Mein Hals sah aus wie eine Regenbogenforelle, ein roter Punkt neben dem andern.

Meine beiden Schwestern, die in der gleichen Stube ihre Betten hatten, trugen eine lange Haartracht, die jeden Morgen zu Zöpfen geflochten werden mussten. Sie hatten mit den Läusen zu kämpfen, die sie sich gegenseitig vom Kopf holten. Sie wuschen die Haare mit Petroleum und rieben sie dann mit Klettenwurzelöl ein. Aber immer wieder brachten sie von der Schule eine neue Portion Läuse mit nach Hause. Eigenartigerweise überkamen mich die Läuse kaum – vielleicht deswegen, weil ich immer ganz kurze Haare hatte. Nur in den dicken Trikotunterhosen, die ich im Winter trug, fanden sich Läuse.

In der Stube, wo wir drei Kinder schliefen, hielt sich das Gesinde in der arbeitsfreien Zeit auf. In einer Ecke stand ein großer Tisch mit einer Eckbank und zwei langen Bänken. Hier wurden die Mahlzeiten eingenommen, zu denen sich alle Hausleute versammelten. Als ich acht Jahre alt war, war in der Stube zu wenig Platz, dass ich dort hätte weiterhin schlafen können. Ich wurde in der Futterkammer des Wirtschaftsgebäudes, beim Stallknecht, untergebracht. In der kalten Jahreszeit schliefen wir im Stall. Da ich nur ein Paar Schuhe für den Schulbesuch besaß, waren diese im Winter immer nass und eisig kalt. Im Stall war es wohl warm, doch trockneten die Schuhe und Kleider nie. Es war herrlich, im Stall zu schlafen, die würzig duftende Reisigstreu oder der Duft der Laubstreu waren wunderbar. Im Stall befanden sich zwei Ochsen, sechs bis acht Jungtiere und fünf bis sechs Kühe. Meine Eltern hatten sich sehr rasch emporgearbeitet, sodass wir einige Jahre nach dem Krieg genügend zu essen hatten.

Manchmal legte ich mich in den Futtertrog der Rinder schlafen. Ich hatte es gerne, wenn mir die Rinder mit ihren rauen Zungen die Haare leckten. Oft nächtigten auch Bettler bei mir im Stall. Es verging selten ein Tag, wo nicht ein Bettler um ein Nachtquartier vorstellig wurde. Jeder bekam eine Mehlsuppe und ein Stück Brot vor dem Schlafengehen. Zündhölzer wurden ihnen vom Vater abgenommen, wegen der Brandgefahr. Diese Bettler erzählten oft bis spät in die Nacht die tollsten Geschichten, und ich konnte nie genug davon hören.

Die Mutter

Vom Schicksal ihrer aus einer Bauernfamilie stammenden Mutter erzählt die 1924 im Mühlviertel geborene Häuslertochter Hedwig Duscher.

Meine Mutter stammte aus Böhmen, ihre Eltern waren Bauern. Ein Bruder bekam das Bauernhaus, einer ist im Ersten Weltkrieg gefallen. Die Mutter kaufte von einer kleinen Erbschaft das Häusl, in dem wir wohnten. Wir besaßen einen Gemüsegarten, einen Obstgarten und weit draußen noch ein Grundstück. Diese Wiese, die eigentlich in Böhmen lag, tauschte sie irgendwann mit einer Wiese in Österreich. Hätte sie das nicht getan, hätten wir nach dem Zweiten Weltkrieg das Grundstück verloren.

Meine Mutter ging in Haslach in die Weberei. Schon um fünf Uhr früh musste sie weg zur Tagschicht, bis sechs Uhr abends, dann eine Stunde heim, die Kühe füttern und eben die ganze Hausarbeit. Verdient hat sie wenig. Wie sie das gemacht hat, als sie 1914 ein Mädchen gebar? Der Vater des Kindes ist schon 1914 gefallen. 1919 hat sie meinen Vater geheiratet, da war sie schon 34 Jahre und der Vater 32 Jahre alt. Und trotzdem kamen noch fünf Kinder auf die Welt. Manchmal war die

Lebenslauf. Weltenlauf

Großmutter bei uns, aber nicht sehr oft. Mutter ging arbeiten, und ihre Älteste betreute uns. Das zu lange Ausbleiben in der Fabrik hätte sie die Arbeit gekostet. Vater war Maurer, der war im Winter arbeitslos. Das Arbeitslosengeld – zum Verhungern zu viel, zum Leben zu wenig.

Als unsere Mutter vierzig war, wurde sie krank. Das war im Sommer 1930, Mutter kam ins Spital, die Älteste ging arbeiten. Ein Bauer vom Dorf kam mit Pferd und Leiterwagen, viel Stroh darauf und Decken. So wurde Mutter zum Bahnhof gefahren. Auf diese Art transportierte man früher Kranke. Die älteste Schwester machte die Arbeit der Mutter. Ein Bruder und zwei Schwestern gingen schon zur Schule, und ich wurde im September ebenfalls eingeschult. Der Vater besuchte die Mutter im Spital, zum Fahren hatte er kein Geld, so ging er zu Fuß nach Linz und zurück. Das waren so an die hundert Kilometer. Er sagte, das macht ihm nichts, im Krieg habe er auch so weit gehen müssen. Am Montag musste der Vater wieder zur Arbeit.

Irgendwann kam die Mutter wieder heim, aber nicht lange. Bald musste sie ins Spital nach Haslach. Und wieder kam der Bauer mit Pferd und Leiterwagen. Wir Kinder durften in der Mittagsstunde zur Mutter ins Krankenhaus gehen. Sie schenkte uns eine Orange, die wir durch vier teilten. Das war die erste in meinem Leben, mit meinen sechs Jahren kannte ich den orangen Apfel gar nicht. Meine Geschwister weinten immer, wenn wir weggingen. Ich weinte auch mit, aber ich wusste nicht, warum. Ich meinte, sie weinen deshalb, weil sie daheim alles Mögliche tun müssen, was ansonsten die Aufgabe der Mutter war.

Eines Abends gingen Vater, die große Schwester und die Nachbarn fort zur Mutter. Das war die Nacht, als die Mutter starb. Am nächsten Tag streichelte mir der Lehrer in der Schule die Wangen und weinte. Ich weinte auch, aber ich bekam gar nicht mit, was geschehen war. Die Geschwister sagten: „Wir haben keine Mutter mehr." Wir gingen noch einmal ins Krankenhaus. So hab' ich die Mutter in Erinnerung: das schöne Kleid, das sie so gerne anhatte, das Kopftuch, den Rosenkranz mit den großen Perlen. Wir beteten, dann gingen wir wieder. Bei Mutters Begräbnis war's bitter kalt. Wir hatten nichts Gescheites zum Anziehen, so suchte die Nachbarin Brauchbares zusammen. Aber die jüngste Schwester durfte nicht mit.

Bauernleben

Wie es so ging, ein Jahr ohne Mutter, das erzählten mir später die Schwestern. Zuerst war Vater daheim, es war ja Winter und er arbeitslos. Im Frühling, als Vater arbeitete, kümmerte sich die zweitälteste Schwester um uns. Sie war damals zehn Jahre alt, von der Schule blieb sie daheim. Die Großmutter war krank und starb einige Monate nach meiner Mutter. Ein Jahr später heiratete der Vater zum zweiten Mal. Die Älteste war fort, die Zweite mit elf Jahren musste in den Dienst als Kindermädchen in ein Gasthaus. Wie sie die Eltern reden hörte, dass sie weg muss, lief sie in unsere Laube und weinte. Die Nachbarin tröstete sie. Aber es half nichts. Wir anderen hatten Glück, wir konnten die Schule fertig machen, ohne dass wir weggegeben wurden.

Solche Fälle wie bei uns hat es Hunderte gegeben. Frauen starben oft im Kindbett, die meisten, wenn schon einige Kinder da waren. Die viele Arbeit, jedes Jahr ein Kind, unterernährt – vorwiegend waren es Frauen von Häuslern –, die Geburten zu Hause, meist fehlte die nötige Pflege. Die Hebammen gaben sich viel Mühe, aber das Kindbettfieber trat häufig auf. Niemand konnte helfen. Die Frauen starben dahin. „Das ist Schicksal, das passiert immer wieder …", so redeten die Leute. Was geschah mit den Kindern? Meistens so wie bei uns. Fortwursteln, bis der Vater wieder eine neue Frau heiratete.

Ankunft in der Fremde

Bereits mit zehn Jahren musste die 1926 geborene Kleinhäuslerstochter Anna Siebenhandl ihre Eltern verlassen und kam als Ziehkind auf den Bauernhof von entfernten Verwandten „in Dienst". Gemeinsam mit ihrer Mutter unternahm sie die erste Bahnfahrt ihres Lebens.

Der Zug fuhr in die Station ein, wo das Ziel unserer Reise war. Das endgültige Ziel erreichten wir erst nach einem neuerlichen Fußmarsch von einer guten halben Stunde. Dieser Ort, der nunmehr für viele Jahre meine Heimat werden sollte, lag abseits der Bahn. Es sah nun doch alles viel anders aus, als ich es mir ausgemalt hatte. Ich hatte ein flaues Gefühl im Magen, im Hals saß mir ein riesiger Kloß, der mit je-

Nach dem Tod seiner ersten Frau heiratete Anna Siebenhandls Vater ein zweites Mal (rechts außen die Autorin als Brautjungfer); um 1940.

dem Würger immer größer zu werden schien. Die Mutter sprach tröstend auf mich ein, denn auch sie merkte, wie mich der große Mut verlassen wollte. Ich glaube, wenn ich meine Kinder so weggeben hätte müssen, mir wäre das Herz zerbrochen.

Die Bauern werkten auf den Feldern, die Ernte war in vollem Gang. Vollbeladen und ächzend rollten Erntewagen an uns vorüber. Da und dort sah man große Heuschwaden und Kleeschober. Auf einem Feld wurde mit einer Mähmaschine Klee gemäht. An einem Rain wiederum saßen eine Menge Erntearbeiter bei der Jause, die den ganzen Sommer über meist im Freien eingenommen wurde. Die Bäume an der Straße warfen nur spärliche Schatten, und in dieser erbarmungslos brütenden Hitze rann der Schweiß von der Stirn, der sich mit einigen unterdrückten Tränen vermischte. Der Milchfahrer brachte die leeren Kannen zurück von der Molkerei, er fuhr an uns vorüber, und das Geschepper der Kannen war noch lange und weithin zu hören.

Der Durst plagte mich, wir hatten aber nichts mehr zu trinken. So nahm ich ein paar Mostbirnen auf, sie lagen in Mengen auf der Straße und im Graben. Sie haben einen sauren, klebrigen Geschmack, aber sie sind saftig und stillen einigermaßen den Durst. Die Bauern erzeugten aus diesen Birnen Most, den alltäglichen Trunk im Haus und auf dem Feld.

Endlich kamen wir in dem kleinen Dorf an, das nur aus sieben Häusern bestand. Aber trotzdem war es ein Ort, in dem es sich leben ließ. Allerdings brauchte ich lang, mich einzugewöhnen. Durch diesen winzigen Ort floss ein schöner Bach. Meine ganze Aufmerksamkeit richtete sich auf die Schleuse, diese diente den Dörflern zum Schwemmen der Wäsche und gelegentlich auch zum Baden.

Auf dem Hof herrschte geschäftiges Treiben. Es war ein beachtlicher Besitz – ein stattlicher Vierkanthof mit allem, was dazugehört. Der Hofhund, ein schöner Wolfshund, kam bellend auf uns zu und musste vom Herrn an die Kette gelegt werden. Mitten im Hof befand sich ein riesiges Betonviereck, es war der Misthaufen. Rundum war der Hof sauber gekehrt. Vor dem Stall standen an einen Wagen gespannt zwei wunderschön glänzende Pferde. Aus dem Schuppen marschierte eine Schar schnatternder Gänse, ein beachtliches Hühnervolk tummelte sich. Das alles waren Eindrücke, die mich im Moment etwas ablenkten. Mit Tieren hatte ich vordem kaum etwas zu schaffen gehabt, war diesen eher ausgewichen. Nun erwartete mich ein völlig anderes Leben, das wurde mir gleich mit aller Deutlichkeit bewusst.

Als wir ins Haus eintraten, trafen wir fast das gesamte Hausgesinde an. Wir begrüßten alle, die künftigen Pflegeeltern, die alte Großmutter, die Haustochter, eine Nichte der Hausleute und Dienstboten. Ich hielt Ausschau nach einem Kind, denn mir wurde bang vor so viel Erwachsenen. Tatsächlich kam etwas schüchtern, aber auch neugierig ein Junge in meinem Alter herein. Zwar hatte ich nie besonderes Interesse an Buben, aber in dieser Lage war ich richtig erleichtert, nicht ganz einsam unter lauter Erwachsenen zu sein.

Erst einmal wurden wir recht gut bewirtet, es wurde dies und jenes besprochen, worüber es bald Abend wurde. Die Mutter blieb über Nacht, und ich durfte die letzte Nacht mit ihr zubringen. Aber auch der Schlaf war von der Trennung überschattet. Am Morgen musste die Mutter wieder abreisen, weil ja der Vater und der jüngere Bruder sie zu Hause erwarteten. Da flossen die ersten bitteren Tränen in meinem so jungen Leben in der Fremde. Die Leute am Hof waren mir eigentlich nicht ganz fremd. Es waren entfernte Verwandte. Die Bäuerin war die Firmpatin meiner Mutter, und die Tochter wieder führte mich zur Firmung. Ich musste sie auch Frau Godl nennen, denn das war so üblich.

Die erste Zeit war schrecklich, ich kann nicht mehr sagen, wie oft ich mich in den Schlaf weinte. Post, die hin und wieder einlangte, wühlte mein Gemüt jedes Mal von neuem auf.

Als Zehnjährige ging ich schweren Herzens von zu Hause fort. Ich sah aber ein, dass ich das Angebot hatte annehmen müssen, weil mir eine gesicherte Zukunft versprochen worden war. In dieser armseligen Lage, in der wir uns befanden, war nichts anderes möglich. Das war mir mit meinen zehn Jahren schon bewusst. Allerdings, das Leben in der Fremde kann bitter hart sein. Soziale Verhältnisse und Lebensstandard waren zur damaligen Zeit, besonders für Arbeiter und Landwirtschaftsbedienstete, so schlecht, dass keine andere Möglichkeit bestand, als die Kinder so früh als möglich in der Fremde unterzubringen. Es durfte auch kaum mehr ein Kind zu den Eltern zurückkommen, es hieß ausharren. Das Elend zu Hause hätte in vielen Familien nur Kummer, Zwist und Hader ausgelöst. Eine Trennung über viele Kilometer hinweg hatte zur Folge, dass man die Eltern im Jahr höchstens einmal oder durch Jahre hindurch überhaupt nicht besuchen konnte. Es bedeutete für viele fast einen Abschied für immer.

Bauernleben

In den Dreißigerjahren

Die Eltern des 1920 geborenen Heinrich Paar bewirtschafteten eine kleine Hube am Pogusch bei St. Lorenzen im Mürztal. Der Vater war als Holzknecht tätig. 1930 kam der kleine Heinrich auf den Hof seines Großonkels.

Von der Familie Schattleitner wurde ich als Ziehsohn und künftiger Hausgenosse freudiger empfangen, als ich erhofft hatte. Mein Bett hatte ich im ersten Stock im Zimmer des alten, pfeifenrauchenden Anton Schattleitner, der des Bauern Vater und mein Urgroßvater war. Nach dem Abendessen, während die Sonne noch hell ins Zimmer schien, kniete ich neben meinen Urgroßvater auf den Betschemel hin und betete mehrere Vaterunser.

Mein Urgroßvater war sehr jähzornig. Während wir einmal beim Holzhacken waren, warf er mir die Hacke nach, und leider fehlte er nicht ganz. Zum Glück war mein Großonkel in der Nähe, auf seinen Anruf hin ließ der Alte von mir ab, aber immer wieder schrie er: „I schlog di o, du Lausbua du!" Solche Vorkommnisse verursachten bei mir zunehmend Angstzustände beim Schlafen neben ihm.

Später durfte ich nicht mehr beim Urgroßvater im Zimmer schlafen, sondern musste zu den Rindern in den Stall. Ja, die Knechte und auch die Söhne, an die vier bis sechs Männer, schliefen im Stallgebäude in Strohkisten neben dem Vieh. Die Leintücher und Decken waren von der feuchten und stickigen Luft ebenfalls feucht und schwer. Vom nebenan liegenden Vieh vernahm man das beklemmende Rasseln der Anlegeketten, und in der Finsternis spürte man umso eindringlicher die warme tierische Ausdünstung. Wenn man frühmorgens vom Krähen des Hahnes geweckt wurde, so war das eine Erlösung aus dieser Erniedrigung des Menschen, obwohl man noch allzu gern geschlafen hätte. Was die Knechte und Söhne jahrelang ausgehalten hatten, daran musste auch ich mich gewöhnen.

Man fragt sich: Wie ist denn das möglich, dass Menschen wie Vieh im Stall gehalten werden? Ja, es war so! Die Ursache dafür lag nicht in finanziellem Unvermögen, sondern in dem sozialen Unverständnis und Geiz des Besitzers. Das Wohnhaus hatte eine Küche, ein Esszimmer, eine Speis, eine Kleiderkammer, ein Schlafzimmer für die Besit-

Lebenslauf, Weltenlauf

Drei Bauernburschen im Sonntagsstaat; Pusterwald, Obersteiermark, um 1900.

Bauernleben

zer, ein Dienstmädchenzimmer, ein Zimmer für den Urgroßvater und ein Wohnzimmer, das zur Getreideaufbewahrung benützt wurde. Außerdem hätte man noch zwei große Zimmer durch den Ausbau des Dachbodens gewinnen können. Platz wäre also genug vorhanden gewesen, doch es fehlte der Wille. Um die Zimmer einzurichten, hätte man natürlich Geld hineinstecken müssen, und das kam dem Besitzer nicht in den Sinn. So war es bei den meisten Bergbauern und auch im Mürztal der Brauch, dass die Burschen ihre Schlafstätte im Stall hatten – da war es ohnedies schön warm! Sonntags gingen die Söhne, sauber gewaschen, im feschen Steireranzug mit Krawatte, Hut und glänzenden Schuhen stolz in die Kirche, für die Nacht mussten sie wieder in das nasse, dreckige Stallbett kriechen. Nach Eintritt der ersten Maitage wurde das miefige Stallquartier mit dem luftigen Wagenschuppen oder mit dem Strohschuppen ober dem Schweinestall vertauscht, wo man über die Sommerszeit wenigstens frische, gesunde Luft atmen konnte.

Die Zeiten wurden immer noch schlechter statt besser. Die Kaufhäuser waren wohl mit Waren gefüllt, in den Auslagen waren schöne Kleider, Mode- und Luxuswaren zu sehen, aber nur wenige konnten sich das leisten, viele hatten nicht einmal genug Geld für den nötigsten Lebensunterhalt. In den Städten herrschte Massenarbeitslosigkeit. Viele junge, kräftige Burschen „walzten" durch die Straßen des Landes, um sich nur irgendwie durch das Leben zu bringen. Immer wieder klopften Bettler an die Türen der Bauernhäuser. Jeder Bauer hatte damals vier bis sechs Knechte, welche im Monat für 15 bis 20 Schilling Lohn und das „Bett" im Stall schwer arbeiten mussten. Im Februar 1934 kam die Nachricht vom Putsch des Schutzbundes, der auch das Mürztal erfasste. Man hörte Gewehrschüsse, das Knattern von Maschinengewehren und sogar Kanonenschüsse, denn das dem Heimatschutz zu Hilfe eilende Bundesheer rückte von Graz her mit Artillerie gegen Bruck vor und bereitete dem Arbeiteraufstand nach wenigen Tagen ein bitteres Ende. Der Arbeiterführer Koloman Wallisch wurde auf der Flucht erkannt und in Leoben hingerichtet. Nun herrschte zwar Ruhe, aber der Hass nahm zu und die Zwietracht wurde immer spürbarer, auch bei uns im Dorf. Meines Großonkels Leute waren, wie fast alle Bauern, beim Heimatschutz.

Der Vorfrühling hielt in unseren Bergen Einzug, als der Großonkel mir eines Tages sagte, dass meine Eltern von der Gemeinde St. Lorenzen ausgewiesen würden und vom Hochegger wegziehen müssten. Jahrelang arbeitslos, Schulden machend in der Hoffnung auf bessere Zeiten – so hatten meine Eltern mit vier meiner Geschwister am Hochegg ein kärgliches Dasein gefristet, bis durch eine Schweinepest, als sie vier große Schweine eingraben mussten, die letzte Hoffnung auf eine Rückerstattung der Schulden zunichte gemacht wurde. So kam es zum letzten Akt in diesem traurigen Spiel, zum Auszug von Lorenzen nach Kapfenberg.

In der damaligen Zeit war jeder österreichische Staatsbürger einer bestimmten Gemeinde „zuständig", wo er das so genannte „Heimatrecht" besaß. Diese Gemeindezuständigkeit richtete sich nach dem Vater bzw. dem Haushaltsvorstand. Da unser Vater ein „lediges" Kind war, waren er und seine ganze Familie nach Kapfenberg, der Gemeinde seiner Mutter, zuständig.

Der Tag der Aussiedlung war festgelegt, und so erwartete ich am 8. März 1934 als vierzehnjähriger Bub an der Reichsstraße vor dem Schirmitzbühel den Durchzug meiner Eltern. Ich sah sie von St. Marein herankommen: Zwei Leiterwagen, von Pferden gezogen, beladen mit zwei Betten, einem Tisch und einigen Sesseln, einem Hängekasten und einem Schubladekasten, einem kleinen eisernen Öfchen, etwas Holzvorrat und dem Holzknechtwerkzeug des Vaters –, das war alles, was sie nach der Bezahlung der Schulden noch besaßen und mitnehmen konnten. Auf dem vorderen Wagen saß die Mutter, bedeckt mit einem weißen Kopftuch, auf den Armen die zweijährige Gisela. Es war ein Anblick, den ich mein Leben lang nicht vergessen kann – heimatlos, wie Bettler und Zigeuner zogen sie dahin. Ein kurzes Halten und noch ein Blick zurück zur verlassenen Heimat am Berge, hinauf zum Hochegger, dessen Wiesenhänge, Stallgebäude und Hausfichten am „Kögerl" man von jener Stelle aus so gut sehen konnte, – dann zogen sie weiter gegen die Stadt ins Ungewisse hinein. Und ich stand verloren an der Landstraße und blickte als Zurückgebliebener einsam meinen Eltern nach.

Damals redeten die Bauersleute über diesen traurigen Fall, manche höhnten und sahen mich als Bettelbub an, was mich wohl ärgerte, aber

Bauernleben

mehr noch beschämte wegen der Erniedrigung meiner Eltern. Aber das rief den Ernst des Lebens in mir wach und weckte den Willen zu arbeiten, um den Eltern zu helfen und uns allen wieder Ansehen zu verschaffen.

Als am 1. Juni 1934 mein letzter Schultag war, konnte ich ob meines Könnens, obwohl ich als Raufer bekannt war, ein Entlassungszeugnis in Empfang nehmen, in dem lauter „Sehr gut" und „Gut" standen. Viele weinten bei der Schulschlussveranstaltung. Mir kam keine Träne, aber mit welcher Wehmut ging ich hinaus, um dem Lehrer zu danken und mit Händedruck von ihm und der Schule Abschied zu nehmen. Gerne wäre ich noch weiter zur Schule gegangen, der Drang zu lernen bohrte in mir. Stattdessen begann nun die härtere Schule der Arbeit und des Lebens.

Ein Schüler

Der 1922 im Pongau geborene Franz Huber hatte als Ziehkind bis zu seinem Schuleintritt bereits mehrmals die Koststelle wechseln müssen. Wie für viele andere bestand auch für ihn keine Gelegenheit, eine weiterführende Schule zu besuchen.

Eigentli wor i koa schlechter Schüler nit, wegen der Summabefreiung wor oba viel zum Nachlernen. Die Bürgerschul' hätt i scho derpackt. Nachdem i nur für a armes Bauernknechtl vorg'segn wor, wär die Bürgerschul' a außig'schmissenes Geld. Geld wor damals Mangelware, und der Lauser muass eh erst die Kost abdeana. Die Zeit wor damals saumäßig schlecht, übers Essen derf i mi oba nit beklagen. Wonn a die Kost oanfach wor, Hunger leiden hob i nit brauchen. Fleisch und Butter worn überall Mangelwar'. A Müasl mit Margarina außabacken oder Krapfen als Hauptspeis, Brot, Milch und Äpfel für d'Jausen hots allweil no geben. Geld hob i zu dera Zeit nia oans g'hobt.

Do geht ma wieder grod wos durchs Hirn: Wia i die letzten Jahr in d'Schul' ganga bin, hom die zwoa ältern Buam vom Hof – meine Ziahbrüader – zum Schulgehen ang'fangen. Im Herbst wor Kirtag, dö zwoa Buam hom jeder an Doppelschilling kriagt. I hob nix g'hobt und dö

Lauser hom mi ausg'spöttelt. Mir wor zum Rearn z'Muat. Wia wonn der Herrgott Mitleid mit mir g'hobt hätt, is mir der Onkel Rupert, der Schüttbauer z'Wagrain, über den Weg g'laufen. An großen Stanitzel voll Lebkuchen, Zuckerln, Bockshörndl und Pamerantschen hot er mir kauft. So viel guate Sachen hob i vorher mei Lebtag nit g'hobt. An Teil davon hob i glei verzunden, den Rest hob i hoamtragen und mit die kleanern Kinder teilen müassen. Eigentli a Ungerechtigkeit, weil mir hot von eahna a koana wos geben.

An das Gwand hob i damals a koane Ansprüch stellen könna. Im Summa bin i barfuaß g'laufen. Die Schuach für den Winter hot der Störschuasta g'mocht. Dö san so lang mit Lederfleck übernaht worn, bis die Fuaßschmerzen wegen der kloanen Schuahgröß' nit mehr zum Aushalten worn. Für Sunntag selba g'strickte Stutzen, fürn Wochentag Schuachfetzen aus an verschlissenen Leintuach hob i tragen. Zum Arbeiten a rupferne Pfoad ohne Kragerl, dö hom meistens am Körper recht bissen, und dann wors zum „Kratzen". Die Fingernägel hom den Körper bearbeit', damit die Beißerei a End nehma soll. Vom Spinnen her worn die Knöpf drin, wonn den Weiberleuten der Faden g'rissen is. Viel Freud hob i mit dö Pfoadn nit g'hobt; je länger ma s' tragen hot, umso besser is oba die Gschicht worn, weil die Knöpf scho „abg'nifft" gwöst san. Zum Kirchengehen wor a harberne Pfoad aus schön bleichtem Hanf – blüahweiß, mit an kloan Kragerl – angenehm zum Tragen. G'näht hot für mi die Hemden mei Muatta, den Stoff hot ihr die Bäurin geben.

Friseur hob i während der Schulzeit a koan braucht. Beim Schulgehen hom mi die Klassenkameraden gern a bissl ausg'spöttelt, oba da Vota hot mir allweil a Glatzen g'schnitten. Dös wär billiger, und Läus, hot er g'sagt, kriag i a koa. Mich hots allweil g'wundert, dass seine eigenen Kinder mitsamt eahnern Haarschopf koane Läus kriagt hom.

Bauernleben

Schulzeit

Hans Sinabell, 1928 geborener Bauernsohn aus der Buckligen Welt, erinnert sich an seine Schulzeit in den Dreißigerjahren. Später sollte er selbst den Lehrerberuf ergreifen.

Im Jahre 1934 trat ich in die Volksschule in Hollenthon ein. Damals dreiklassig, wirkten dort ein Oberlehrer, ein weiterer Lehrer und ein Fräulein. Dieses unterrichtete die Grundstufe im ersten und zweiten Schuljahr, der Lehrer die Mittelstufe, also das dritte und vierte Schuljahr, und der Oberlehrer unterrichtete die Oberstufe vom fünften bis zum achten Schuljahr.

Zu dieser Zeit schrieben wir noch mit einem Griffel auf einer Schiefertafel, deren Größe dem heutigen DIN-A4-Format entsprach. Während sich auf der einen Seite der Tafel Zeilen befanden, diente die zweite leere Seite dem Rechnen. Die Schiefertafel umgab ein Holzrahmen. Das Geschriebene konnte mittels eines nassen Schwammes, der am rechten oberen Rand an einer Schnur hing, wieder gelöscht werden.

Je nach Größe des Dorfes umfassten die Volksschulen damals in unserer Gegend eine bis vier Klassen. Die Lehrer galten als Meister ihres Faches, denn in einer Klasse befanden sich bis zu vier Schulstufen. Als so genannte Einklassler hatten sie sogar acht Schulstufen im Abteilungsunterricht, das heißt in einer Klasse, zu unterrichten. Der Oberlehrer war neben dem Pfarrer und dem Doktor, wenn es einen solchen gab – gemeint sind damit Arzt und auch Tierarzt –, die höchste geistige Instanz des Ortes. Dem Oberlehrer stand eine Dienstwohnung in der Schule zur Verfügung. Lehrerinnen und Lehrer logierten privat oder in einem Gasthaus, manchmal auch in einem leeren Kammerl des Schulgebäudes, wenn eines vorhanden war. Zu der Lehrerin sagten die Leute Fräulein. Sie war meist ledigen Standes.

Die Schule bildete neben dem Dorfwirtshaus ein Kommunikationszentrum. Ihre Aufgabe sah sie nicht bloß in der Erziehung und Wissensvermittlung, denn fast gleichwertig daneben stand ihre gemeinschaftsbildende Funktion durch die Organisation von Festen und Feiern sowie die Mitwirkung bei öffentlichen Veranstaltungen. Damit trug sie ganz wesentlich zur Erhaltung einer lebendigen Dorfgemein-

Lebenslauf, Weltenlauf

Oberlehrer mit Volksschulklasse; Peterdorf bei St. Peter am Kammersberg, Obersteiermark, um 1910.

schaft bei. Der Schulleiter besorgte auch die Geschäfte eines Gemeindesekretärs. Ebenso wichtig war seine Tätigkeit als Organist in der Pfarre. Viele Dorfbewohner holten sich bei ihm Rat und Hilfe, besonders wenn es darum ging, amtliche Schriftstücke, Eingaben oder Ansuchen abzufassen.

Elternvereine gab es damals nicht. Trotzdem bestand ein sehr enger Kontakt zwischen Elternhaus und Schule, weil die Lehrer jede Familie und deren Verhältnisse kannten. Unabkömmlich für den Schulbetrieb war auch die Frau Oberlehrer, die Gattin des Schulleiters. Als gute Seele des Hauses wirkte sie im Stillen. Sie wusste manchem Kind hilfreich zur Seite zu stehen, kurierte kleine, im Laufe des Unterrichtes auftretende Wehwehchen, und sie schaltete sich dann ein, wenn häusliche Unglücksfälle einer besonderen Hilfe bedurften.

An die Volksschulzeit erinnere ich mich gerne zurück. Frühmorgens von der Lieslmoam, später der Mirzi oder der Mutter geweckt, schlüpften wir in das Ruderleibchen und die kurze schwarze Clothhose und marschierten Richtung Hollenthon. Dabei ergab sich die Möglichkeit, den Weg ein Stück durch den Wald zu nehmen. So tankten wir schon vor dem Unterricht die würzige Waldluft der Nadelbäume.

Am Straßenrand standen Telegraphenmasten und in bestimmten Abständen als Sicherheitseinrichtungen so genannte Parierstöcke aus Holz, nicht senkrecht, sondern ein bisschen zum Straßengraben geneigt. Sowohl die Masten als auch die Stöcke verwendeten wir Kinder dazu, den Schulweg abwechslungsreicher zu gestalten. Die Abstände zwischen den Telegraphensäulen maßen wir mit der Anzahl von Schritten. Daran konnten auch die Mädchen teilnehmen. Die schief gestellten Parierstöcke boten sich nur den Buben für Bocksprünge an. Den Mädchen waren dabei ihre Kleidchen hinderlich.

Infolge des Geldmangels, der auf den Bauernhöfen herrschte, bezahlten die Schüler ihre Hefte und Utensilien mit Naturalien. Für zwei Hühnereier gab es, um ein Beispiel zu nennen, einen Griffel oder ein liniertes Heft. Der Jammer bestand nun darin, dass wir auf dem Schulweg manchmal rauften und die Eier zerbrachen. Das konnte auch beim Bockspringen vorkommen. Dann bekamen wir anstatt eines Griffels oder Heftes vom Lehrer einige Dachteln.

Als Hitler kam

Als Hüterbub erlebte der 1924 geborene Andreas Holzer die Begeisterung der „Anschluss"-Tage und der ersten, siegreichen Kriegsjahre mit.

Der Bauer, ein Sohn vom Gasthaus Gfrerer, hatte den Ersten Weltkrieg mit vier Jahren Gefangenschaft in Sibirien hinter sich. Er erzählte uns oft von diesem Elend. Was hatte ich damals als Zuhörer für eine Ahnung! Man muss wohl im Leben alles selbst erleben, um zu wissen, wie es ist. Aufgrund seiner streng christlichen Gesinnung war er ein Gegner Hitlers und sah das Elend für die nächste Generation schon kommen. Wie Recht er doch hatte!

Lebenslauf, Weltenlauf

Männer beim Wegbau – eine Aufnahme aus einer Zeit, als schwere Arbeiten zumeist noch rein manuell bewältigt werden mussten; Weg zum Prebersee, bei Tamsweg im Salzburger Lungau.

So kam der 12. März 1938, der Tag des Anschlusses Österreichs an Großdeutschland. Es war bei vielen eine Umwälzung und Begeisterung, wie man sie kaum beschreiben kann. Warum wohl? Die wirtschaftliche Lage war katastrophal. Viele Bauern standen kurz vor dem Bankrott. Es gab keine Arbeit. Die Bettler, das waren die Arbeitslosen ohne Unterstützung, waren scharenweise unterwegs, um das Nötigste zum Überleben zu erbetteln. Wenn in so einer Situation eine tiefgreifende Wende eintritt, so möge der Leser, der diese Zeit nicht erleben musste, die Menschen verstehen, die mit Freude und Begeisterung eine

Wende herbeisehnten. Die politische Führung tat alles, um die Menschen zu überzeugen.

Eines Tages war der Himmel über unserer Gegend finster vom Propagandaflug der deutschen Luftwaffe, die die Stärke und die Schutzmacht demonstrieren sollte. Die Jahrgänge wurden gemustert, Taugliche zur Wehrmacht einberufen. Zu Weihnachten waren schon etliche Soldaten in Uniform auf Urlaub. Pritz Rupert kam mit schwarzer SS-Uniform mit Totenköpfen an den Kragenspiegeln. Ein anderer war in blauer Luftwaffenuniform, mein Schlafkamerad Kocher Andrä im Artilleriekleid. Eines jeden Buben Wunsch war es, auch einmal so ein fescher Soldat zu sein, hieß doch der Propagandaspruch: „Bauer und Soldat sichern Bestand und Zukunft des Volkes!"

Einmal – die Sennerin und ich waren in der Tenne beim Futterrichten – fuhr eine motorisierte Einheit von Kärnten kommend vorbei. Wir winkten den Soldaten zu. Etliche riefen lautstark: „Jetzt gehen wir den Tschech schlagen!" Es war gerade die Spannung wegen des Sudetengaus, den Hitler für Deutschland beanspruchte und auch bekam.

Im Jahre 1939, die Propaganda war schon gegen Polen gerichtet, ging's wieder auf die schöne Alm. Doch Karl Mohr, mein Hüterkamerad, bekam den Einberufungsbefehl. Der Krieg gegen Polen stand bevor. Das war ein Abschied! Dass er den Heldentod sterben würde, war in seinen Augen unvermeidlich. Mir vermachte er seine Peitschen (sein Stolz), Kakao und Zucker hatte er im Holzkoffer, der an die Sennerin gehen sollte. Mit nassen Augen verließ er sein Vieh und die schöne Alm. Genau weiß ich es nicht mehr, aber ich glaube, es war vierzehn Tage später, da kam er wieder: wegen eines Herzfehlers entlassen!

Am 1. September 1939 war Kriegsbeginn gegen Polen. Drei Tage darauf erklärten England und Frankreich Deutschland den Krieg. Das war der Beginn des Zweiten Weltkrieges. Mit Siegesmeldungen wurden wir überhäuft. Am 18. September war Polen besiegt und mit Russland aufgeteilt.

Wenn ich mich mit den Hüterbuben vom Lantschfeld auf der so genannten Schwarzhöhe traf, war unsere Hauptsorge, die Zeit als siegreicher Soldat nicht mehr zu erleben, weil ja alles so schnell ging und der Krieg schon vorbei sein könnte, bevor wir wehrfähige Männer –

sprich Soldaten – sein würden. Hätten wir gewusst, was uns noch alles bevorsteht, wäre anstelle der jugendlichen Unbeschwertheit das nackte Grausen gekommen ...

Im Krieg

Der 1933 geborene Alois Poxleitner-Blasl erlebte den Krieg als Kind auf dem elterlichen Bauernhof in Oberösterreich mit.

In den ersten Kriegsjahren gab es oft Sondermeldungen im Radio. Fanfaren ertönten und wir saßen in der Stube, hörten die Nachrichten von den ungeheuren Massen von Gefangenen und von sonstigen Erfolgen. Dann wurde eifrig kommentiert und mit dem Ersten Weltkrieg verglichen: „Ja, heute machen's ja alles mit dem Auto und mit dem Flugzeug und dem Panzer" oder „So viel marschieren müssen's heute nicht mehr". Bei all der Zufriedenheit über unsere Siege war wohl der Gedanke vorherrschend, dass der Krieg rasch zu Ende sein werde.

Von der Unverbindlichkeit der Nachrichten im Radio und in den Zeitungen war es aber nicht weit bis zu den Ereignissen, die uns direkt angingen. Mein Halbbruder Ferdl meldete sich als Freiwilliger zur Waffen-SS, Rammer Peter rückte ein, Federlehner Franz, Rudi und Max und viele andere.

Ferdl kam zuerst nach Berlin. Bald darauf erhielten wir eine Ansichtskarte aus Paris, dann aus Bordeaux (wir schlugen im Atlas nach), und schließlich erfuhren wir, dass er mit einem Tiger-Panzer in Russland eingesetzt war. Einmal kam er einige Tage auf Urlaub, in voller Uniform und mit einer riesigen Pistole. Mit dieser Pistole machten er und Sepp über den Bach einige Probeschüsse. Kurz nach seinem Urlaub (es muss 1943 gewesen sein) kam ein Brief von seiner Einheit, in dem uns mitgeteilt wurde, dass der Panzer, in dem Ferdl drinnen war, abgeschossen worden ist. Man habe beobachtet, dass ein Mann noch aussteigen konnte, sodass eine schwache Hoffnung bestünde, er sei in Gefangenschaft geraten. Er sei aus diesem Grund als vermisst gemeldet worden. Wir waren uns darüber im Klaren, dass die Todesmitteilung in absichtlich schonender Weise formuliert war, denn man weiß doch, wer von einer Panzerbesatzung schnell aussteigen kann und wer ganz unten sitzt. Vater war sehr traurig.

Rammer Peter kam auf Urlaub und besuchte uns. Er hatte ein sonniges Gemüt, war immer freundlich, auch zu uns Kindern. Er war in Finnland stationiert, und er berichtete etwas gedrückt, wie ich wohl bemerkte, von häufigen Patrouillengängen durch vermintes Sumpfgebiet und vom Tod mancher Kameraden. Kurze Zeit nach seinem Urlaub kam die Nachricht von seinem Tod. Mein Cousin Federlehner Max war auch auf Besuch, kurz bevor er auf einem Feindflug an einer Schusswunde im Oberschenkel verblutete, weil er während des Kampfes jede Hilfe ablehnte. Was er gesprochen hat, weiß ich nicht mehr, aber an seine ansteckende Fröhlichkeit, an sein bubenhaftes Lachen und an seine unerschütterliche Zuversicht kann ich mich genau erinnern.

Mein Bruder Sepp wurde mit siebzehn Jahren zum Arbeitsdienst eingezogen und später zur Wehrmacht überstellt. Die Leute in unserem Haus wurden aber nicht weniger, sondern mehr. Zuerst kamen Kriegsgefangene oder sonstige Arbeitskräfte aus den besetzten Ländern. Neben einem Serben, den wir zugeteilt bekamen und den ich überhaupt nicht leiden konnte, hatten wir eine Polin, die Hanni, klein, lebendig und das Gesicht voller Sommersprossen. Sie war in kurzer Zeit wie ein Mitglied unserer Familie. Sie hatte eine Freundin, die Loni, welche beim Polz arbeitete. Die Loni, schwarzhaarig, wurde als Schönheit öfters gerühmt. Hanni hatte noch nie eine Zahnbürste gesehen, sie hatte aber die schönsten und weißesten Zähne, die man sich vorstellen kann. Sie lernte rasch so viel Deutsch, wie man im Alltag braucht. Ich lernte von ihr zwei Worte Polnisch: „Dobre nodsch!" (gute Nacht).

Es war Vorschrift, dass Kriegsgefangene und Fremdarbeiter an einem eigenen Tisch essen sollten. Großvater und Vater waren sich aber einig in dem Beschluss: „Wer mit uns arbeitet, der isst auch mit uns."

In der Kriegszeit wurden die Lebensmittelmarken eingeführt. Da wir Mehl und Brot verkauften, mussten die vereinnahmten Marken abgerechnet und abgeliefert werden. Großvater klebte sie fein säuberlich auf alte Zeitungsblätter. Anfangs gab es als Klebestoff Gummiarabikum, das aber bald nicht mehr erhältlich war. Großvater machte einen Mehlpapp, der den Zweck voll erfüllte.

Im Laufe des Krieges kamen auch Flüchtlinge ins Haus. Wir hatten welche aus Berlin, aus Krefeld, Duisburg und aus Breslau. Zeitweise waren dreizehn Flüchtlinge im Haus und in der Knechtkammer. Mutter, die den Flüchtlingen wohlgesinnt war, obwohl sie die Hauptlast des vergrößerten Haushalts zu tragen hatte, erfuhr eine arge Enttäuschung von den Flüchtlingen aus Krefeld, Duisburg. Einmal bemerkten diese Herrschaften beim Frühstück empört: „Das ist ja Steckrübenmarmelade! Der Führer hat doch gesagt, wir sollen es gut haben hier." Mutter hat ihnen darauf ihre Meinung gesagt, nämlich, dass wir selbst nichts Besseres äßen, dass wir außerdem noch den ganzen Tag arbeiten müssten und dass sie an die Soldaten an der Front denken sollten, die ganz andere Entbehrungen erdulden müssten als Marmelade zu essen, die gerade nicht ihrem Geschmack entspräche. Mit den anderen Flüchtlingen gab es keine Schwierigkeiten.

Fliegerangriff

Mit zehn Jahren kam Anna Siebenhandl auf einem Bauernhof im Dunkelsteiner Wald in Niederösterreich in Dienst. Hier erlebte sie als Jugendliche die NS-Zeit und das Ende des Krieges.

Die Zeit ging dahin, es kam ein Frühling mit neuem Erwachen. Aber auch etwas anders kam immer näher: der Krieg. Hatten wir bis dahin noch nichts Schlimmes erlebt, so erkannten wird nun, dass das Unheil heranrückte. Immer mehr Männer wurden zum Heer eingezogen und die Arbeitskräfte daheim immer weniger.

Die Fliegeralarme fingen an – und damit auch die Angst. Immer mehr Städte fielen den Bomben zum Opfer. Die Bevölkerung wurde vor Tieffliegern gewarnt. Jeden Tag zogen Bombengeschwader über uns hinweg, wir hatten uns aber schon so daran gewöhnt, dass wir uns durch keinen Fliegeralarm bei der Arbeit stören ließen. Ein Tag, den ich nie vergessen werde, wäre uns beinahe zum Verhängnis geworden.

So, als wäre es gestern gewesen, sehe ich im Geist noch die schrecklichen Szenen vor mir. Es war ein herrlicher Sommertag, der 26. Juli. Wir waren auf einer Anhöhe, die hart an den Dunkelsteiner Wald grenzt, beschäftigt mit Erntearbeit. Schon von weit her hörten wir das Brummen der schweren Bomber. Es war unheimlich, bedrückend. Wir hatten es auch nie so stark empfunden, fast wie eine Vorahnung. Plötzlich zerriss ein ohrenbetäubendes Krachen die unheimliche Stille der Natur. Das Krachen und Bersten ließ uns vor Schreck erstarren. Gleich darauf setzte eine hektische Betriebsamkeit ein, wir mussten blitzschnell handeln. Der Bauer verschwand mit Pferden und Maschine im angrenzenden Wald. Wir Dienstboten und Hausleute rannten wie aufgescheuchte Hühner wenn der Fuchs naht, in das nächstliegende Versteck. Ich warf mich gemeinsam mit einer Zweiten bäuchlings ins nächstliegende Sojabohnenfeld, dessen Stängel hoch aufragten und so ein schönes Versteck bildeten. Wo sich mein Bruder verbarg, wusste ich nicht. So schnell waren alle vom Feld verschwunden, als hätte sie ein plötzlicher Windstoß hinweggefegt. Dann war im Halbkreis um uns nichts als das fürchterliche Krachen zu hören. Aus dem Bohnenfeld konnte ich sehen, wie über Geresdorf die Bomben fielen, es nahm sich aus der Ferne aus, als regnete es schwere Eisenkeile.

Es begann in Markersdorf am Flughafen und ging weiter über Geresdorf, St. Pölten und Krems. Aus so unmittelbarer Nähe hatten wir einen Fliegerangriff noch nicht erlebt. Als alles vorüber war und es rundherum still wurde, kamen alle nach und nach wieder zum Vorschein. Der Schreck saß uns allen noch lang in den Gliedern. Seelisch derart aufgewühlt, war keiner mehr fähig, noch eine richtige Arbeit zu vollbringen.

Als dann immer öfter bombardiert wurde, mussten wir uns auch daran gewöhnen.

Lebenslauf, Weltenlauf

Kriegsende

Im Laufe des Krieges kamen zunehmend Kriegsgefangene als Arbeiter auf Bauernhöfen zum Einsatz, weil die Männer zur Wehrmacht eingezogen worden waren. So auch auf dem Hof der 1907 geborenen Julie Peterseil, den sie mit ihrer Ziehmutter, ihrer Schwester, einer Tante und den beiden Töchtern bewirtschaften musste. Als 1945 sowjetische Soldaten das Weinviertel besetzten, warnte der russische Kriegsgefangene Wassil, der auf dem Hof arbeitete, Julie Peterseil.

„Du Mutter" – er sagte immer Mutter zu mir –, „musst die beiden Mädchen gut verstecken. Die Kinder sind in großer Gefahr, schon sehr viele Soldaten hier im Dorf. Ich kann euch vielleicht nicht mehr lang helfen und beschützen." – Was bald zutraf. Er kam eines Tages nicht mehr beim Tor herein, ohne Abschied hatte er von uns weggehen müssen.

Nun war guter Rat teuer. Wohin mit den Mädchen? Von einer Flucht war keine Rede mehr, da es ja schon überall drunter und drüber ging. Von meinem Mann hatte ich schon längere Zeit kein Lebenszeichen mehr erhalten. Diese Ungewissheit war nervenzermürbend, da wir nun ganz ohne Schutz waren.

Da kam uns ein rettender Gedanke. Vater hatte früher einmal für seinen Schäferhund eine große Hütte gebaut. Und diese Hütte wurde nun für die beiden Kinder mit Polster und Decken ausstaffiert. War die Lage gefährlich, so aßen und schliefen sie dort drinnen. Die Burschen aus dem Dorf, meist waren es Schulkollegen, haben uns geholfen, indem sie beim Tor die Aufpasser machten. Auch ich war in großer Gefahr, war ich doch damals eine Frau in den besten Jahren. Ich hatte Glück. Ich stellte immer etwas Essbares auf den Tisch. Die Tante kam wieder zu uns auf den Hof, damit Mutter nicht ganz alleine war, wenn ich fliehen musste. Die Tante war eine sehr resolute Frau, die fürchtete sich nicht so wie ich. Sie war für uns eine ganz, ganz große Hilfe.

Es wurde immer schlechter. Wir Jüngeren trauten uns nicht zu Hause zu schlafen, da keine Ruhe war. Höfe mit jungen Frauen und Mädchen wurden nachts oft besucht. Und so übernachteten wir weit weg vom Haus. Wir machten uns ein Lager im Gestrüpp, um etliche Stunden schlafen zu können. Ein Glück war es, dass Frühjahr war und trockenes Wetter herrschte, sodass man es im Freien aushalten konnte.

Bald waren wir nicht mehr allein. Es kam eine Flüchtlingsfamilie – ein Ehepaar mit einem sechzehnjährigen Sohn –, die mich innigst um Aufnahme bat. Da mir die Leute gefielen und es Österreicher waren, blieben sie. Unsere Angst wäre noch größer gewesen, hätte ich damals gewusst, dass es eine von den Russen gesuchte Nazifamilie war.

Da wir nun Verstärkung hatten, suchten wir uns eine andere Schlafgelegenheit, und zwar bei uns am Hof auf einem Boden. Dieser war mit Stroh angefüllt und hatte eine Tür, die wir absperren konnten. Zudem war der Boden nicht sichtbar, wenn man beim Hoftor hereinkam. Wir brauchten eine hohe Leiter, die die Männer abends einzogen und wenn die Luft rein war wieder aufstellten, damit wir zur Arbeit und zum Essen herunterkonnten. Es kamen drei Nachbarsfrauen zu uns, um ebenfalls die Nacht auf dem Boden zu verbringen. Wir fühlten uns halbwegs sicher hier, aber gezittert und gebetet haben wir viel da oben. Da haben alle Gott wieder kennen gelernt, als es um das liebe Leben ging.

Abschied vom Hof

Der 1928 als lediges Kind einer Dienstmagd geborene Anton Pillgruber wurde mit drei Jahren an Kindes statt als voraussichtlicher Hoferbe zu einem Bauern gegeben. Als er bereits über zwanzig Jahre alt war und noch immer ohne jede weiterführende Schulbildung und Berufsaussichten als unbezahlter Knecht auf dem Hof arbeiten musste, kam es zunehmend zu Konflikten mit dem Ziehvater und dem leiblichen Vater.

Noch einen Rat bekam ich von meinem „lieben Herrn Vater": Ein strammer Bauernknecht zu sein, sei auch nicht zu verachten. Ich habe diesen Beruf nie in Frage gestellt, es wäre also nicht erforderlich gewesen, mir das zu sagen. Ein guter Bauernknecht auf einem gut geführten Bauernhof genoss oft mehr Ansehen als ein armseliger Keuschler mit ein paar Kühen im Stall, der sich sonntags überlegen musste, ob er sich nach der Kirchzeit ein Bier leisten konnte. Nur war es zu dieser Zeit schon absehbar, dass es diesen Beruf nicht mehr lange geben würde. Industrie und Gewerbe verlangten geradezu nach diesen Leuten. Spätestens nach der Aussprache mit dem Vater wusste ich, dass ich auf mich allein gestellt war.

Allmählich begann sich die schwere Arbeit nachteilig auf meinen Körper auszuwirken. Ich bekam vorhängende Schultern, fast schon einen Buckel. Durch zu schweres und zu wenig Schuhwerk bildeten sich Hühneraugen. Des Öfteren wurde ich ermahnt, den Rücken gerade zu halten, ich solle doch ein strammer junger Mann sein. Mehrere Male bekam ich von familienfremden Leuten das Angebot, sie geben mir Kost und Quartier und bringen mich bei ihrer Arbeitsstätte unter. Einmal war es ein Postangestellter, das andere Mal ein Eisenbahner. Ich hätte nur meine Siebensachen packen und einfach weggehen brauchen. Dann stand im Geiste wieder die verstorbene Ziehmutter vor mir und beschwor mich, die Familie nicht im Stich zu lassen. Allmählich machte ich mich mit dem Gedanken vertraut, so lange zu bleiben, bis die Söhne so weit erwachsen waren, dass sie die Arbeit bewältigen konnten, die der Betrieb erforderte.

Ein Jahr nach dem Tod der Ziehmutter heiratete der Ziehvater wieder. Seine engeren Verwandten hatten ihn zu diesem Schritt gedrängt. Die zweite Frau, eine Bauerntochter, war verträglich und arbeitsam. Ich kam sehr gut mit ihr aus. Auch war ich heilfroh, dass die Dinge sich nun doch ändern. Der Hof brauchte eine Bäuerin, der Ziehvater eine Gefährtin und die Kinder eine Mutter. Ich glaube, dass sie in dieser Rolle sehr gut zurechtkam.

Ich steuerte allmählich einem seelischen Tiefpunkt zu. Saß ich abends nach getaner Arbeit in der Küche, konnte ich nicht ruhig bleiben. Ständig hatte ich die Finger in Bewegung. Einmal kam der Vater in irgendeiner Angelegenheit zu uns. Als er meine Unruhe bemerkte, wusste er nichts Besseres zu tun, als mich anzufahren, ich solle mich gefälligst beherrschen. Was war das doch für ein Mensch? Dass er gegenüber seinen unehelichen Kindern Vaterpflichten gehabt hätte, kam ihm wohl nicht in den Sinn. Finanzielle Unterstützung konnte ich von ihm sowieso keine erwarten, was er verdiente, verbrauchte er für sich selber. Mehr noch, ich kam darauf, dass er da und dort Schulden hatte. Seitens des Ziehvaters bekam ich manchmal das Gefühl, als wollte man aus mir so eine Art Haustrottel machen, gerade gut genug, um zu arbeiten. „Zum Haus gegeben", wie das so schön hieß. Das Schicksal dieser Menschen endete dann oft in dem Dasein der „Einleger" und „Bettgeher", die ich aus der Vorkriegszeit noch kannte.

Ich begann wieder, an den Wochenenden mit meinen früheren Freunden fortzugehen. Die nahmen mich gern wieder als einen der ihren auf. Große Sprünge konnte ich zwar nicht machen, weil meine Geldtasche meist leer war. So manche Zeche brauchte ich nicht zu bezahlen, weil die Wirtsleute, die entfernte Verwandte von mir waren, mir diese nachließen. Mein Einkommen bestand zu dieser Zeit lediglich aus dem Erlös von Hochzeits- und Leichenfahrten. Für diesen Nebenverdienst stellte mir der Ziehvater großzügig ein Pferd zur Verfügung. Das Gefährt borgte mir kostenlos ein Nachbar. Die Leute, die ich zur Hochzeit fuhr, waren mit dem Fuhrlohn sehr großzügig. Auch bei Leichenfahrten verdiente ich immer gut.

Schön langsam rappelte ich mich wieder hoch. Der Drang zum Weggehen wurde in mir sehr stark, fast unbezähmbar. Der Ziehvater vertrat auf einmal die Ansicht, es sei überhaupt nicht wichtig, etwas zu lernen. Jeder hätte auch so sein Auskommen, wenn er nur fleißig arbeiten würde. Eine Lehre konnte ich sowieso nicht mehr absolvieren. Aber weiterhin dableiben, wollte ich noch weniger. Nur: Wie stelle ich's an? In dieser Situation setzte ich dann so etwas wie einen Knalleffekt.

An einem Sommermorgen musste ich mit dem Pferdefuhrwerk auf die Alm fahren. Dabei kam ich an den Feldern des Vaters vorbei. Er war gerade dabei, das Grünfutter für die Kuh zu mähen. Ich band das Pferd an einem Baum fest und ging zu ihm. Eine maßlose Wut überkam mich plötzlich gegen diesen Menschen, der mein Vater sein sollte, aber eigentlich nur mein Erzeuger war. Da stand er und mähte das Gras, das er mir zugesprochen hatte. Ohne Gruß trat ich vor ihn hin und sagte ihm, dass er die volle Verantwortung für meine gegenwärtige Lage zu tragen und mir meine Jugendjahre gestohlen habe. Dafür würde ich von ihm erwarten, dass er es mir ermöglichte, ein normales Leben zu führen. Sollte er dazu nicht fähig sein, würde ich eine Tat setzen, die ihm ein Leben lang zu schaffen machen werde. Spontan drehte ich mich um und ging zum Fuhrwerk zurück.

Lebenslauf. Weltenlauf

Anton Pillgruber beim Hochzeitfahren; St. Koloman, Salzburger Tennengau, um 1950.

Ich fühlte eine ungeheure Erleichterung in mir, diesem Mann die Schneid abgekauft und ihm gezeigt zu haben, dass es mich auch noch gab. Die Überraschung, die in seinem Gesicht stand, sprach für sich. Es kam auch nicht der erwartete Widerspruch oder eine lapidare Zurechtweisung. Ich war mir natürlich nicht im Geringsten klar, welche Tat ich zu setzen gedachte. Ich wollte weder mir noch einem anderen Menschen Leid oder Schaden zufügen. Ich wollte einfach weg.

Etwa einen Monat nach der „Aussprache" kam die Mitteilung der nächstgelegenen landwirtschaftlichen Fachschule, dass mein Aufnahmeansuchen genehmigt sei. Fast glaubte ich an ein Wunder. Der alte Herr hatte mich dort angemeldet. Dass er mich vorher nicht gefragt hatte, ob mir das auch recht sei, nahm ich ihm gar nicht so übel. Es gehörte sicher zu seiner Denkungsart, über seine Kinder, speziell die unehelichen, nach seinem Gutdünken zu verfügen.

Die Bäuerin reagierte verständnisvoll. Selbstverständlich stehe auch mir das Recht zu, mich weiterzubilden. Der Ziehvater war weniger erfreut und legte gleich los: Lauter arbeitsscheue Individuen würden in so einer Schule erzogen. Ich würde schon noch draufkommen. Ich bräuchte nur meinen Vater anschauen, wie weit er es gebracht hätte. Die Schule sei schuld daran, dass ihn sein Vater vom Hof gejagt habe. Als Wirt sei er auf die Gant gekommen. Am Sterbebett hat ihn sein Vater noch enterbt, und zuletzt wäre er vielleicht sogar verhungert, hätte nicht er, der Ziehvater, ihn lange Zeit umsonst gefüttert. Dann kam noch ein Wort aus seinem Mund, das an Gemeinheit grenzte: „Zuerst kann man sie aus dem Dreck herausziehen, und kaum sind sie so weit, dass sie die Notdurft allein verrichten können, laufen sie weg und lassen einem im Dreck sitzen."

Es war mir bewusst, dass dieser Mann viel Schlimmes hinter sich hatte. Anfangs der verschuldete Hof, die Wirtschaftskrise der Dreißigerjahre tat ihr Übriges. Dann kamen die Krankheiten seiner Frau und ihr schreckliches Ende. Dass diese großen Übel in einem Menschen Spuren hinterlassen, die zu einer Verbitterung führen, war verständlich. Aber was konnte ich dafür?

22 Jahre war ich alt. Ich hatte keinen Beruf, kein Geld. Ich fragte ihn, ob er mir die 600 Schilling geben könnte, die ihm meine Mutter einmal geliehen hatte, als man um dieses Geld noch eine Kuh kaufen konnte. Diesen Betrag hatte die Mutter mir vermacht. Er gab mir das Geld mit der Bemerkung, dass er die Schuld mir gegenüber somit beglichen habe.

Dann kam der Tag des Abschieds. Es war ein Sonntag, an dem ich in die Schule einrücken sollte. Am Morgen betreute ich die Pferde, dann der Kirchgang, mittags noch einmal die Arbeit im Pferdestall. Heimlich nahm ich Abschied von meinen Rössern. Beim Packen half mir die Bäuerin, die mir auch die Bettwäsche und den Koffer borgte. Das Ganze verschnürte ich auf meinem Fahrrad. Dann ging ich noch einmal ins Haus, um „Pfüat Gott" zu sagen. Der Ziehvater gab mir nicht einmal die Hand, geschweige denn, dass er mich gefragt hätte, ob ich wohl etwas Geld gebrauchen könnte. Ein unfreundliches Gemurmel war alles, was ich hörte. Ihn um etwas zu bitten, das fiel mir nicht ein. Wenn er selbst nicht daran dachte, mich finanziell zu unterstützen, so sollte er's bleiben lassen. Ich würde mich schon irgendwie durchschlagen. Der Schulbesuch war mir ermöglicht worden, weil ich das Höchststipendium bekam. Den Rest bezahlte der Vater.

Ich ging also aus dem Haus, in das ich vor 19 Jahren als vorgeplanter Hoferbe gekommen war. Hier hatte ich ohne Lohn gearbeitet, mit der Familie gelitten, zu trösten versucht und was weiß Gott noch alles getan, um meinen Beitrag zu einem erträglichen Leben am Hof zu leisten. Es war nicht einmal einen Händedruck wert. Ich ging in die Fremde wie viele andere auch. Und ich bat den Herrgott um seinen Schutz und um sein Wohlwollen.

Anhang

Glossar

Abdeana. Abdienen.

Abholzen. Siehe „Holzen".

Ablängen. Längenzuschnitt; das Zuschneiden bzw. Zersägen von Holzstämmen in kürzere Stücke.

Ablausen. Etwas heimlich wegnehmen; abräumen (von „Läuse suchen").

Alm. Auch Alpe. Nur in den Sommermonaten (rund drei bis fünf Monate lang) bewirtschaftete, über der Ackerbaugrenze liegende Weideflächen mit Hütten und Ställen. In manchen Regionen betreibt man die Almwirtschaft mehrstufig: Das Almvieh wird im Frühsommer – zwei bis drei Wochen bevor es auf die eigentliche Hochalm (an oder über der Waldgrenze gelegen) kommt – auf eine darunter liegende Voralm (siehe „Vorsäß") getrieben; im Herbst kommt das Almvieh vor der endgültigen Rückkehr auf den Hof wiederum für einige Wochen auf die Voralm. Der früher groß gefeierte Almabtrieb (Ende September bis Mitte Oktober) ist heute weitgehend abgekommen oder bestenfalls noch ein Schaubrauch zur Förderung des Tourismus.

Anläg; Anleger. Siehe „Einlag".

Annehm-Bua. Lediges Kind – keineswegs eine Waise –, das auf verschiedene Koststellen gegeben wurde. Franz Huber definiert den Begriff im Pongauer Dialekt: „Seine Eltern, oder sei Muatta, können das kloane Kindl wegen Armut oder sonstige widrige Umständ nit bei sich behalten. Zum Unterschied von an Findelkind, dös vor a fremde Tür g'legt wird, sans bei an ‚Annehm-Kind' Tanten, Onkel oder sonst guate Bekannte, dö wos das kloane Gschrapperl bei eahna aufnehma oder ‚annehma'."

Arme Seelen. Laut Volksglauben die unerlösten, bisweilen noch auf Erden als Poltergeister, Irrlichter u. dgl. umgehenden Seelen Verstorbener, die im Fegefeuer büßen.

Aschenlauge. Ein bis ins 20. Jahrhundert hinein gebräuchliches Mittel zum Reinigen von Wäsche und zum Putzen. Übergießt man Holzasche mit heißem Wasser, so entsteht eine Lauge mit alkalischen Eigenschaften, die bewirkt, dass sich der Schmutz löst.

Ausgedinge. Altenteil. Altbauer und Altbäuerin erhalten bei der Hofübergabe auf Lebenszeit ein Wohnrecht, Naturalleistungen, Nutzungsrechte, Geldrenten etc.

Ausnahm. Altenteil; auch Ausgedinge, Austrag, Auszug. „In die Ausnahm gehen" bedeutet: in „Pension" gehen, sich auf sein Altenteil zurückziehen; „Ausnehmer" sind demnach Altenteiler, „Pensionisten". Das „Ausnahmsstöckl" ist ein kleines Nebengebäude, das „Ausnahmsstüberl" eine Kleinwohnung für Altenteiler auf Bauernhöfen.

Auszug. Siehe auch „Ausgedinge" und „Ausnahm". Bei Übergabe des Hofs zieht das Altbauern-Ehepaar in ein kleines Haus in der unmittelbaren Nähe („Auszugshäusl").

Bandlmacher. Meist Kinder, die beim Getreideschnitt die Aufgabe hatten, durch Verknoten von Getreidehalmen „Bänder" herzustellen, mit denen die Garben gebunden wurden.

Bär. Steht für den Saubären, den Zuchteber.

Barn, Barren. Futtertrog, Futterkrippe, Raufe.

Biadl. Dürfte von Bürdel (= Bündel) kommen.

Biberl. Küken. Der Österreich-Duden verwendet die Schreibweise „Piperl".

Binkel. Bündel.

Bitsche. Kanne; laut Grimm'schem Wörterbuch ein hölzernes Trinkgeschirr mit Deckel.

Bitt-Tage. Flurprozessionen um Erntesegen in den drei Tagen vor Christi Himmelfahrt.

Blad werden. Sich Aufblähen von Rindern durch das Grasen von Klee. Für den eventuell nötig werdenden Pansenstich („Blaanstechen") zum Ablassen der Gasansammlung verwenden Veterinärmediziner einen Trokar, ein Instrument zum Öffnen und Offenhalten von Körperhöhlen.

Bleichen. Um Wäsche ein blendend weißes Aussehen zu geben, wurde bis zur Mitte des 20. Jahrhunderts die Rasenbleiche angewendet. In einer von mehreren verbreiteten Varianten dieses Verfahrens legte man die gewaschenen, nicht ausgewundenen Wäschestücke auf eine Rasenfläche. Die Sonneneinstrahlung bewirkte das Entstehen einer geringen Menge des Oxidations- und Bleichmittels Wasserstoffperoxid. Anschließend wurden die Wäschestücke gut gespült.

Blunze, Blunzen. Blutwurst.

Bockshörndl. Frucht des Johannisbrotbaumes; Johannisbrot; diente früher oft als Naschwerk für Kinder.

Bosniak. Wanderhändler, Hausierer, Bauchladenhändler, der mit seinen verkäuflichen Waren von Haus zu Haus zog. Möglicherweise handelte es sich je nach Gegend zu einem guten Teil um Bosnier (Bosniaken); anderenorts stand wiederum die Bezeichnung „Krowot" (von Kroate) in Verwendung.

Bratlfett. Saft des Schweinsbratens.

Brecheln. Ein wichtiger Arbeitsvorgang bei der Verarbeitung von Flachs (siehe dort). Um die Fasern zu isolieren und von den holzigen Stängelteilen zu trennen, werden sie mit einem Brechel bearbeitet. Als Brechel bezeichnet man ein scharfkantiges, mit einem Handgriff versehenes, zwischen zwei Brettern fixiertes Schwingbrett. Der gedörrte Flachs wird durch heftiges Durchschlagen des Schwingbrettes gebrochen. Beim nachfolgenden Schwingen oder Schütteln fallen die unbrauchbaren Pflanzenteile heraus – eine staubige Angelegenheit.

Brein. Brei, insbesondere Hirsebrei (manchmal wird Hirse generell als „Brein" bezeichnet); im Innviertel ist Brein ein gebackener Gerstenbrei.

Brocken. Steht umgangssprachlich u. a. für pflücken.

Büffeln. Steht heute für „angestrengt lernen"; das Grimm'sche Wörterbuch kennt hingegen noch die Bedeutung: „angestrengt, wie ein büffel arbeiten".

Burd. Vermutlich eine Dialektvariante von Bürdel (= Bündel).

Bürgerschule. Vorläuferin dieser Schulform war die 1774 von Maria Theresia gegründete Hauptschule, die als Elementarschule mit erweitertem Lehrangebot in größeren Städten bestand. Die Bürgerschule wurde 1869 ins Leben gerufen, war dreiklassig (sechste bis achte Schulstufe). 1927 ersetzte die vierklassige Hauptschule (fünfte bis achte Schulstufe) die Bürgerschule.

Bürstling. Der durch das Weidevieh verursachte Bürstling-Weiderasen wächst in den Hohen Tauern in der Umgebung der Almhütten, knapp oberhalb der Waldgrenze. Die harten und langsam verwitternden, am Boden liegenden abgestorbenen Blätter lassen nur schwer andere Pflanzen aufkommen.

Butte, Butten. Hölzernes Traggefäß.

C + M + B. Formel, die die Sternsinger zu Dreikönig für gewöhnlich über die Haustüren schreiben und die zumeist für die Abkürzung der Namen der Heiligen Drei Könige, nämlich Caspar, Melchior und Balthasar, gehalten wird. Tatsächlich handelt es sich um die Anfangsbuchstaben des Gebets „Christus mansionem benedicat" (Christus segne dieses Haus).

Christi Himmelfahrt. Siehe im Kalender auf Seite 218.

Cloth. Glänzender Stoff aus Baumwolle oder Halbwolle, in einer besonderen Webart, der Atlasbindung, hergestellt.

Dachtel. Ohrfeige, Schlag auf den Kopf, Kopfstück.

Dämpfer. Kessel (Wasserdämpfer, Futterdämpfer) mit Kippvorrichtung, in dem beispielsweise Wäsche gekocht oder Tierfutter gedünstet wurde.

Dampfl. Aus Mehl, lauwarmer Milch/Wasser und Germ (Hefe) bestehender Vorteig, der einige Zeit an einem warmen Ort gehen muss, bevor er zum Backen verwendet werden kann.

Daube. Seitenbrett eines hölzernen Fasses.

Dengeln. Die Schneide einer Sense, Sichel u. dgl. auf einem Amboss hämmern und damit schärfen.

Dirn. Magd.

Docken. Gebilde aus Getreidegarben, die zum Trocken aufgestellt werden. Etwas „docken" oder „aufdocken" heißt also, Getreide, Flachs u. dgl. in Büscheln zum Trocknen aufrecht stellen.

Doppelschilling. 1928 bis 1937 jährlich als Gedenkmünze geprägte Schilling-Silbermünze, die jedes Jahr auf der Vorderseite ein anderes Bild zeigte – der Zeit gemäß u. a. von Karl Lueger, Ignaz Seipel und Engelbert Dollfuß. Begehrtes Sammlerstück und daher kaum im Umlauf.

Doppler. Von „doppeln"; Schuhe neu besohlen.

Drangeld; Draufgeld. Aufgeld als Unterpfand für einen abgeschlossenen Handel. Dienstboten bekamen ihr Drangeld (nebst guter Jause), wenn sie einen neuen Platz annahmen oder sich im Voraus für ein weiteres Jahr auf demselben Hof verpflichteten. Siehe auch „Leitkauf".

Dreifaltigkeitssonntag. Fest der Dreifaltigkeit (Trinitatis). Siehe im Kalender auf Seite 218.

Drischel. Schlagkolben am Dreschflegel oder auch Bezeichnung für den Dreschflegel als solchen. Das händische Dreschen des Korns wird allgemein als „Drischeldreschen" bezeichnet.

Ehalten. Alte Bezeichnung für Dienstboten.

Eierpecken. Siehe „Pecken".

Einlag. System der Altersversorgung, das in ländlichen Bereichen Österreichs bis 1939 gültig war. In Gemeinden, die kein Armenhaus besaßen, wurden alte, arbeitsunfähige Gemeindebewohner, häufig bäuerliche Dienstboten, in die „Einlag" geschickt. Konkret: Sie wurden für eine bestimmte Zeit in ein

Anhang

Haus „gelegt", wo sie Verköstigung und Unterkunft fanden; danach kamen sie auf einen anderen Hof – und so weiter. Die Aufenthaltsdauer richtete sich nach der Steuerpflicht des Hofinhabers. Waren die Einleger noch arbeitsfähig, so hatten sie kleinere Arbeiten zu verrichten. Ehemalige Besitzer hingegen konnten ins Ausgedinge (siehe dort) gehen.

Einserkanal. Zur Entwässerung des Neusiedler Sees und zur Trockenlegung der Hanság-Sümpfe dienender, schnurgerader Kanal im burgenländischen Seewinkel, der über rund 17 Kilometer die Grenze zwischen Österreich und Ungarn bildet.

Einstreu. Siehe „Streu".

Eisheilige; Eismänner. Maifröste zwischen 12. bis 15. Mai; erst danach ist die Wahrscheinlichkeit von Bodenfrösten im österreichischen Raum zu vernachlässigen. Siehe Kalender auf Seite 218.

Fachtl. Beladener Heuwagen, Heufuhre.

Fadelsau. Muttersau; Sau, die die Ferkel (Fadeln) wirft.

Fechsung, fechsen. Ernte, ernten.

Federn schleißen. Siehe „Schleißen".

Fensterln. Steht laut Duden für „ans Fenster klopfen"; gemeint ist der in ländlichen Regionen häufig von jungen Burschen gepflogene Brauch des nächtlichen Besuchs der Geliebten am oder durchs Fenster. Unnachahmlich ist die Definition, die das Grimm'sche Wörterbuch unter dem Stichwort „Fenstern" liefert: „nachts vor des mädchens fenster gehen, singen und zu ihm einsteigen, wofür eine menge andrer namen bekannt und mit uralten gebräuchen verwachsen ist: brenteln, chilt gehen, fugen, gassel gehen, mentschern, schnurren, schwammen".

Flachs. Auch Lein genannt. Eine der ältesten Kulturpflanzen, die bis ins 19. Jahrhundert neben der Schafwolle der wichtigste textile Rohstoff im europäischen Raum war. Verlor durch das Vordringen der Baumwolle zunehmend an Bedeutung und wird seit dem Zweiten Weltkrieg kaum mehr angebaut. Die Stängel wurden in einem komplizierten Verfahren zu Garnen verarbeitet, aus denen man Leinenstoffe webte. Das in den Samen vieler Flachs-/Leinarten enthaltene Öl fand und findet für Heilzwecke und als Lebensmittel Verwendung.

Fletz. Auch „Flet" (vgl. im Englischen „flat": Ebene, Fläche) oder „Flötz". Dem Wortsinn nach eine horizontale ebene Fläche, Boden; im Oberdeutschen ein mit Steinen gepflasterter Boden in einem Gebäude; Vorhaus, Flur.

Flobert. Kleinkalibergewehr.

Fluder. Gerinne; Wasserzuleitung mittels einer auf Stützen gebauten Holzrinne von einer aufgestauten Bachstelle zu einem Mühlrad, einer Turbine u. dgl.

Fraisen, Froasen. Ein volksmedizinischer Sammelbegriff für verschiedene Krankheiten im Säuglings- und Kleinkinderalter, die sich meist in heftigen Anfällen und Krämpfen äußerten. Als Hauptgründe werden in alten Hausbüchern vor allem falsche Ernährung (künstliche Ernährung von Kleinkindern mit Milch und Mehl), Witterungsumschläge, fieberhafte Erkrankungen und Zahnen genannt.

Fratte. Auf Streifen oder Haufen zusammengeworfene Äste von gefällten Bäumen. Laut Grimmschen Wörterbuch „ist frate holzlichtung, holzschlag, gleichsam verwundete stelle des waldes", womit ein Zusammenhang mit der ursprünglichen Bedeutung von „Fretten" besteht (siehe dort).

Fräulein. Früher übliche Bezeichnung für eine junge, unverheiratete Lehrerin. Laut der etwas idealisierten Darstellung von Hans Sinabell war das Fräulein „meist ledigen Standes und galt als Beispiel für Reinheit, Tugendhaftigkeit und Frömmigkeit".

Fretten. Sich mit etwas abmühen, sich durchbringen; ursprünglich: sich wund reiben.

Fuder. (Wagen-)Ladung.

Futterdämpfer. Siehe „Dämpfer".

Gant; auf die Gant kommen. In Konkurs gehen. „Gant" ist ein oberdeutsches Wort für gerichtliche Versteigerung.

Ganter. Gefäß für Getreide, Kleie, Wasser u. Ä.

Gantern. Holz zum Weitertransport auf Ganter zusammenlegen. Das Grimm'sche Wörterbuch definiert Kanter (wie Ganter) folgendermaßen: „unterlage von balken oder bretern, um bauholz, fässer u. dgl. darauf zu legen".

Geselchtes, Gselchtes. Geräuchertes Schweinefleisch.

Gfrieß. Abwertend für Gesicht.

Godl, Göd. Tauf-/Firmpatin und Tauf-/Firmpate.

Göpel. Vorrichtung zum Antrieb von Maschinen (z. B. Dreschmaschinen, Pumpen u. dgl.) durch im Kreis herumgehende Tiere oder auch Menschen.

Grädn. Von „gerade"; ebener Bodenstreifen vor dem Stall.

Grammel. Griebe; ausgebratene Speckwürfel; laut Grimm'schem Wörterbuch „harter rückstand ausgelassenen fettes". Luise Mach: „Der Speck wurde würfelig geschnitten und in einer großen Schmalzrein ausgelassen. Wenn die

Grammeln schon fast fertig waren, gab man etwas Milch dazu, damit sie eine schöne braune Farbe bekamen."

Grander. Wassertrog aus Stein.

Granne. Ährenborste.

Gras. Steht für Reisig.

Grummet; Groamat. Von Grünmahd; der zweite bzw. letzte Heuschnitt. „Trockenfutter vom zweiten Grasschnitt, meist zartes, sauerstoffreiches Heu, ist wertvoller als das Heu des ersten Schnittes; Aftergrummet (Nachmahd), der dritte Schnitt", heißt es im Kleinen Meyer von 1909.

Grundbirne, Grumbirn. In der Buckligen Welt – wie in anderen Teilen des deutschen Sprachraums – Bezeichnung für Erdapfel bzw. Kartoffel.

Gsod, Gsott, Gesod, Gesott. Mit heißem Wasser überbrühtes, gehäckseltes Viehfutter aus Getreidespreu, Heu u. dgl. Anna Starzer: „Der Klee war für nächstes Jahr, konnte im September aber schon einmal geerntet werden. Es war das beste ‚Gsodfutter' für die Milchkühe. Der Klee wurde geschnitten und in einem Bottich mit einer Handvoll Viehsalz und heißem Wasser verrührt; trocken war der Klee wegen Blähungen gefährlich."

Haar, Hoar. Häufig verwendete alternative Bezeichnung für Flachs (siehe dort); gemeint sind die feinen Flachsfäden bzw. Pflanzenfasern, die in einem mühsamen Prozess von den verholzten Teilen getrennt und schließlich zu Tuch verarbeitet werden.

Hackfrucht. Laut Grimm'schem Wörterbuch „frucht die die hacke aus der erde holt, kartoffel, möhre, rübe, runkel".

Häcksel. Klein geschnittenes Stroh oder Heu, wie es hauptsächlich als Viehfutter verwendet wird (siehe „Gsod").

Häfenflicker. Topf- und Pfannenflicker.

Hanf. Eine vielfältig genutzte Pflanze, die häufig angebaut und wegen ihrer zähen Fasern ähnlich wie Flachs/Lein (siehe dort) u. a. zur Erzeugung von Leinengeweben, Seilen u. dgl. verwendet wurde.

Hanság. Ungarischer Name für ein zirka 1800 Hektar großes ehemaliges Sumpf- und Moorland (Waasen) südöstlich des Neusiedler Sees um Pamhagen im burgenländischen Seewinkel. Der größte Teil liegt auf ungarischem Gebiet. Durchschnitten und entwässert wird der Hanság vom Einserkanal (siehe dort).

Harbern. Auch härwen, härben, hären o. ä.; aus feinerem Flachs gewebt, im Gegensatz zum „rupfenen" Tuch (siehe dort), das aus Werg produziert wird.

Harpfe. Auch Harfe. Großes Gestell zum Trocknen von Getreide, Bohnen u. dgl.

Haspel. Winde; Gerät zum Aufspulen von Garnen, Seilen, Kabeln (wobei man sich leicht „verhaspeln" kann).

Hatscher. Ein langer, mühsamer Marsch. Hatschen bedeutet schwer, schleppend, mühsam gehen. Oder, um das Grimm'sche Wörterbuch zu bemühen: „es gilt vom schleifenden, schleppenden gange, wie er namentlich durch altes nicht fest an den füszen sitzendes schuhwerk hervorgerufen wird."

Hausgarten. Bäuerlicher Nutzgarten, auch Bauerngarten genannt; ein wichtiger Teil des Bauernhofes.

Häusler, Häuslleut. Auch Kleinhäusler. Dörfliche Kleinbesitzer, die nur über ein Haus; Kleinvieh und keinen oder nur sehr wenig Grund verfügten und sich deshalb als Tagelöhner verdingen und ihre Kinder zu Bauern in Dienst geben mussten.

Heanzen. Die deutschsprachigen Bewohner des südlichen und mittleren Burgenlandes; signifikant ist der Dialekt mit seinen „ui"-Formen (beispielsweise „Muida" für Mutter). Spöttisch wurde der Name insbesondere von Wienern für das gesamte Burgenland verwendet, und Agitatoren des Anschlusses von Deutsch-Westungarn an Österreich, die es bereits vor dem Ersten Weltkrieg gab, hatten ernsthaft als Landesnamen „Heinzenland" vorgeschlagen.

Heidensterz. Aus Buchweizenmehl und Schmalz hergestellte Speise. Siehe auch „Sterz".

Heinzlgoas. Heinzelbank; eine Werkbank zum Bearbeiten von Holz.

Hennermensch. Für die Hühner zuständige Dirn. Siehe „Mensch".

Herrgottswinkel. Ein altarähnlicher sakraler Bereich in katholischen Bauernstuben; in aller Regel die Ecke beim Stubentisch, die mit einem Kruzifix und anderen Andachtsgegenständen geschmückt ist. Hier spricht das Familienoberhaupt das Tischgebet und wird abends der Rosenkranz gebetet.

Heublumen. Blumen, die zur Zeit der Heuernte blühen; Blumen als Bestandteil des Heus und Nebenprodukte der Heugewinnung.

Hin werden. „Da werdet ihr doch nicht hin" bedeutet so viel wie sterben, ums Leben kommen. Schon bei Meister Goethe heißt es: „Götz ist hin!" Der Begriff wird auch verwendet, um auszudrücken, dass etwas kaputt geworden ist: „Die Schuach san hin!"

Hoalig-Krüztag. Heiligkreuztag; Fest der Kreuzerhöhung am 14. September. Siehe Kalender auf Seite 220.

Hoanzlbank. Siehe „Heinzlgoas".

Hochalm. Siehe „Alm".

Holzen. Steht nicht nur für das Schlagen von Holz im Wald oder das Spalten (Klieben) von Holzstücken in ofengerechte Scheiter, sondern auch für den Transport von Baumstämmen ins Tal ohne tierische oder motorische Kraft durch Rutschen und Gleiten lassen.

Holzloast. Holzleisten. Der Leisten ist das vom Schuster verwendete Holzmodell eines Fußes, über den die Schuhe gebaut werden.

Holzriese. Siehe „Riese".

Hube. Kleine Bauernwirtschaft.

Hüfel, Hiefl, Hiefler. Holzstangen mit seitlichen Sprossen oder hölzerne Gestelle zum Heutrocknen auf der Wiese. Das gemähte Gras wird zum Trocknen auf den Hiefln gehängt, es wird „aufgehiefelt".

Hutweide. Bezeichnung für eine geringwertige Wiese, die nur als Weideland, besonders für Schafe, verwendet wird.

Jakobi. Fest des Heiligen Jakob, 25. Juli. Siehe Kalender auf Seite 219.

Jaun. Auch Jahn oder John. Vom Grimm'schen Wörterbuch unnachahmlich als „abgehauenes und nach reihen, wie die schwade des getreides, hingelegtes busch- oder strauchholz" definiert.

Kaibliziagn. Kalbziehen. Unterstützung bei der Geburt eines Kalbes; der „Kaiblstrick" (Kälberstrick) wird um die Füße des Kalbes, die beim Geburtsvorgang zuerst ans Licht kommen, geschlungen – und dann wird gezogen. Gar nicht so leicht, immerhin ist ein Kalb bei der Geburt rund fünfzig Kilogramm schwer.

Kasnudeln. Eine zu Recht gerühmte Kärntner Spezialität; mit Topfen („Kas"), passierten Erdäpfeln und diversen Kräutern (insbesondere Kerbelkraut) gefüllte Teigtaschen („Nudeln").

Kasten. Steht u. a. für den Troadkasten (siehe dort).

Keanleuchten; Kienleuchten. Gemeint sind Kienspäne; gespaltene Stücke Kienholzes, die zum Feuermachen, als Fackeln und Stubenleuchten verwendet wurden. Als „Kien" bezeichnet man die besonders harzigen und deshalb zum Anzünden und Leuchten verwendbaren Teile der Kiefer (des „Kienbaumes").

Keusche. Kleines, ärmliches Bauernhaus; Kate; steht auch abschätzig für ein baufälliges Haus. Dörfliche Kleinbesitzer wurden Keuschler genannt (siehe auch „Häusler").

Kindbettfieber. Häufig tödlich verlaufende Infektionskrankheit der Wöchne-

Bauernleben

rinnen; auch Wochenbett- und Puerperalfieber genannt. Entstand – wie der Wiener Arzt Ignaz Semmelweis („Retter der Mütter") im 19. Jahrhundert erkannte – durch mangelnde Hygiene und Desinfektion. Einigen lebensgeschichtlichen Erzählungen zufolge trat diese einst gefürchtete und weit verbreitete Krankheit in der Zwischenkriegszeit bei Frauen aus ärmeren Schichten noch auf.

Kirtag, Kirchtag. Jahrestag einer Kirche, das Kirchweihfest. Der damit verbundene Jahrmarkt und entsprechende, durchaus „weltliche" Lustbarkeiten standen und stehen beim Kirtag allerdings im Vordergrund.

Kleinweise. Stück für Stück, nach und nach, im Kleinen.

Kletzenbrot. Dunkles Brot mit gedörrten Früchten und verschiedenen Gewürzen; wird fast ausschließlich in der Adventzeit gebacken. „Kletze" (oder „Klötze") steht laut Grimm'schem Wörterbuch für gedörrte Birnen.

Knacker. Knackwurst.

Kobel. Verschlag, Käfig, Koben von Tieren, beispielsweise Taubenkobel, Hühnerkobel, Schweinekobel.

Kotze. Schwere, grobe (Woll-)Decke.

Krampus. Kinderschreck; Begleiter des Heiligen Nikolaus am 5. Dezember, häufig in Form eines Teufels. Siehe Kalender auf Seite 222.

Krank. In der Sprache der Jäger (und Wilderer) ist ein Stück Wild „krank", wenn es angeschossen („krankgeschossen") wurde. Ungesundes Wild hingegen, das an einer Krankheit leidet, „kümmert".

Krautschneider. Ein altes Wandergewerbe; professionelle Krautschneider zogen einst im Herbst mit dem Krauthobel auf dem Rücken von Haus zu Haus und schnitten das Weißkraut in den Bottich. Bekannt waren die Krautschneider aus dem Montafon, von denen es rund 100 gab, die ganz Österreich, die Schweiz, den Westen Deutschlands, Holland, Belgien und das Elsass bereisten (laut einer Darstellung von Heinrich Mayer aus Schruns aus 1894). Das Montafon ist nach wie vor für seine hervorragenden Kraut- und Gemüsehobel bekannt.

Krowot. Abwertender Ausdruck für Kroate; verwendet auch als Sammelbezeichnung für Wanderhändler, Hausierer. Johann Hochstöger: „Die Bauchladenhändler … hatten allerlei Gebrauchsgegenstände, aber auch Artikel, die man damals kaum zu Gesicht bekam, z. B. Kondome. Diese Händler kamen meist aus Kroatien, und wenn man sie kommen sah, rief man: ‚Da kommt ein Krowot!'" Siehe auch „Bosniak".

Kuchlmensch. Siehe „Mensch".

Kuchlschiff. Mit Schiff wird nicht nur ein Wasserfahrzeug bezeichnet, sondern auch ein Gefäß oder Behälter. Ein Kuchlschiff ist ein Behälter im Herd, der zur Warmwasseraufbereitung dient.

Kummet. Um den Hals der Zugtiere gelegter, gepolsterter Bügel.

Kumpf. Schmaler, früher aus Rinderhorn gefertigter Behälter für den beim Mähen verwendeten Wetzstein, der mit etwas Wasser gefüllt an der Hüfte getragen wird.

Kunft. Siehe „Kumpf".

Lein. Siehe „Flachs".

Leite. Berghang. Alois Poxleitner-Blasl: „Im Keller ist früher oft Wasser von der Leiten eingedrungen …"

Leitern. Der Begriff kommt von „läutern", was so viel wie „reinigen", „von Verunreinigungen befreien" bedeutet – im übertragenen wie im tatsächlichen Sinn. Das Grimm'sche Wörterbuch nennt eine Reihe von Beispielen für die „sinnliche Bedeutung" des Begriffs, u. a. „das oel wird von dem oelgärtner aus den oliven (oelbeeren) ausgepresset, darnach öfters abgeseiget, abgegossen und geläutert".

Leitkauf; Leikauf. Verwendet werden auch die Schreibweisen „Leutkauf" und „Leihkauf". Dem eigentlichen Wortsinn nach handelt es sich um einen Trunk („Leit" ist eine alte Bezeichnung für Obstwein) zur Bekräftigung eines Vertragsabschlusses. Im Zusammenhang mit bäuerlichen Dienstboten war ein „Draufgeld" oder „Drangeld" (siehe dort) gemeint, das die Knechte oder Mägde bei Neuannahme eines Arbeitsplatzes oder als Vorschuss auf ein weiteres Arbeitsjahr auf demselben Hof erhielten.

Lichtmess. 2. Februar; hoher katholischer Feiertag. Traditionell Beginn des Bauernjahres und der Tag, an dem die Dienstboten bezahlt wurden und unter Umständen ihren Dienstplatz wechselten. Siehe Kalender auf Seite 217.

Lock. Ein im Lungau gebräuchlicher Ausdruck für Amme, Kinderdirn. Kommt vermutlich von „locken" (Kind auf dem Arm tragen).

Lohe. Von den Gerbern zum Beizen verwendete Rinde; Gerbrinde.

Lohhütte. Siehe „Sölln".

Losen. Horchen; hören. Als „Loser" bezeichnet man demnach folgerichtig die Ohren. Josef Gamsjäger: „Meine Loser musste ich oft vor dem Zugriff des Moasters durch die Flucht retten."

Lötz; letz. Verkehrt, nicht richtig, falsch, aber auch unangenehm, schlecht sowie schmächtig, klein. Im oberen Murtal nennt man einen schlechten, unangenehmen Menschen einen „letzen Hund"; allerdings kann eine bestimmte Arbeit ebenfalls „letz", also unangenehm, sein („gaunz a leitze Oabat"). Und nicht zuletzt kann einer sagen: „Mir is' letz" (mir ist übel, ich bin krank).

Mahd. Heuernte; das Gemähte; oder laut Grimm'schem Wörterbuch „die ordnung grases so der mäder abgemayt."

Mahder, Mähder. Mäher; derjenige, der mäht.

Maria Himmelfahrt. Fest der Aufnahme Marias in den Himmel, 15. August. Siehe Kalender auf Seite 220.

Maria Lichtmess. Siehe „Lichtmess".

Marie. Geld. Der Ausdruck kommt möglicherweise von „maro", dem Roma-Begriff für Brot, oder von einer Soldatenbraut namens Marie, die ihrem Liebsten Geld zusteckte.

Martini. Fest des Heiligen Martin, 11. November. Siehe Kalender auf Seite 221.

Mausköpfl. Schuhnagel mit spitzem Kopf.

Mensch. Das Mensch; ursprünglich nicht abwertende Bezeichnung für Mädchen. Die „Menscherkammer" ist die Schlafkammer der weiblichen Dienstboten; ein „Hennermensch" die für die Hühner zuständige Dirn; ein „Kuchlmensch" das Küchenmädchen etc. „Menscherl" hingegen ist zärtlich auf eine Geliebte gemünzt. (Josef Gamsjäger: „Ich ging in die Alm hinauf, zu mein' Menschal.")

Milchbitsche. Siehe „Bitsche".

Milchsaichta. Siehe „Sechter".

Milchzentrifuge. Auch Milchseparator oder Milchschleuder genannt. Eine Zentrifuge trennt Substanzen mittels Schleuderkräften. Mit der Milchzentrifuge wird Milch in Magermilch und Rahm getrennt, die Milch wird entrahmt.

Mistbrod. So sagt man im Waldviertel zur Jauche. „Brod" ist eine alte Bezeichnung für Brühe; der Begriff „brodeln" kommt davon. Im Englischen steht „broth" für Brühe oder Suppe.

Mitternachtsvase. Definitiv kein Austriazismus, sondern eine eher in Deutschland gebräuchliche Umschreibung von Nachtgeschirr, Nachttopf; auf gut Österreichisch: Scherb'n.

Moajo. Auch Maija. In Vorarlberg eigentlich die Bezeichnung für den Kopfputz der Kuh bei der Almabfahrt, den bevorzugt besonders mutige Kühe oder Kühe mit einer besonderen Milchleistung erhielten.

Moar. Moarknecht, Moardirn – der oder die Erste in der Hierarchie der Dienstboten. Von „Meier", was wiederum vom lateinischen „major" herstammt, womit im Mittelalter der Vorsteher eines landwirtschaftlichen Hofhaltes gemeint war – man denke nur an die berühmten Hausmeier der Merowinger.

Moasn. Maise; siehe „Saumaosn".

Most. Vergorener Saft aus Äpfeln und Birnen mit einem Alkoholgehalt zwischen vier und acht Volumsprozent. Als Süßmost bezeichnet man den unvergorenen Saft, der direkt aus der Presse kommt und alkoholfrei ist.

Nagerlstock. Nagerl ist der Dialektausdruck für Nelke; der Nagerlstock ist ein Stock dunkelroter Nelken, der auf das Tuch im Herrgottswinkel nebst frommen Sprüchen aufgestickt war.

Neidig. Steht in Österreich umgangssprachlich für geizig. Dazu merkt Grimm an: „aus dem begriffe des nichtgönnens entwickelt sich auch die bedeutung des festhaltens von hab und gut, des geizes."

Netz. Siehe „Schweinsnetz".

Nikolo. Fest des Heiligen Nikolaus am 6. Dezember; die Kinder werden beschenkt. In Begleitung des bärtigen, sanften Nikolo kam am Vorabend (dem 5. Dezember, häufig Krampustag genannt) allerdings meist der Krampus, um die Kinder zu bestrafen oder ihnen zumindest Strafe anzudrohen. Siehe Kalender auf Seite 222.

Nutsch; Nutscherl. Schwein, Ferkel.

Oaß. Eigentlich „Ass" oder „Eiß". Eitergeschwür.

Oblara. Von „ableeren" (= abladen); im Lungau der zweite in der Hierarchie der Dienstboten nach dem Moarknecht (siehe dort).

Ötz. Auch Etz. Hochgelegener Weideplatz, der zum Teil mit Bäumen bewachsen ist; Hutweide.

Pamerantschen. Dialektform von Pomeranze; Zitrusfrucht (Citrus aurantium), ähnlich einer Orange (Citrus sinesis). Umgangssprachlich sind mit dieser Bezeichnung einfach normale Orangen gemeint.

Pass. Die Pass ist eine Gruppe von Arbeitern, besonders von Holzfällern. Josef Gamsjäger: „Ich ging als Wasserbua zu einer Holzknechtpass, wo mein Onkel Moasta war." Weiters werden als Passen auch Bünde unverheirateter Burschen bezeichnet (insbesondere im Salzkammergut).

Pecken. Picken. Oder wie das Grimm'sche Wörterbuch unnachahmlich definiert: „hackend, mit kurzen streichen hauen; zufahrend widerstoszen." Eierpecken ist ein Osterbrauch, bei dem gekochte Eier mit der Spitze gegeneinander gestoßen werden. Sieger ist, wessen Ei unverletzt bleibt; er erhält das Ei des unterlegenen Kontrahenten als Preis.

Perchten, Perchtl. Dämonische weibliche Masken- und Sagengestalten, die im Dezember und Jänner auftreten; Höhepunkt des schreckenerregenden Treibens ist üblicherweise der 5. Jänner. In Österreich gibt es eine Reihe von traditionellen Perchtenläufen und -umzügen, die häufig, aber keineswegs ausschließlich am 5. Dezember stattfinden, weil die Krampusse, die traditionellen teuflischen Begleiter des Nikolo, im Laufe der Zeit zu Perchteln mutiert sind.

Pfarrmatrikel. Matrikel sind Personenstandsverzeichnisse, die traditionellerweise von den Pfarren geführt wurden. Daher sind alte Pfarrmatrikel auch wichtige Quellen für Familienforschung und Lokalgeschichte.

Pfister. Im Bregenzer Wald gebräuchliche Bezeichnung für einen Klein- bzw. Hilfshirten.

Pfoad. Hemd.

Piperl. Küken.

Pitsche. Siehe „Bitsche".

Plutzer. Eine große Steingutflasche; weiters die umgangssprachliche Bezeichnung für einen Kürbis. Luise Mach: „Zu trinken gab es Wasser, welches man in einem Plutzer mit aufs Feld nahm und an einen schattigen Ort stellte. Der Plutzer bestand aus gebranntem Ton und war nicht glasiert, damit der Inhalt durch die Wasserverdunstung gekühlt blieb. Er hatte eine gebauchte Flaschenform."

Pongauer Dom. Die zweitürmige neugotische Pfarrkirche von St. Johann im Pongau; ein Wahrzeichen der gesamten Region und der bedeutendste Bau des Historismus im Land Salzburg.

Pracken. Schlagen, klopfen. Ein Pracker ist das entsprechende Gerät dazu und dient zum Ausklopfen von Teppichen, ein Fliegenpracker zum Erschlagen von lästigen Insekten; auf den Höfen gab es den Mistpracker. Hans Sinabell: „War ein Karren mit Mist beladen, musste dieser von einem Auflader geprackt werden. Dies deshalb, damit nichts auf dem Anfahrtsweg vom Karren rutschte und den Weg beschmutzte. Der Mistpracker bestand aus einem breiteren Holzteil mit einem Stiel."

Precheln. Siehe „Brecheln".

Anhang

Presshaus. Wirtschaftsgebäude, das die Gerätschaft zum Pressen von Wein oder Most enthält; auch Kelterhaus.

Putzmühle. Siehe „Windmühle".

Rastelbinder. Häfenflicker, Kesselflicker. Rastel ist ein als Untersetzer dienendes Gitter. Rastelbinder oder Rastelmacher sind laut Grimm (Eintrag aus 1886) die „herumziehenden slowakischen Kesselflicker". Laut Österreich-Duden waren damit zusätzlich noch Siebmacher gemeint.

Ratschen. Schwatzen; tratschen.

Rauchengehen. Ausräuchern der Stallungen und Räume eines Bauernhofes in den Raunächten (siehe dort).

Rauchküche. Siehe „Schwarze Kuchl".

Raunächte, Rauchnächte. Die zwölf Nächte zwischen Weihnachten und Dreikönig. Siehe Kalender auf Seite 223.

Rearn. Weinen. Laut Grimm „rehren": brüllen, blöken, schreien.

Rein. Größeres, flaches Kochgeschirr.

Reißl, Reißldach. Kommt möglicherweise von „Reis", womit in der Grundbedeutung die einzelnen, leicht beweglichen Zweige eines Baumes oder Strauches bezeichnet werden; wegen ihrer starken Biegsamkeit und Zähigkeit werden beispielsweise Weidenreiser häufig zum Flechten verwendet (Weidenkorb).

Reiter. Grobes Sieb, insbesondere zum Reinigen von Getreide. Getreide oder Klee zu „reitern" bedeutet, es zu sieben.

Rem. Gestell, Stütze; eine ältere Form von Rahmen.

Remise. Wagenschuppen.

Renken. Von „Ranken"; großes Stück Brot, Speck etc.

Retzen. Hanf bzw. Flachs in Wasser beizen. Ein ähnliches Verfahren ist die „Tauröste", wobei der Flachs in dünnen Schwaden auf der Anbaufläche ausgebreitet wird. Im Verlauf einiger Wochen setzen die im Boden vorhandenen Pilze und Bakterien einen natürlichen Aufschluss- und Abbauprozess in Gang.

Riadlbesen. Handgefertigter Besen aus Birkenreisig. Dürfte laut Grimm von der oberdeutschen Bezeichnung „Riedel" für etwas Zusammengedrehtes, Wulstartiges kommen; vgl. weiters „reideln", „reiteln" oder „roateln" (zusammenschnüren).

Riebel. Ein Vorarlberger Spezialgericht aus Weizen- oder Maisgrieß. Der Grieß wird in Milchwasser eingekocht; nach dem Auskühlen brät man den inzwischen fest gewordenen Brei unter oftmaligem Wenden und Zerstoßen in einer Pfanne in Butterschmalz rund eine Stunde lang.

Riese. Zum einen eine aus Holz gefertigte Rutsche zum Transport von Holzblochen von der Höhe ins Tal; zum anderen aber auch ein natürlicher, rinnenartiger Weg im Gebirge, der zum Transport von Holz, Heu u. Ä. verwendet wird.

Riffeln. Flachs durch die kammartige, mit spitzen Eisenzähnen versehene Riffel ziehen, um die Samenknospen abzustreifen.

Roboter. Hier für Robot-Leistende; das sind Tagelöhner oder Mithelfende im Rahmen der bäuerlichen Nachbarschaftshilfe.

Rorate. Morgendliche Marienmesse im Advent; der Begriff kommt von dem Kirchenlied „Rorate caeli desuper" („Tauet Himmel den Gerechten"). Andreas Holzer: „Es kam die Adventszeit. So manche Tage mussten wir bei klirrender Kälte nach der Stallarbeit zirka zwei Kilometer ins Dorf zur Rorate gehen (um sechs Uhr früh)."

Rossinger. Das Grimm'sche Wörterbuch sagt dazu: „dessen geschäft es ist, mit pferden umzugehen."

Rupfen. Grobes Leintuch; als „rupfen" bezeichnet man einen groben, aus Werg gewobenen Stoff.

Sagscharten. Sägespäne.

Sapin, Sappel. Spitzhacke zum Heben und Wegziehen von gefällten Baumstämmen.

Saumaosn. Saumaise; auch Schweinsmaise. In ein Schweinsnetz (siehe dort) verpacktes, faschiertes Schweinefleisch.

Saupech. Harz, welches man beim Sauabstechen benötigt, um die Sauborsten leichter abzuschaben. Es handelt sich um den festen Rückstand, der bei der Destillation von Terpentin aus Baumharz entsteht. Kolophonium, wie Saupech zumeist genannt wird, verwenden übrigens auch Geiger, um die Rosshaarbögen der Streichinstrumente einzureiben, damit Saitenschwingungen erregt werden.

Schabes. Eigentlich „Schabe" oder „Schaub"; Strohbund, Strohwisch, Bündel, Garbe.

Schaff, Schaffl. Ein oben offenes, mit beiden Händen zu tragendes Gefäß.

Scheaggen. Spezielle Schusternägel.

Scheiben. Rollen, schieben. Das „Kugerlscheiben" (Murmelspiel) ist ein Spiel für Kinder (Buben); das „Kegelscheiben" (Kegeln) hingegen wird meist von Erwachsenen (Männern) betrieben.

Scherhaufen. Maulwurfshügel. Der Maulwurf wird auch „Scher" oder „Schermaus" genannt, möglicherweise „wegen seiner scharfen zähne, mit denen er die wurzeln der pflanzen abbeiszt", wie das Grimm'sche Wörterbuch mutmaßt.

Schiach, schiech. Dialektausdruck für hässlich, furchterregend.

Schiff. Siehe „Kuchlschiff".

Schleißen. Bedeutet im ursprünglichen Wortsinn reißen, spalten, trennen, den Zusammenhang lösen. Bei Vogelfedern geht es darum, die so genannte Fahne vom Federnkiel zu lösen.

Schliefbar. So, dass der Rauchfangkehrer durchkriechen kann.

Schmarren. Ein in der Pfanne zubereitetes Gericht aus zerstoßenem Palatschinkenteig, Grieß, Erdäpfeln etc.

Schober; schobern, schöbern. Ein Schober ist zum einen ein aufgeschichteter Heu-, Stroh-, Getreidehaufen u. Ä., zum anderen eine Scheune. „Schobern", „aufschobern" oder „schöbern" bedeutet demnach, Heu, Stroh, Getreide etc. zu einem Haufen zusammenzutragen oder auch Docken (siehe dort) aufzustellen.

Schottsuppe; Schottensuppe. Laut Grabnerhof-Kochbuch bereitet man Schotten aus saurer Milch oder Buttermilch, welche in einem Topf unter fortwährendem Schlagen einmal aufgesotten wird. Nachdem man den Topf vom Herd gezogen hat, gießt man ein wenig kaltes Wasser dazu und lässt die Masse stehen, bis sich der Schotten am Boden des Kessels gesetzt hat. Die Flüssigkeit (Molke) wird abgegossen und der Schotten auf ein durchlässiges Tuch zum Abtropfen geschüttet. Anschließend wird der Schotten mit saurem Rahm verrührt, gesalzen, mit kochendem Wasser überbrüht und mit Schwarzbrotschnitten und gehacktem Schnittlauch serviert.

Schüppel; Schippel. Büschel.

Schüsselchor. Möglicherweise eine Verballhornung des häufig zu findenden Begriffs „Schüsselkorb" oder auch „Schüsselrem", womit ein Hängebrett zur Aufbewahrung von Schüsseln, Tellern und sonstigen Küchengeräten gemeint ist.

Schwaden. Reihen abgemähten Grases oder Getreides.

Schwaige. Ursprünglich hochgelegene, dauerbesiedelte Bauernwirtschaft, in der vor allem Milchwirtschaft betrieben wurde. Der Begriff steht fallweise für die nur im Sommer bewirtschafteten Almen (siehe dort); Schwaiger und Schwaigerin sind alternative Bezeichnungen für Senner und Sennerin (siehe dort).

Schwarze Kuchl. Rauchküche. Fensterloser Raum mit offenem Herd und direktem Rauchabzug in den Kamin, wo häufig das Geselchte hing. Im Unterschied zur Rauchstube wurde hier nur gekocht, nicht gewohnt.

Schweinsnetz. Feines, netzartiges Fettgewebe aus dem Bauchfell des Schweins; wird zum Zusammenhalten von Gerichten wie z. B. der „Saumaosn" (siehe dort) verwendet.

Schwozermus. Laut Erläuterung von Johann Kaufmann „eine kräftige, fettreiche Art Pfannkuchen; ursprünglich hauptsächlich für die Holzknechte hergestellt, die vielfach als Saisonarbeiter aus der Gegend von Schwaz in Tirol (mundartlich ‚Schwoz') gedungen worden waren".

Sechter. Eimer, Melkeimer, hölzernes Schöpfgefäß sowie überhaupt Gefäße aller Art. Im übertragenen Sinn steht der Begriff für einen ungeschickten, dummen Menschen (oberes Murtal: „Heifnseichter").

Selch. Kammer zum Räuchern (Selchen) von Fleisch und Würsten.

Senn/Senner; Sennerin. Hirten, die während des Sommers das Almvieh (siehe „Alm") betreuen und die Milch verarbeiten und abliefern.

Simperl. Flacher, geflochtener Korb. Luise Mach: „Aus Roggenmehl wurde zu Hause Brotteig gemacht, in ein Simperl gelegt und dem Bäcker zum Backen gebracht. Damit keine Verwechslung entstand, hatte jeder auf dem Simperl den Namen und auf dem Brot sein Zeichen."

Singer. Legendäre Nähmaschinenmarke; 1862 gegründete Firma, die erstmals Nähmaschinen fabriksmäßig herstellte.

Sölln. Auch Sölde. Roh zusammengezimmerte Unterkunft der Holzknechte im Holzschlag. Noch primitiver war die so genannte Lohhütte, ein mit Rindenteilen umkleidetes, zeltartiges Stangengerüst.

Sommerbefreiung. Früher bei Bauernkindern allgemein übliche Befreiung vom Schulunterricht, um bei der Ernte mitarbeiten zu können. In kleineren, ländlichen Schulen konnte es durchaus vorkommen, dass aufgrund der vielen Sommerbefreiungen der Unterricht für mehrere Monate ausfiel.

Sonnwend; Sonnenwende. Gemeint ist üblicherweise die Sommersonnenwende um den 21. Juni herum (siehe Kalender auf Seite 219), weniger die Wintersonnenwende am 21. Dezember.

Speiben. Erbrechen, kotzen.

Spenen; spänen. Entwöhnen; laut Grimm'schem Wörterbuch „von menschen und vieh, nicht mehr an der mutter saugen lassen".

Spezi. Freund.

Anhang

Standler. Betreiber eines Verkaufsstandes auf einem Markt.

Stanitzel. Spitze Papiertüte.

Stephanitag. 26. Dezember. Siehe Kalender auf Seite 223.

Sterz. Ein angeblich an „stürzen" angelehntes Wort – in Fett gestürztes Buchweizenmehl (Heidensterz) oder Maisgrieß (Türkensterz). Diese werden mit heißem Wasser angerührt bzw. überbrüht, dann in heißem Fett geröstet und schließlich häufig noch „geschmälzt", das heißt mit heißem Schmalz oder Butter übergossen. Vorarlberger Riebel (siehe dort) sind dem Sterz ziemlich ähnlich.

Stör. Arbeit eines Handwerkers gegen Kost und Tagelohn außerhalb seiner eigentlichen Werkstätte im Haus des Kunden. Das Grimm'sche Wörterbuch führt den Begriff auf die Störung der Zunftordnung zurück: „ein handwerker, der solche arbeit übernahm, verging sich gegen die handwerksordnung, er störte sie."

Stosuppe. Mit Kümmel gewürzte Suppe aus Sauerrahm. Dem Grabnerhof-Kochbuch zufolge besteht die Steirische Stosuppe aus würfelig geschnittenen, weich gekochten Kartoffeln, Sauerrahm, Weizenmehl und Kümmel.

Streu. Auch Einstreu. Unterlager, die Lagerstätte des Viehs. Verwendung dafür fand (und findet) vor allem Stroh, aber auch Reisig, Laub, Reste von alten Strohdächern, dürre Farne und Sagscharten (Sägespäne).

Strichen. Zitzen am Euter der Kuh.

Suppe. Bezeichnung für Frühstück; „Suppe essen" bedeutet frühstücken.

Sur. Beize aus Fleischssaft, Salz und Gewürzen zum Einpökeln von Fleisch; „suren" bedeutet Fleisch pökeln.

Tafelbett. Ein einer Truhe ähnliches Bett, das tagsüber verschlossen wurde und als Arbeitsplatte oder Sitzgelegenheit diente.

Tatschen, Tatschkerln. Rundausgestochene Teigstücke (meist Kartoffelteig, seltener Nudelteig), die mit Mohn, Marmelade, Pflaumenmus (Powidl) u. dgl. gefüllt und zu Täschchen zusammengelegt werden.

Triste. Um eine Stange kegelförmig aufgeschichteter Heu- oder Strohhaufen.

Troadkasten. Troad ist die Dialektschreibung von Traid (Getreide); ein Troadkasten ist ein einzeln stehender Getreidespeicher in Form eines Blockhauses. Zumeist hatten die Holzhäuschen einen quadratischen Grundriss und bestanden nur aus einem hochgestreckten Erdgeschoß; etwaige Obergeschoße waren über eine Außenstiege erreichbar. Eingelagert wurde nicht nur Getreide, sondern auch Mehl, Wolle, Leinen, Brot, Speck und Selchfleisch. Das Aufbrechen eines Troadkastens galt als besonders schweres Verbrechen und wurde hart bestraft.

Urassen. Verschwenden. Kommt angeblich vom Althochdeutschen „urazi", was „zu viel zum Essen" bedeutet.

Ursch. Rinne, Trog.

Versehen. Der Versehgang ist der Gang des Priesters zum Kranken, der sich in unmittelbarer Todesgefahr befindet, um ihm die Sakramente der Buße, der Krankensalbung (letzte Ölung) und der Wegzehrung zu spenden, ihn damit zu „versehen".

Vierseithof – Vierkanthof. Beim Innviertler Vierseithof sind vier Gebäude eng um einen Hof gruppiert; die Ecken des Hofes werden durch Tormauern oder Zäune abgeschlossen. Im Gegensatz dazu ist der Vierkanthof völlig geschlossen und weist eine durchgehende Firstlinie auf.

Vorsäß. Auch Voralpe, Voralm, Maiensäß oder Maisäß genannt. Rodungsinsel im Bereich des Waldgürtels, auf die das Vieh vor dem eigentlichen Bezug der Hochalm und nach der Rückkehr von der Hochalm getrieben wird (siehe auch „Alm").

Wachsstöckl. Kranzförmig gerollte oder in Form eines Gebetbuches zusammengelegte Wachsschnüre. Hans Sinabell: „Mit diesem Namen bezeichneten die Leute aus Wachsschnüren spiralig gewickelte, bauchige Kerzen. Bei zunehmender Brenndauer verringerte sich ihr Umfang."

Walken; gewalkter Loden. Das Grimm'sche Wörterbuch beschreibt den Vorgang mit „quetschen, schlagen und wälzen der wollenstoffe, um dadurch eine verfilzung des gewebes zu erreichen". Loden ist ein dichtes, strapazfähiges Wollgewebe.

Wehdarm. Laut Grimm'schem Wörterbuch eine schmerzhafte Darmverschlingung; weiters die spöttische Bezeichnung für einen Menschen, „der jeden Schmerz gleich unerträglich findet".

Weihbrunn; Weichbrunnen. Weihwasser. Andreas Holzer, der mit schwarz gefischten Forellen auf dem Heimweg war: „An der Kreuzung trafen wir Herrn Gendarmerieinspektor Brunner, der auf seinem Dienstgang war. Ein ängstlicher Gruß von uns Schülern wurde erwidert, doch dann fragte er uns, was denn in der Kanne sei. ‚An Weichbrunn, Herr Inspekta!' ‚So', sagte er, ‚dann geht nur schnell heim!'"

Werch. Eigentlich Werg. Die beim Schwingen und Hecheln des Flachses/Leins oder Hanfs (siehe jeweils dort) abfallenden kürzeren Fasern. Findet Verwendung u. a. zum Abdichten von Wasserleitungsinstallationen, aber auch zum Weben des groben Bauernleinens (siehe „Rupfen"). Die feineren, langen Flachshaare werden zu „harbernem" Tuch (siehe dort) verarbeitet.

Wetzkunft oder -kumpf. Siehe „Kumpf".

Wied; Wiede. Weidenband, Flechtband; durch Zweige zusammengebundene Menge (Brenn-)Holz.

Wiesbaum; Wiesbam. Auch Wiesebaum, Heubaum, Bindebaum, Bimbam etc. Eine über ein Fuder Heu oder Getreide liegende Stange, die zum besseren Halt an beiden Enden mit einem Strick am Wagen festgebunden wurde.

Windmühle. Gerät zum Reinigen (Putzen) von Getreide. Alois Haidvogl erklärt, wie es geht: „Mit einer Handkurbel wurden große Holzschaufeln gedreht und damit im Innern des Kastens ‚Wind' erzeugt. Das Korn wurde mit der Holzschaufel oben eingefüllt, dann über ein Sieb geführt und gelangte in den Luftstrom, durch den die ‚Grät'n' und alle anderen Unreinheiten nach hinten hinausgeblasen wurden. Das schwere Korn fiel nun gereinigt nach unten durch. Da das Sieb über ein sich mitdrehendes Zahnrad und einem Holzgestänge gerüttelt wurde, gab es ein dauerndes Geklapper wie früher bei den Kornmühlen."

Wuchtel. Nebenform von Buchtel; ein (häufig mit Marmelade gefülltes) Hefegebäck.

Wurln; herumwurln. Durcheinander wimmeln, sich lebhaft bewegen; quirlen.

Wuzel. Etwas eng, zu runder Form Zusammengerolltes; „wuzeln" bedeutet drehen, wickeln, rollen. In einem Wörterbuch der österreichischen Mundart aus 1811 findet sich die Definition: „Etwas mit den Fingern in eine andere Gestalt bringen. ‚Den Taig, das Wax wutzeln.' Ein kleines Kind wird ‚a klans Wutzerl' genannt."

Zieche. Sackartige Hülle; alte Bezeichnung für Bett- und Kissenbezüge.

Zieger. In Westösterreich ein billiges Nebenprodukt bei der Käseherstellung, eine Art Topfen.

Zisteln. Handkörbe verschiedener Formen und Verwendungsarten.

Zöger; Zegger. Tragkörbe und -taschen aus Draht oder Geflecht.

Zwiesel. Gegabelter Stamm, Ast oder Zweig.

Zwilch, Zwillich. Derber Leinen- und Baumwollstoff.

März — 31 Tage.

Wochen-tage	Katholiken	Protestanten	Russ.-Griech.	Sonnen Aufg. U.M.	Sonnen Untg. U.M.	Lauf (Zeichen)	Mondes Aufgang U.M.	Mondes Untergang U.M.	Mondeswechsel und Bauernsprüche

Kath. Verklärung Jesu. Matth. 17. Prot. Vom cananäischen Weibe. Mtth. 15. Griech. Vom Nathaniel. Joh. 1.

Sonnt.	1	D Rem. Alb.	D Rem. Alb.	17 F 1 Theod.	6.44	5.41		3.45 A.	6.32 M	☉ Vollmond den 3. um 6 Uhr 23 M. Morgens.
Mont.	2	Simplicius	Simplicius	18 Leo, P.	6.42	5.42		4.55	6.52	
Dinst.	3	Kunigunde ☾	Kunigunde	19 Archippus	6.40	5.44		6. 3	7. 6	
Mittw.	4	†Casimir	Adrian	20 Quat.	6.38	5.46		7. 9	7.20	Frost und öfter Schnee.
Donn.	5	Eusebius	Friedrich	21 Timoth.	6.36	5.47		8.14	7.34	
Freit.	6	†Friedrich	Fridolin	22 Eugen	6.34	5.48		9.21	7.47	Märzenstaub bringt Gras und Laub.
Samst.	7	†Thomas v. A.	Felicitas	23 Polykarp.	6.32	5.50		10.29	8. 1	

Kath. und Prot. Jesus treibt einen Teufel aus. Luk. 11. Griech. Vom Gichtbrüchigen. Mark. 2.

Sonnt.	8	D Ocul. Joh.	D Ocul. Phil.	24 F 2 E. d. H.	6.30	5.52		11.39	8.18	☽ Letztes Viertel den 11. um 10 U. 35 Min. Morg.
Mont.	9	Franziska	Prudentius	25 Terasius	6.28	5.53		Morg.	8.39	
Dinst.	10	40 Märtyr	Alexander	26 Porphyr	6.26	5.54		0.50	9. 5	
Mittw.	11	†Mittf. H. ☾	Rosina	27 Protopius	6.24	5.56		2. 1	9.41	Regen, veränderl.
Donn.	12	Gregor, P.	Gregor	28 Basilius	6.22	5.57		3. 8	10.28	
Freit.	13	†Rosina, W.	Ernst	1 März. E.	6.20	5.59		4. 6	11.31	Märzenschnee thut Frucht und Weinstock weh.
Samst.	14	†Mathilde, I.	Hesychius	2 Zacharias	6.18	6. 1		4.51		

Kath. und Prot. Jesus speiset 5000 Mann. Joh. 6. Griech. Von der Nachfolge Christi. Mark. 8.

Sonnt.	15	D Lät. Long.	D Lät. Christi.	3 F 3 Eut.	6.16	6. 2		5.25	2.13	● Neumond d. 18. um 6 Uhr 4 M. Morgens.
Mont.	16	Heribert	Cyriakus	4 Geras.	6.14	6. 3		5.52	3.41	
Dinst.	17	Gertrude	Gertrude	5 Conon	6.12	6. 5		6.15	5.10	
Mittw.	18	†Eduard ●	Anselm	6 42 Märt.	6.10	6. 7		6.34	6.37	Nordwinde, trocken.
Donn.	19	Josef, Nährv.	*Josef, Nährv.	7 Basilius	6. 8	6. 8		6.51	8. 5	
Freit.	20	†Nicetas	Ruprecht	8 Theophil.	6. 6	6. 9		7.11	9.31	Wenn's im März donnern thut, wird's dem Schnee nicht gut.
Samst.	21	†Benedikt	Benedikt	9 40 Märt.	6. 3	6.11		7.33	10.58	

Kath. u. Prot. Die Juden wollten Jesum steinigen. Joh. 8. Griech. Vom besessenen Stummen. Mark. 9.

Sonnt.	22	D Jud. Octav.	D Jud. Casim.	10 F 4 Quad.	6. 1	6.13		7.59	Morg.	☽ Erstes Viertel den 24. um 11 U. 33 Min. Abends.
Mont.	23	Victorin	Eberhard	11 Sophron.	5.59	6.14		8.34	0.21	
Dinst.	24	Gabriel, E. ☾	Gabriel	12 Therphan.	5.57	6.16		9.16	1.36	
Mittw.	25	†Maria Verk.	Maria Verk.	13 Nicephor.	5.55	6.17		10.11	2.41	Völlig milde Tage.
Donn.	26	Emanuel	Emanuel	14 Benedikt	5.53	6.18		11.16	3 31	
Freit.	27	†Schm. Mar.	Hubert	15 Agapius	5.51	6.20		0.24 A.	4.8	Wenn die Hasen rammeln, ist das Frühjahr nah.
Samst.	28	†Guntram	Malchus	16 Sabinus	5 49	6.21		1.35	4·35	

Kath. u Prot. V. Einzuge Jesu in Jerusalem. Matth. 21. Griech. Von d. Söhnen des Zebedäus. Mark. 10.

Sonnt.	29	D Palms. Cyr.	D Palms. Gust.	17 F 5 Alex.	5.47	6.23		2.45	4.57	Wenig Mist und wenig Mist, gibt die Kuh, die wenig frißt.
Mont.	30	Quirin	Guido	18 Cyrillus	5.45	6.24		3.54	5.15	
Dinst.	31	Amos, Pr.	Amos, Pr.	19 Chrysant.	5.43	6.26		5 0	5.29	

Den 20. um 7 Uhr 39 Min. Abends tritt die Sonne in das Zeichen des Widders. Frühlings-Anfang.

Haus und Hof. Anlegung neuer Komposthaufen, Getreide auf dem Schüttboden umschaufeln; Samen candiren.

Stall. Reinigen und Lüften der Ställe an sonnigen Tagen. Rapskuchenzulage für das sich härende Vieh. Zuchtferkel werden abgesetzt; Hühner und Gänse angesetzt.

Obst- und Gemüsegarten. Beginn des Oculirens und Pfropfens; neue Baumschulen anlegen; Fortsetzung des Abraupens und Reinigens der Bäume; verdeckt gehaltene edle Bäume lüften und beschneiden; Aprikosen-, Pfirsich- und Mandelbäume gegen Nachtfröste schützen.

Feld und Wiese. Beginn der Feldarbeiten; Weizen- und Kleefelder eggen; Beginn der Sommersaat, Klee gypsen; Gerste und Winterraps anhäufeln. Wiesen abräumen; leere Stellen mit Grassamen besäen.

Hopfengarten. Das Rigolen für neue Hopfenanlagen wird fortgesetzt.

Eine Seite aus dem „Neuen Kalender für die österreichischen Landwirthe auf das Gemein-Jahr 1874".

Wichtige Tage im bäuerlichen Kalender

5. Jänner. Perchtlabend; Höhepunkt der Zeit der sagenhaften dämonischen weiblichen Maskengestalten, die im Dezember und Jänner auftreten.

6. Jänner. Dreikönig, Fest der Heiligen Drei Könige; tatsächlich handelt es sich um das Epiphaniasfest, das Fest der Erscheinung des Herren, das älteste kalendarisch festgelegte Fest der Kirche.

20. Jänner. Gedenktag für die frühchristlichen Märtyrer Fabianus und Sebastian. „An Fabian und Sebastian / fängt oft der strenge Winter an", heißt es in der Bauernregel.

25. Jänner. Pauli Bekehrung; Fest der Bekehrung des Apostels Paulus, als er sein Damaskuserlebnis hatte und vom Saulus zum Paulus wurde. Die Bauernregel besagt: „Pauli klar, ein gutes Jahr / Pauli Regen, schlechter Segen."

2. Februar. Maria Lichtmess; heute „Fest der Darstellung des Herrn". Vierzig Tage nach Weihnachten markiert Lichtmess den Abschluss der weihnachtlichen Feste. Der früher gebräuchliche Name „Mariä Reinigung" erinnert daran, dass nach den Vorschriften des Alten Testaments die Mutter nach der Geburt eines Sohnes vierzig Tage lang als unrein galt. Lichtmess ist der Tag, an welchem die Kirche die zum Gottesdienst bestimmten Lichter weiht. Traditionell beginnt zu Lichtmess das Bauernjahr, die Dienstboten werden bezahlt und wechseln unter Umständen den Hof.

3. Februar. Blasitag; Festtag des Heiligen Blasius, eines frühchristlichen Märtyrers, der zu den vierzehn Nothelfern zählt (wird gegen Halsleiden angerufen, weil er durch ein Gebet einen Jungen gerettet haben soll, der an einer verschluckten Fischgräte zu ersticken drohte). Der Blasitag markierte einst für die Bauern das Winterende und den Beginn des neuen Arbeitsjahres. An diesem Tag wird der Blasiussegen erteilt.

19. März. Josefitag; Hochfest des Heiligen Josef von Nazareth, des Ziehvaters von Jesus Christus. Der Heilige Josef ist der Landespatron von Kärnten, der Steiermark, Tirol und Vorarlberg.

Ostern. Das älteste und höchste Fest der Christenheit, dessen Wurzeln im jüdischen Pessach-Fest liegen. Ostersonntag ist jeweils der erste Sonntag nach dem ersten Vollmond nach Frühlingsanfang, demnach frühestens der 22. März und spätestens der 25. April.

Bauernleben

23. April. Georgi; Festtag des Heiligen Georg, eines frühchristlichen Märtyrers, der um 305 in Palästina zu Tode gefoltert wurde. Um ihn ranken sich viele Legenden; berühmt ist diejenige vom Ritter Georg auf dem Pferd, der den Drachen tötete. Zudem ist Georg einer der vierzehn Nothelfer, den man gegen Seuchen von Haustieren bemüht. Am Georgitag bezahlte man früher Zinsen, konnten in manchen Regionen die Dienstboten wechseln und wurden die Pferde gesegnet. Auf Letzteres beziehen sich die auch heute noch beliebten Georgiritte sowie die Bauernregel: „St. Georg kommt nach alten Sitten / auf dem Schimmel angeritten", was darauf anspielt, dass es an diesem Tag noch schneien kann. Aber: „Auf St. Georgs Güte / stehen alle Bäum in Blüte."

12. Mai. Pankratius, der erste Eisheilige im süddeutschen, österreichischen und Schweizer Raum.

13. Mai. Servatius, ein weiterer Eisheiliger.

14. Mai. Bonifatius, noch ein Eisheiliger.

15. Mai. Sophie, die letzte Eisheilige, im Volksmund auch „kalte Sophie" oder despektierlich „Soferl mit'm kalten Oasch" genannt.

Christi Himmelfahrt. Fest der Erhöhung Christi; findet vierzig Tage nach Ostern – also immer an einem Donnerstag (in der Regel im Mai) – statt.

Pfingsten. Das Fest des Heiligen Geistes, der auf die in Jerusalem versammelten Apostel herabkam und ihnen ein „Pfingsterlebnis" bescherte. Das Pfingstfest findet genau 50 Tage nach Ostern statt, demnach ist der eigentliche Festtag also der Pfingstmontag.

Dreifaltigkeitssonntag. Der erste Sonntag nach Pfingsten (zwischen 17. Mai und 20. Juni), an dem die katholische Kirche das Fest der Dreifaltigkeit (Trinitatis) feiert.

Fronleichnam. Das zehn Tage, also am zweiten Donnerstag nach Pfingsten stattfindende „Hochfest des Leibes und Blutes Christi" ist mehr als nur ein wichtiger römisch-katholischer Feiertag. In Gestalt der geweihten Hostie („Fronleichnam" bedeutet so viel wie „Leib des Herren") wird Christus selbst durch Stadt, Flur und Wald geführt. Die prachtvollen Fronleichnamsprozessionen waren seit der Gegenreformation durchaus als antiprotestantische Demonstrationen gedacht, und bis zum heutigen Tag bedeuten sie in der Politik für die „Schwarzen" in einem gewissen Sinn dasselbe wie die Aufmärsche zum Ersten Mai für die „Roten".

15. Juni. Veitstag; Festtag des Heiligen Vitus (Veit), eines Frühchristen, der um 304 zu Tode gemartert wurde. Veit ist einer der vierzehn Nothelfer, der gegen Epilepsie (auch „Veitstanz" genannt) angerufen wird. Der Veitstag gilt als Stichtag für den Almauftrieb. Eine Bauernregel nimmt auf die bevorstehende Sonnenwende Bezug: „Nach St. Veit / wendet sich die Zeit."

21. Juni. Sonnwend, Sommersonnenwende, auch Mittsommernacht oder lateinisch Solstitium genannt. Weil die Sonne scheinbar senkrecht über dem nördlichen Wendekreis steht, ist dieser Tag in der nördlichen Hemisphäre derjenige mit der kürzesten Nacht. Astronomisch handelt es sich um die „Umkehr" der Sonne in ihrer jährlichen Bewegung an den beiden Wendekreisen. Zu Sonnwend ist es bis heute üblich, auf Berggipfeln und in exponierten Lagen große, weithin sichtbare Feuer abzubrennen. Im Zuge der Christianisierung Europas wurden die ursprünglich heidnischen Sonnwendfeuer in ein christliches Fest umgewandelt, auf den 24. Juni, den Johannistag (Johannes der Täufer), verlegt und „Johannisfeuer" genannt.

24. Juni. Hochfest von Johannes dem Täufer, dem Propheten und Täufer Jesu; der Tag der Halbjahresfeier, an dem die Johannisfeuer abgebrannt werden (siehe auch 21. Juni).

29. Juni. Peter und Paul, Peterstag; Hochfest der Apostel Petrus und Paulus. Gilt als der wichtigste Stichtag für den Almauftrieb. Eine von vielen Bauernregeln für diesen Tag: „Ist's Wetter von Peter bis Laurentius (10. August) heiß / bleibt der kommende Winter lange weiß."

25. Juli. Jakob, Jakobi, Santiago; einer der zwölf Aposteln, der auf recht gewundenen Wegen als Santiago Matamorus („Maurentöter") zum Nationalheiligen Spaniens wurde. Santiago de Compostela im Nordwesten Spaniens wurde ab dem 11. Jahrhundert zu einem Wallfahrtszentrum, zu dem Pilger aus ganz Europa auf dem Jakobsweg zogen (und noch immer ziehen). Jedes Jahr, in dem der 25. Juli auf einen Sonntag fällt, gilt als „Heiliges Jahr"; Wallfahrer können an diesem Tag vollkommenen Ablass aller Sünden finden. Im Alpenraum ist der Jakobitag ein traditioneller Bauernfeiertag, an dem häufig Märkte abgehalten oder auf die Alm „gefahren" wird. Anna Starzer: „Die bleibenden Dienstboten wurden zu Jakobi schon wegen des weiteren Verbleibes angeredet und erhielten auch das Drangeld."

26. Juli. Annatag; Festtag der Heiligen Anna, der Mutter der Heiligen Maria und somit die Großmutter von Jesus. Hans Sinabell: „Um den 26. Juli herum, dem Annatag, begann in Geretschlag die Ernte. Der Vater ging auf die Felder, um festzustellen, welches Korn reif zum Mähen war." Bauernregel: „Von St. Ann / gehen die kühlen Morgen an."

10. August. Laurentius, Laurenz; ein frühchristlicher Märtyrer, der in Rom am 10. August 258 zu Tode gemartert wurde. Anna Starzer: „Wenn das Erntejahr günstig war, konnte man zu Laurenzi mit dem Heimbringen fertig sein." Ein wichtiger Lostag, wie aus alten Bauernregeln hervorgeht: „Laurentius im Sonnenschein / wird der Herbst gesegnet sein."

15. August. Maria Himmelfahrt. Bedeutendster Marienfeiertag; Hochfest Mariä Aufnahme in den Himmel, auch Großer Frauentag, Maria Würzweih, Büschelfrauentag genannt. An diesem Tag wird traditionellerweise die Kräuterweihe vorgenommen. Der Legende nach fanden die Jünger, als sie Marias Grab öffneten, nicht mehr ihren Leichnam, sondern nur mehr Blüten und Kräuter. Tatsächlich dürfte dieser Brauch mit der jahreszeitlich bedingten Hochblüte der Natur im Zusammenhang stehen.

24. August. Bartholomäus; Festtag des Heiligen Bartholomäus, eines der zwölf Jünger Jesu. Einst begannen an diesem Tag die Vorbereitungen auf Weihnachten, weil man diejenigen Gänse und Karpfen auswählte, die für das Fest gemästet werden sollten. Ähnlich wie Laurenzi (10. August) ein wichtiger Lostag: „Wie Lorenz und Barthel sind / wird der Winter – rau oder lind."

1. September. Ägidius; Einsiedler und Gründer des Benediktinerklosters St. Gilles in der Camargue (zirka 640 bis 720); zählt zu den vierzehn Nothelfern und wird zur Ablegung einer guten Beichte angerufen. Bauernregel: „Ist's an St. Ägidi rein / wird's so bis Michaeli (29. September) sein."

8. September. Fest Mariä Geburt; ein Tag, für den zwei schöne Bauernregeln gelten: „Mariä Geburt / jagt alle Schwalben furt" und „Wird an Mariä Geburt gesät / ist es weder zu früh noch zu spät".

14. September. Heiligkreuztag, Fest der Kreuzerhöhung; ursprünglich das Kirchweihfest der am 14. September 335 in Jerusalem geweihten Grabeskirche. 614 raubten persische Truppen die Kreuzesreliquie, die wenige Jahre später vom byzantinischen Kaiser Heraklius zurückgewonnen und am 14. September 629 in die Grabeskirche zurückgebracht wurde. Zum Andenken an dieses Ereignis feiert die Kirche am 14. September das Fest der „Erhöhung des Heiligen Kreuzes". Ein Tag, an dem traditionellerweise Kreuze gesegnet werden. Eine Bauernregel lautet: „Ist's hell am Kreuzerhöhungstag / so folgt ein strenger Winter nach."

24. September. Rupertitag; Festtag des Heiligen Rupert, des ersten Bischofs und Landespatrons von Salzburg, der am 27. März 718 starb. Seine Reliquien werden im Salzburger Dom und in der Abteikirche St. Peter aufbewahrt.

Der 24. September gilt als der Tag der Überführung der Gebeine und ist der Salzburger Landesfeiertag.

29. September. Michaeli; Festtag des Erzengels Michael, der – neben vielen anderen Taten – Adam und Eva mit dem Schwert aus dem Paradies vertrieb und den Lebensbaum bewachte. Im bäuerlichen Bereich manchmal der Zahltag für gepachtetes Ackerland und die Zeit des Almabtriebs.

Erntedank. Findet jeweils am ersten Sonntag im Oktober statt. In der Kirche werden Erntespeisen geweiht; beim anschließenden Umzug führt man üblicherweise eine Erntedankkrone mit.

Kirchweih. Wird in vielen Orten am dritten Sonntag im Oktober gefeiert. Kirchen, die einem Heiligen geweiht sind, nehmen aber häufig dessen Gedenktag zum Anlass, ein eigenes „Patronatsfest" zu feiern.

1. November. Allerheiligen; der Tag, an dem aller Heiligen, Märtyrer und Verstorbenen gedacht wird. Die Gräber werden geschmückt, das „Seelenlicht" wird entzündet; am Nachmittag findet ein Friedhofsumgang mit Segnung der Gräber statt. Der 2. November, der Allerseelentag, gilt den „armen Seelen im Fegefeuer".

6. November. Leonhardi; Festtag des Heiligen Leonhard von Noblat, der im 6. Jahrhundert als Einsiedler im Wald bei Limoges lebte und das Kloster Noblat bei Limoges gründete. Am Leonharditag werden Wallfahrten unternommen, finden „Leonhardi-Ritte" statt, werden Tiere gesegnet und Märkte abgehalten. In Bayern gilt Leonhard als eine Art Nationalheiliger und als „Bauernherrgott". Eine Bauernregel besagt: „Wenn auf Leonhardi Regen fällt / ist's mit dem Weizen schlecht bestellt."

11. November. Martini; Festtag des Heiligen Martin von Tours (zirka 316–397), des Landespatrons des Burgenlandes. Der Legende nach hatte sich Martin im Stall versteckt, um der Wahl zum Bischof von Tours zu entgehen, wurde jedoch durch das Schnattern der Gänse verraten – denen es seither an diesem Tag an den Kragen geht („Martiniganserl"). Tatsächlich hat dieser Brauch damit zu tun, dass zu Martini dasjenige Vieh geschlachtet wurde, das nicht den ganzen Winter hindurch gefüttert werden konnte. Weiters waren Gänse eine beliebte Zinsbeigabe an den Grundherren, und Martini war traditionell der Tag, an dem der Tribut fällig war. Daher heißt es auch in einer Bauernregel: „St. Martin ist ein harter Mann / für den, der nicht bezahlen kann."

Bauernleben

15. November. Leopoldi; Festtag des Heiligen Leopold, des Landespatrons von Wien, Niederösterreich und Oberösterreich. Der Babenberger Leopold III. (1073–1136) war ab 1095 Markgraf von Österreich; sein Grabmal befindet sich im Augustiner-Chorherrenstift Klosterneuburg. Leopoldi wird mit zahlreichen Feiern und Märkten begangen; besonders beliebt ist das Fasslrutschen über das „Tausendeimerfass" im Stiftskeller Klosterneuburg.

22. November. Cäcilia; Festtag der Heiligen Cäcilia, einer frühchristlichen Märtyrerin, die zirka von 200 bis 230 in Rom lebte.

25. November. Kathrein; Festtag der Heiligen Katharina von Alexandria, die um 300 lebte und als Märtyrerin starb. Katharina zählt zu den vierzehn Nothelfern; sie wird gegen Leiden der Zunge und schwere Sprache angerufen. Ab dem Kathreintag durfte früher zur Vorbereitung auf Weihnachten nicht mehr getanzt werden („Kathrein stellt den Tanz ein"). Daher war – und ist – an diesem Tag der Kathreintanz üblich.

4. Dezember. Barbaratag; Festtag der Heiligen Barbara, die – falls überhaupt – um 300 lebte und als Märtyrerin zu den vierzehn Nothelfern zählt; sie wird zum Schutz vor jähem Tod und als Beistand der Sterbenden angerufen. Am 4. Dezember werden „Barbarazweige" von Apfel- oder Kirschbäumen abgeschnitten und in der Stube ins Wasser gestellt; wenn sie zu Weihnachten blühen, so gilt das als gutes Zeichen („Knospen an St. Barbara / sind zum Christfest Blüten da").

5. Dezember. Krampustag, Kramperltag; der Vorabend des Nikolofestes, an dem die Kinder beschenkt werden. Der Tag heißt so nach dem teuflischen Begleiter des Nikolaus, dem Krampus. An vielen Orten finden die traditionellen Krampusläufe statt, die in manchen Gegenden zu Perchtenläufen mutiert sind (siehe 5. Jänner).

6. Dezember. Fest des Heiligen Nikolaus, des Patrons der Kinder, Schüler und Seeleute. Als sanfter, weißbärtiger Nikolo beschenkt er die Kinder; in seinem Gefolge kommt allerdings am Vorabend als teuflischer Begleiter der Krampus, der häufig handfest Folgsamkeit gegenüber den Eltern und Erziehungsberechtigen einfordert.

8. Dezember. Maria Empfängnis; katholisches Hochfest der „unbefleckten Empfängnis" der Gottesmutter Maria durch ihre Mutter Anna – exakt neun Monate vor dem Fest Mariä Geburt (8. September).

24. Dezember. Heiliger Abend; in der katholischen Kirche Festtag von Adam und Eva, den Stammeltern der Menschheit und Vorfahren Jesu.

25. Dezember. Christtag; erster Weihnachtsfeiertag, Festtag der Geburt des Herrn. Früher fand die weihnachtliche Bescherung häufig erst am Morgen des Christtages statt.

26. Dezember. Stephanitag; zweiter Weihnachtsfeiertag, Fest des Heiligen Stephanus, eines urchristlichen Märtyrers. Der Hl. Stephan ist u. a. der Schutzpatron der Pferde.

Raunächte, Rauchnächte. Üblicherweise die zwölf Nächte zwischen Weihnachten und Dreikönigstag, die laut Grimm'schem Wörterbuch seit dem 4. Jahrhundert als heilige Festzeit betrachtet werden (auch Unternächte oder Zwischennächte genannt). Der Ausdruck dürfte vom rituellen Ausräuchern der Stallungen und Räume eines Hofes kommen, um Teufel und Dämonen zu verbannen und den Hof gleichsam zu reinigen. Als die vier traditionellen Raunächte gelten die Thomasnacht (21./22. Dezember), die Christnacht (24./25. Dezember, die Silvesternacht (31. Dezember/1. Jänner) und die Epiphaniasnacht (5./6. Jänner).

Autorinnen und Autoren

Hedwig Duscher
Geboren 1924 als Häuslerstochter in Haslach im oberen Mühlviertel, Oberösterreich. Der Vater war Maurer, die Mutter arbeitete in einer Weberei und starb 1931, worauf der Vater erneut heiratete; die Familie hatte insgesamt zwölf Kinder. Mit 13 Jahren wurde Hedwig Duscher zum Bauern in Dienst gegeben und arbeitete fast 27 Jahre lang in der Landwirtschaft; vor ihrer Pensionierung war sie einige Jahre Hilfsarbeiterin. Mutter von zwei Kindern. Die abgedruckten Texte stammen aus einem handschriftlichen Manuskript mit Lebenserinnerungen. Hedwig Duscher starb 2002.

Josef Gamsjäger
Geboren 1912 in Gosau, oberösterreichisches Salzkammergut, als Sohn eines kleinen Bauern und Holzknechts. Arbeit in einer Holzknechtpass, Zimmererlehre; häufige Arbeitslosigkeit. Als illegaler Nationalsozialist flüchtete er 1934 nach Deutschland, kehrte aber nach drei Monaten wieder nach Österreich zurück, wo er zuerst drei Wochen wegen Hochverrats und dann sieben Monate wegen Wilderei eingesperrt wurde. Nach dem „Anschluss" 1938 bekam Josef Gamsjäger bei den Bundesforsten eine Anstellung als Holzknecht; daneben absolvierte er die Revierjägerprüfung und konnte im Jänner 1939 seinen Dienst als Berufsjäger antreten; Heirat im Februar 1939; 1940 wurde er zur Wehrmacht eingezogen und machte den Russlandfeldzug als Panzersoldat mit. Nach dem Krieg war Josef Gamsjäger wieder als Berufsjäger tätig; er starb 1999. Der abgedruckte Text ist einem Manuskript mit dem Titel „Berg Buam Leben" entnommen.

Flora Gappmaier
Geboren 1924 als Bauerntochter bei Tamsweg im Salzburger Lungau. 1947 heiratete sie beim Kämpferbauern ein, einem auf 1250 Metern Seehöhe gelegenen Hof mit schönem Ausblick über den Lungau. Flora Gappmaier ist die Mutter von zwölf Kindern. Die abgedruckten Texte stammen aus einer Reihe von handschriftlichen Manuskripten mit lebensgeschichtlichen Erinnerungen.

Bauernleben

Alois Gatterer
Geboren 1923 in Grafenschlag, Waldviertel, Niederösterreich, als lediges Kind; die Eltern konnten erst einige Jahre nach seiner Geburt heiraten. Der Vater war Bauer und arbeitete daneben noch als Maurer. Nach dem Besuch der Volksschule war Alois Gatterer in der elterlichen Landwirtschaft tätig. Im April 1942 wurde er zur Deutschen Wehrmacht eingezogen; im April 1945 geriet er in russische Kriegsgefangenschaft; am Weihnachtstag 1947 kehrte er mit einer schweren Wirbelsäulenverletzung heim. In weiterer Folge gab es mehrere Krankenhausaufenthalte und eine lange Rehabilitation. Er heiratete in die Wirtschaft seiner Frau in Sigmundsherberg ein und war ein Leben lang als Landwirt tätig. Nach seiner Pensionierung widmete er sich schriftstellerischen Arbeiten. Die abgedruckten Texte stammten aus dem im Eigenverlag erschienenen Buch „Kindheit bis Heimkehr" (1998). Alois Gatter starb im Jahr 2003.

Alois Haidvogl
Geboren 1920 in Harmanschlag, Waldviertel, Niederösterreich. Nach acht Jahren Volksschule absolvierte er eine Wagnerlehre und arbeitete als Wagnergeselle. 1939 wurde Alois Haidvogl zur deutschen Wehrmacht eingezogen, wo er als Flug- und Navigationslehrer eingesetzt wurde; 1944 Flugzeugabsturz, danach ein Jahr im Lazarett. Im Februar 1945 Heirat; im Mai/Juni 1945 amerikanische Kriegsgefangenschaft. Nach seiner Rückkehr nach Österreich 1946 übernahm Alois Haidvogl den väterlichen Wagnerbetrieb und führte ihn bis 1954; danach war er drei Jahre lang Leiter einer Kirchenbeitragsstelle und ab 1957 als Unteroffizier beim Bundesheer (Navigations- und Flugsimulatorlehrer) tätig; seit 1981 ist er Pensionist. Er hat mehrere selbst verlegte Publikationen mit lebensgeschichtlichen Erinnerungen verfasst, u. a.: „Aus meiner Jugendzeit" (1992); „Ein gern gelebtes Leben" (1993); „So war's einmal" (1994), aus denen die in diesem Buch abgedruckten Texte stammen.

Johann Hochstöger
Geboren 1922 als Bauernsohn in St. Georgen am Wald, nördlich des Strudengaus, Oberösterreich. Sein Vater starb 1934, die Mutter heiratete ein Jahr später erneut. Ab seinem zwölften Lebensjahr arbeitete Johann Hochstöger als Fuhrwerker und transportierte mit dem Pferd seines Stiefvaters Holz an die Donau, wo es auf Schlepper verladen wurde. Anfang 1941 wurde er zum Reichsarbeitsdienst und anschließend zur Wehrmacht eingezogen; dreieinhalb Jahre

war er in Russland und wurde dort mehrmals verwundet. Das Kriegsende erlebte er in Dänemark, geriet in britisch-amerikanische Kriegsgefangenschaft und kehrte im Juni 1946 nach Hause zurück. 1947 heiratete er (vier Kinder) und übernahm ein Jahr später den elterlichen Hof; dreißig Jahre lang war er Gemeinderat und in vielen weiteren öffentlichen Funktionen tätig. Die abgedruckten Texte entstammen zwei Manuskripten mit lebensgeschichtlichen Erzählungen, die Johann Hochstöger Mitte der 1990er Jahre verfasste.

Andreas Holzer
Geboren 1924 in Thomatal im Salzburger Lungau als lediges Kind einer Bergbauerntochter und eines Bauernknechts; bis zur Eheschließung seiner Mutter 1929 wuchs er in der Obhut seiner Großmutter auf. Eine Schussverletzung, die ihm ein 14-Jähriger unabsichtlich zufügte, beeinträchtigte ihn auf Lebenszeit. Mit 13 Jahren kam Andreas Holzer als Hüterbub auf einen Bauernhof; mit 16 Jahren (1940) Ausbildung zum ersten Traktorfahrer im Lungau; 1943 wurde er zur Wehrmacht eingezogen, 1944 kam er an die Ostfront und geriet bei Kriegsende in russische Kriegsgefangenschaft, aus der er Ende 1946 freikam. Nach seiner Heimkehr erlernte Andreas Holzer das Zimmererhandwerk und heiratete 1955; Vater von acht Kindern. Die abgedruckten Texte stammen aus der 1995 im Eigenverlag erschienenen Publikation „Aus dem Leben eines Kleinbürgers in einer bewegten Zeit".

Christian Horngacher
Geboren 1920 in Kirchberg in Tirol als Kind von „Ickhäuslern" („Menschen, die in Miete lebten"). Nach Abschluss der Volksschule 1934 war Christian Horngacher als Knecht auf mehreren Bauernhöfen tätig, dann als Holzarbeiter bei der Gemeinde Kirchberg. 1940 wurde er zur Wehrmacht eingezogen; bei Kriegsende geriet er zweieinhalb Jahre in Gefangenschaft. Nach seiner Rückkehr arbeitete Christian Horngacher als Sägewerksarbeiter und war im Österreichischen Gewerkschaftsbund, in der Arbeiterkammer und in der SPÖ aktiv; 15 Jahre lang Landtagsabgeordneter der SPÖ Tirol, sechs Jahre lang Vizepräsident des Tiroler Landtags. Die in diesem Buch abgedruckten Texte sind aus Anlass eines Schreibaufrufs der Tiroler Landesregierung zum „Internationalen Jahr des älteren Menschen" entstanden.

Bauernleben

Franz Huber
Geboren 1922 in Wagrein, im Salzburger Pongau, als lediges Kind einer Dienstmagd; der Vater starb 1924. Da die Mutter ihn nicht behalten konnte, wuchs er auf fünf verschiedenen Pflegeplätzen auf. 1940 übersiedelte Franz Huber nach Rottenmann, Steiermark, wurde Sägearbeiter und Zimmermannslehrling beim Onkel des Ehegatten seiner Mutter; 1943 rückte er zur Wehrmacht ein und wurde an der Ostfront zweimal schwer verwundet. Nach seiner Rückkehr absolvierte er die Polierschule, machte 1958 die Meisterprüfung und übernahm den Zimmereibetrieb (30 bis 35 Beschäftigte), den er als Geschäftsführer bis zu seiner Pensionierung im Jahr 1982 erfolgreich führte. Die abgedruckten Texte stammen aus dem 1995 verfassten Manuskript: „Der Annehm-Bua".

Heinrich Innthaler
Geboren 1907 in Naßwald, Niederösterreich (Region Rax/Schneeberg); er entstammte einer traditionsreichen protestantischen Holzarbeiterfamilie, war selbst Holzarbeiter und brachte es als Berufsjäger bis zum Oberheger. 1943 wurde er zur deutschen Wehrmacht eingezogen und geriet in Italien in englische Kriegsgefangenschaft, aus der er im Oktober 1945 zurückkehrte. Der abgedruckte Text ist einem handschriftlichen Manuskript mit dem Titel „Vom Holzknecht zum Waldfacharbeiter" entnommen. Heinrich Innthaler starb 1989.

Johann Kaufmann
Geboren 1923 in Reuthe, Bregenzerwald, Vorarlberg; der Vater war als Hilfsarbeiter auf Baustellen und in der Landwirtschaft tätig, die Mutter führte den Haushalt und versorgte die insgesamt acht Kinder, die in Armut aufwuchsen. Besuch der Volksschule von 1930 bis 1938; 1939 trat er in die Staatsgewerbeschule Bregenz ein. Von 1942 bis 1945 Kriegsdienst in Russland, Ostpreußen und Ungarn. 1947 HTL-Matura in Bregenz; anschließend war Johann Kaufmann als Konstrukteur bei zwei Unternehmen in Vorarlberg beschäftigt. 1960 bis 1963 Bau eines Eigenheims; 1963 Heirat, vier Kinder; 1987 Pensionierung. Der abgedruckte Text stammt aus einem umfangreichen handschriftlichen Manuskript mit lebensgeschichtlichen Erinnerungen.

Autorinnen und Autoren

Josef Lassnig
Geboren 1922 in Stranach bei Mörtschach, Mölltal, Kärnten, als zweites von acht Kindern einer Bergbauernfamilie. Nach der Volksschule Arbeit auf dem Hof der Eltern; 1941 Einberufung zur deutschen Wehrmacht. Bei Kriegsende gelang es ihm, sich abzusetzen und auf Nebenwegen nach Hause zurückzukehren. Heirat 1951, vier Kinder; Übernahme eines auf 1300 Meter Seehöhe gelegenen Bauernhofes im benachbarten Rettenbach; 1956 Verkauf des Hofes in Kärnten und Kauf eines Bauernhofs in Oberösterreich, wohin die Familie mit allem Hab und Gut (inklusive Vieh) übersiedelte. Bis 1987 war Josef Lassnig Vollerwerbsbauer, danach verkaufte er den Hof; in seiner Pension betätigte er sich als Bergsteiger und Jäger. Die abgedruckten Texte entstammen einem Manuskript mit dem Titel „Seppl von der Mölltalleit'n". Josef Lassnig starb 1993.

Heinrich Paar
Geboren 1920 am Pogusch, St. Lorenzen im Mürztal, Steiermark. Mit zehn Jahren kam er als Halterbub auf den Bauernhof seines Großonkels, wo er nach dem Abschluss der Volksschule als landwirtschaftlicher Knecht tätig war. 1938, unmittelbar nach dem „Anschluss", trat er als Hilfsarbeiter in die Böhler-Werke in Kapfenberg ein und brachte es dort zum Kranführer. Während seiner Zeit beim NS-Reichsarbeitsdienst brach eine schwere Krankheit aus, an der er zehn Jahre lang litt. 1951 starb Heinrich Paar als Angestellter der Kapfenberger Stadtwerke. Während seiner Krankheit verfasste Heinrich Paar lebensgeschichtliche Texte, die in seinem Nachlass gefunden wurden. Diese Erinnerungen an seine Kindheit wurden 2001 von seinem Bruder Peter Paar in dem im Eigenverlag erschienenen Buch „Die Lorenzer Zeit. Kindheit am Pogusch. Landarbeit und Freizeitgestaltung in den Dreißigerjahren des 20. Jahrhunderts" veröffentlicht. Diesem Buch sind die abgedruckten Texte entnommen.

Julie Peterseil
Geboren 1907 in Oberösterreich als eines von neun Kindern eines Zimmermannes. Die Mutter starb im Mai 1914, der Vater wurde gleich zu Kriegsbeginn eingezogen und fiel im Februar 1915 in Russland. Die Kinder kamen in die Obhut der Großmutter. Mit knapp zehn Jahren wurde Julie von einer kinderlosen Bauernfamilie im niederösterreichischen Weinviertel aufgenommen und schließlich adoptiert. Sie heiratete einen Bauernsohn und erbte den mittelgroßen Hof ihrer Adoptiveltern; zwei Töchter. Julie Peterseil (Pseudonym) lebt

heute 98-jährig nach wie vor auf dem Hof im Weinviertel. Der abgedruckte Text stammt aus einem handschriftlichen Manuskript mit Lebenserinnerungen.

Anton Pillgruber
Geboren 1928 als unehelicher Sohn einer Bauerntochter in Vigaun bei Hallein, Salzburger Tennengau. Gleich nach der Geburt kam er als Pflegekind zum Onkel der Mutter und mit drei Jahren auf den Bauernhof seiner Tante väterlicherseits in St. Koloman, wo er nach Abschluss der Volksschule bis Oktober 1950 als Knecht arbeitete. Anschließend Besuch einer Landwirtschaftsschule; danach Anstellung als Vorarbeiter auf einem Gutshof in Unterscheffau bei Golling sowie Betriebsführer einer Landwirtschaft in Rauris. 1958 heiratete Anton Pillgruber auf einem Hof in Elsbethen bei Salzburg ein und führte diesen ab 1963 gemeinsam mit seiner Frau im Nebenerwerb; drei Töchter. 1965 übernahm er die landwirtschaftliche Verteilerstelle des Raiffeisenlagerhauses in Elsbethen, baute diese zu einer gut gehenden Filiale aus und verblieb dort bis zu seiner Pensionierung im Jahr 1988. Von 1974 bis 1979 war er Gemeinderat; 1980 starb seine Frau nach langer Krankheit. Der abgedruckte Text ist einem 80-seitigen Manuskript mit Lebenserinnerungen entnommen.

Alois Poxleitner-Blasl
Geboren 1933 in Molln, Oberösterreich. Er verbrachte die Kindheit am elterlichen Bauernhof und besuchte ab 1943 die Schule in Kremsmünster; anschließend absolvierte er eine Buchhandelslehre in Steyr. Ab 1953 war Alois Poxleitner-Blasl als Angestellter im Buchhandel (davon ein Jahr in Paris) und als Fremdsprachenkorrespondent tätig. 1962 Heirat und Umzug nach Wien; 1975 machte er sich selbständig (Buchhandel und Antiquariat); seit 2000 ist er in Pension, führt aber noch an drei Tagen in der Woche das Antiquariat weiter. Er ist Autor mehrerer selbst verlegter Publikationen mit lebensgeschichtlichen Inhalten; die abgedruckten Texte stammen aus dem liebevoll gestalteten Buch „Erinnerungen an Kindheit und Elternhaus in Oberösterreich" (1983).

Matthäus Prügger
Geboren 1919 in Präbichl bei Semriach, nahe Graz, als jüngstes von drei Bergbauernkindern. Nach dem Schulbesuch arbeitete er als Pferdeknecht auf dem Hof seiner Eltern; 1938 meldete er sich freiwillig zum Militärdienst. Nach sei-

ner Rückkehr aus dem Krieg absolvierte er ab Jänner 1946 eine Ausbildung als Gendarmeriebeamter und übte diesen Beruf bis zu seiner Pensionierung 1979 aus. Die in diesem Buch abgedruckten Texte stammen aus einem handschriftlichen Manuskript mit Lebenserinnerungen. Matthäus Prügger starb 1999.

Alois Reinthaler
Geboren 1904 im Innviertel als achtzehntes Kind eines Bauern. Mit 20 Jahren kam er nach Salzburg, wo er die Staatsgewerbeschule absolvierte und zum Bau- und Zimmerermeister ausgebildet wurde; er übernahm den Betrieb seines Schwiegervaters in Salzburg-Lehen. Von 1953 bis 1967 gehörte er dem Salzburger Gemeinderat an und war in verschiedenen öffentlichen Funktionen tätig. Einrichtung eines Privatmuseums in Osternach. Er veröffentlichte das Buch „Salzburg – meine zweite Heimat" (1981) und verfasste zahlreiche lebensgeschichtliche Manuskripte über seine bäuerliche Kindheit im Innviertel, denen die in diesem Buch abgedruckten Texte entnommen sind. Alois Reinthaler starb 1991.

Johann Sack
Geboren 1928 in Wallern am Neusiedler See, Seewinkel, Burgenland, als zweites von drei Kindern. Die Mutter starb früh; der Vater, ein kleiner Landwirt, heiratete 1935 ein zweites Mal. Nach Volks- und Hauptschule folgte eine Lehre und der Besuch der Berufsschule für Flugzeugbau und Kraftfahrzeugtechnik. Während des Zweiten Weltkrieges Arbeit in der Rüstungsindustrie bei Ernst Heinkel in Wien-Schwechat und in der Seegrotte in der Hinterbrühl, Niederösterreich (Flugzeugbau). Nach dem Krieg war er als Betriebsmechaniker und Filialleiter einer Kfz-Werkstätte in Lutzmannsburg, Burgenland, tätig. Verheiratet, drei Kinder. Heute lebt Johann Sack verwitwet als Pensionist in Lutzmannsburg. Die abgedruckten Texte stammen aus einer Eigenpublikation mit dem Titel: „Mein Leben im Wandel der Zeit".

Anna Siebenhandl
Geboren 1926 in Altwaldhäusl, nördlich von Ybbs an der Donau, Niederösterreich, als Tochter von Kleinhäuslern; wurde mit zehn Jahren auf den Bauernhof einer entfernten Verwandten der Mutter am Fuß des Dunkelsteiner Waldes, Niederösterreich, in Dienst gegeben. Auf diesem Hof lebte und arbei-

tete Anna Siebenhandl 15 Jahre lang; anschließend war sie zwei Jahre in einer Landwirtschaft nahe Melk tätig, wo sie ihren Mann kennen lernte und heiratete; danach fünf Jahre auf einen Gutshof in Breitenfurt im Wienerwald. Schließlich Übersiedelung nach Strasshof im niederösterreichischen Marchfeld und Bau eines Hauses; hier lebt Anna Siebenhandl heute als Pensionistin. Sie ist Mutter von sieben Kindern. Die abgedruckten Texte sind einer Reihe von handschriftlichen Manuskripten der Autorin mit lebensgeschichtlichen Erinnerungen entnommen.

Hans Sinabell
Geboren 1928 als zweites von sieben Kindern eines mittelgroßen Bauern in Geretschlag in der Buckligen Welt, Niederösterreich. Nach der Volksschule besuchte er die Lehrerbildungsanstalt und kam 1947 als Junglehrer in den Bezirk Tulln, Niederösterreich. Hans Sinabell heiratete 1948. Er unterrichtete an verschiedenen Schulen und war ab 1973 Hauptschuldirektor; 1993 Pensionierung. Viele Jahre war er im Kirchenchor und im Tullner Gesangverein tätig; fünf Jahre lang gestaltete er eine Reihe von volksmusikalischen Programmen im Rahmen der „Volkskultur Niederösterreich"; weiters verfasste er eine Reihe von Büchern: „Bei uns dahoam", „Erlebtes und Erlauschtes aus der Buckligen Welt", „Erinnerungen eines Pflichtschullehrers und G'schichten aus dem Dorfwirtshaus". Die abgedruckten Texte stammen aus dem Buch „Zeit im Umbruch. Aus der Sicht eines Bauernbuben in der Buckligen Welt" (1999). Hans Sinabell starb Ende 2004.

Anna Starzer
Geboren 1914 als einzige Tochter einer Bauernfamilie in Starzing bei Naarn, oberösterreichisches Machland. Als Erbin führte sie den elterlichen Hof weiter, wo sie zuvor bis zur ihrer Heirat 1943 als Magd tätig gewesen war; Mutter von sieben Kindern. 1978 Übergabe des Hofes an den ältesten Sohn. Im Alter von 60 Jahren wurde ihre körperliche Tätigkeit durch ein Hüftleiden eingeschränkt; sie begann, Erlebnisse und Erinnerungen aufzuschreiben. Diesen Aufzeichnungen sind die in diesem Buch abgedruckten Texte entnommen. Anna Starzer starb 1989.

Herausgeber

Kurt Bauer

Geboren 1961 in St. Peter am Kammersberg, Bezirk Murau, Steiermark. Der Vater war Arbeiter, die Mutter Inhaberin einer Gemischtwarenhandlung; drei Geschwister. Schriftsetzerlehre; Absolvierung der Grafischen Lehr- und Versuchsanstalt in Wien; seit 1986 als Hersteller und Lektor in verschiedenen Wiener Zeitschriften- und Buchverlagen tätig. Studium der Geschichte an der Universität Wien; Dr. phil. Bücher u. a.: „Faszination des Fahrens. Unterwegs mit Fahrrad, Motorrad und Automobil" (Reihe „Damit es nicht verlorengeht ...", Böhlau Verlag, 2003); „Elementar-Ereignis. Die österreichischen Nationalsozialisten und der Juliputsch 1934" (Czernin Verlag, 2003, ausgezeichnet mit dem Bruno-Kreisky-Preis).

Foto- und Quellennachweis

Fotonachweis:

Fotosammlung Hubert Borger, Wien: Seite 41, 95

Fotosammlung „Dokumentation lebensgeschichtlicher Aufzeichnungen", Wien: Seite 11, 27, 30, 33, 37, 43, 59, 63, 65, 67, 69, 79, 93, 103, 117, 123, 125, 127, 131, 139, 142, 153, 155, 163 (Bilder zur Verfügung gestellt von Theresia Egger, Ilse Hauser, Christian Horngacher, Erich Landsteiner, Günter Müller, Barbara Passrugger, Matthäus Prügger, Judith Schachenhofer, Johanna Scherleitner-Stuckheil, Gottfried Steinbacher, Barbara Waß, Karl Wipflinger)

Flora Gappmaier, Tamsweg: Seite 35, 99, 101, 181

Alois Gatterer, Sigmundsherberg: Seite 23

Wilhelmine Gerold, St. Peter am Kammersberg: Seite 135, 159

Landesmuseum Joanneum, Bild- und Tonarchiv, Graz: Cover, Seite 45, 51

Josef Lassnig, Rüstorf: Seite 77

Anton Pillgruber, Elsbethen: Seite 48, 191

Johann Sack, Lutzmannsburg: Seite 89

Fotosammlung Helene Schreivogl, Achau: Seite 111, 114

Anna Siebenhandl, Strasshof: Seite 169

Fotosammlung Franz Wolfsberger, St. Peter am Kammersberg: Seite 15, 85, 97, 146, 149, 173, 179

Quellennachweis:

Die abgedruckten Texte stammen durchwegs aus der „Dokumentation lebensgeschichtlicher Aufzeichnungen" (siehe Seite 235); nähere Details zu den einzelnen Beiträgen finden sich in den Biographien der Autorinnen und Autoren (Seite 225–233). Für das Glossar (Seite 195–215) und die Übersicht über die wichtigsten Tage im bäuerlichen Kalender (Seite 217–223) wurden zahlreiche Bücher, Wörterbücher, Nachschlagewerke und Internetseiten herangezogen, und zwar neben vielen anderen: Duden – Wie sagt man in Österreich? Wörterbuch des österreichischen Deutsch, 3. Aufl., Mannheim 1998; Der Digitale Grimm, Deutsches Wörterbuch, Elektronische Ausgabe der Erstbearbeitung von Jacob und Wilhelm Grimm, Frankfurt a. M. 2004; Maria Schuster, Arbeit gab's das ganze Jahr, Vom Leben auf einem Lungauer Bergbauernhof, Wien 2001; www.kirchenweb.at, www.heiligenlexikon.de, www.sagen.at, http://de.wikipedia.org, www.aeiou.at.

„Damit es nicht verlorengeht ..."

Seit 1983 werden in der Buchreihe „Damit es nicht verlorengeht ..." Lebensgeschichten und Erinnerungstexte veröffentlicht. Die mittlerweile über 50 Bände der Buchreihe wollen zur Auseinandersetzung mit dem historischen Wandel, mit den lebensgeschichtlichen Erfahrungen anderer Menschen und mit den Unterschieden zwischen Jung und Alt, zwischen sozialen Schichten, zwischen Männern und Frauen usw. anregen.

Mit den Büchern möchten wir Menschen außerdem dazu ermuntern, selbst Lebenserinnerungen aufzuschreiben und damit für die eigenen Nachkommen bzw. für künftige Generationen aufzubewahren. Solche persönlichen Lebensaufzeichnungen haben in den letzten Jahrzehnten auch in der wissenschaftlichen Forschung und im Bildungsbereich (Schulen, Ausstellungen usw.) vermehrt Aufmerksamkeit gefunden.

Aus diesen Gründen wurde – parallel zur Buchreihe – am Institut für Wirtschafts- und Sozialgeschichte der Universität Wien unter dem Namen „Dokumentation lebensgeschichtlicher Aufzeichnungen" ein Archiv eingerichtet, in dem schriftliche Lebenserinnerungen und dazugehörige Fotos gesammelt werden.

Die Leserinnen und Leser sind herzlich eingeladen, Beiträge zu dieser Text- und Fotosammlung zu leisten! Wenn Sie Aufzeichnungen oder alltagsgeschichtlich wertvolle Fotos besitzen oder in Ihrem Bekanntenkreis von solchen Materialien wissen, wären wir sehr dankbar, wenn Sie mit uns Kontakt aufnehmen würden. Ebenso freuen wir uns, wenn Sie das Anliegen der „Dokumentation lebensgeschichtlicher Aufzeichnungen" an schreib- und erinnerungsfreudige Menschen weitergeben.

Kontaktadresse:
Institut für Wirtschafts- und Sozialgeschichte der Universität Wien
Mag. Günter Müller
„Dokumentation lebensgeschichtlicher Aufzeichnungen"
Dr.-Karl-Lueger-Ring 1, 1010 Wien; Tel. (01) 4277/41306
E-Mail: doku.wirtschaftsgeschichte@univie.ac.at

**Kurt Bauer (Hrsg.)
Faszination des Fahrens**

Unterwegs mit Fahrrad,
Motorrad und Automobil

Wien Köln Weimar

Dieser Band präsentiert die Erinnerungen von Zeitzeugen an die Anfänge des Individualverkehrs und der Massenmotorisierung. Mehr als 50 Frauen und Männer erzählen, was für sie die jeweils ganz spezifische Faszination des Fahrens ausmacht. Da sind die Kindheitserinnerungen an Reifenspiele, Schlittenfahrten, Pferdefuhrwerke und das heiß begehrte Triton. Dann das erste Fahrrad, das neue Wege und Möglichkeiten erschließt. Während und nach dem Krieg wird das geliebte Radl (über-)lebenswichtig: auf der Flucht vor Bombenangriffen und der herannahenden Front, auf Hamsterfahrten und zur Aufrechterhaltung der Mobilität. Bei der Wehrmacht steuern viele erstmals in ihrem Leben ein motorisiertes Fahrzeug.

In der Nachkriegszeit der mühsame Wiederaufbau. Motorräder und Motorroller werden zunehmend auch für weniger Wohlhabende erschwinglich. Abenteuerliche Urlaubsfahrten quer durch Österreich und ins benachbarte Ausland bleiben unvergesslich. Schließlich wird Realität, was noch wenige Jahre vorher undenkbar schien: das eigene Auto! Alltag und Arbeitsweg sind nun, so scheint es, leichter zu bewältigen; und in der Freizeit geht es hinaus ins Grüne. Zunehmend aber wird der motorisierte Verkehr zur täglichen, oft lästigen und aufreibenden Routine. Die einstige Begeisterung weicht wachsender Skepsis: Sind die Folgekosten der Motorisierung – Stress, Lärm, Abgase, zugeparkte Städte, Umweltzerstörung – letztlich nicht doch zu hoch?

2003. 316 S., zahlr.
schw.-w. Abb.
20 x 12 cm. Geb.
ISBN 3-205-77097-8

www.boehlau.at   www.boehlau.de

„Damit es nicht verloren geht …"

Herausgegeben von Gert Dressel, Peter Eigner, Christa Hämmerle, Peter Paul Kloß, Nikola Langreiter, Michael Mitterauer und Günter Müller

Eine Auswahl:

27: Barbara Passrugger
Steiler Hang
Bearbeitet u. m. einem Nachwort v. G. Hellmich.
1993. 114 S. 12 S. SW-Abb. Geb.
ISBN 3-205-98040-9

40: Maria Schuster
Auf der Schattseite.
Bearbeitet und mit einem Vorwort versehen
von Günter Müller.
1997. 297 S. m. 19 SW-Abb., 2 Stammtafeln. Geb. ISBN 3-205-98781-0

49: Maria Schuster
Arbeit gab's das ganze Jahr.
Vom Leben auf einem Lungauer Bergbauernhof
2001. 264 S. m. 16 S. SW-Abb. Geb.
ISBN 3-205-99405-1

34: Jürgen Ehrmann (Hg.)
Was auf den Tisch kommt, wird gegessen
Geschichten vom Essen und Trinken
1995. 207 S. m. 12 S. SW-Abb. Geb.
ISBN 3-205-98370-X

**Hans Haid
Neues Leben in den Alpen**

Initiativen, Modelle und Projekte der Bio-Landwirtschaft

Seit über 15 Jahren erforscht der Schriftsteller und Volkskundler Hans Haid das „Neue Leben" in den Alpen. Das sind innovative Aktionen und Personen aus den Bereichen der Poesie, der Musik, der Kulturinitiativen, der ersten Modelle des Bio-Landbaues, der Direktvermarktung, der Ansätze für eine nachhaltige Entwicklung in den Alpentälern. In seiner neuesten Publikation zeigt er die aktuelle Entwicklung auf, vergleicht, wie sich die Pionier-Aktionen entwickelt haben, welche Rolle vor allem die „agricultur" als Bio-Landwirtschaft spielt, welche Kooperationen es mit dem für weite Teile der Alpen dominanten Tourismus (z. B. über Bio-Hotels oder Urlaub am Bio-Bauernhof) gibt oder welche Formen des Naturschutzes erst durch das Miteinander der Menschen wirksam werden. Es wird auch dargestellt, in welcher Weise sich finanziell sehr aufwändige und hoffnungsvolle Maßnahmen der EU in speziellen Regionalentwicklungsprojekten bewährt haben oder ob der Großteil davon scheitern musste. Der Schwerpunkt liegt dabei auf Österreich, eingebunden in Vergleiche mit wichtigen Modellen und Persönlichkeiten aus allen Teilen der Alpen, von den französischen Seealpen über Piemont, Wallis, Graubünden, Bayern bis nach Friaul und Slowenien.

2005. 249 S.,
zahlr. s/w- u. 16 S. farb. Abb.
21 x 13,5 cm. Geb.
ISBN 3-205-77251-2

www.boehlau.at   www.boehlau.de

**Johanna Reinisch
Nimm an Löffl
und iss mit!**

Bäuerliche Kost –
Vergessene Gerichte

Die Altbäuerin Johanna Reinisch beschreibt in „Nimm an Löffl und iss mit" die bäuerliche Kost und die Selbstversorgung, wie sie diese als Kind in den 1940- und 50er Jahren selbst miterlebt hat. Aufgewachsen als jüngstes von acht Kindern auf einem 70 Joch großen Bergbauernhof in der Weststeiermark, schildert sie die letzten Jahre der absoluten Selbstversorgung am Bauernhof, die in den frühen 50er Jahren nach und nach zu Ende ging.

In eindrucksvoller Weise wird das Leben am elterlichen Hof, das sich jahrein und jahraus um die „elementarsten Bedürfnisse" drehte, aufgezeigt. Ein voller Bauch, eine warme Stube und warme Kleidung an kalten Wintertagen gewährte den Menschen von damals volle Zufriedenheit. Vom Geschick der Bäuerin, wie sie die Lebensmittelvorräte einteilte und bevorratete hing mehr oder weniger das Wohlbefinden der Hausgemeinschaft ab. Die Kost wurde der Schwere der Arbeit angepasst. Eingebettet zwischen längst vergessenen Arbeitsweisen, Sitten und Gebräuchen innerhalb eines Bauernjahres erzählt die Autorin von der Beschaffung der Nahrung, von Zubereitungsarten, von Essensgewohnheiten, Tischsitten, von der Vorratswirtschaft und der Lebensmittelkonservierung, von der besonders streng eingehaltenen Fastenkost ebenso wie von dem geradezu üppig gedeckten Tisch zu den Festtagen. Im Anhang regen einige ausgewählte Rezepte, welche die Autorin von ihrer Mutter überliefert bekommen hat, zum Nachkochen an.

2002. 2. Aufl. 256 S.,
18 SW- u. 60 Farb-Abb.
21 x 13,5 cm. Geb.
ISBN 3-205-77004-8

www.boehlau.at   www.boehlau.de